하느님과 춤을

하느님과 춤을

교회 인가 서울 대교구 | 2021년 8월 24일
1판 1쇄 | 2022년 3월 31일
2쇄 | 2023년 6월 13일

지은이 | 리처드 로어/ 마이크 모렐
옮긴이 | 호명환
교정교열 | 이민현
표지 및 내지 디자인 | 박선영

펴낸이 | 김상욱
만든이 | 조수만
만든곳 | 프란치스코 출판사(제2-4072호)
주　소 | 서울 중구 정동길 9
전　화 | (02) 6325-5600
팩　스 | (02) 6325-5100
이메일 | franciscanpress@hanmail.net
홈페이지 | https://blog.naver.com/franciscanpress
인쇄 | 유진보라

ISBN 978-89-91809-95-6 93230
값 15,000원

하느님과 춤을

삼위일체와 나의 변모

리처드 로어 / 마이크 모렐   호명환 옮김

차례

무도회 초대장 5 / 서문 14

1부 긴급 요망: 삼위일체 혁명 … 31

2부 왜 삼위일체인가? 왜 하필 지금인가? … 221

3부 성 령 … 363

부록 … 387

서평 … 425

자신들이 이미 신성한 흐름 안에서 흘러가고 있다는 사실을
눈치채지 못하는 모든 분에게 드립니다.

리처드 로어

나의 딸들, 주빌리Jubilee와 그레이스Grace 그리고
노바 레인Nova Rain에게 드립니다.
그대들은 내 삶에서 기대치 않던 성령의 움직임을 구현해 줍니다.

마이크 모렐

무도회 초대장

훌륭하게 살아갈 삶의 춤을 위한 아름다운 안무按舞

『오두막』의 저자 폴 영

[하나]

홀로는

자연스러운 사랑도 아니고,

웃음도 아니며,

노래하지도 않네

[하나]

홀로는

제일 원동자일지는 몰라도,

누구도 알지 못하고,

보이지도 않으며,

그냥 그저 모든 것일 뿐

그리고 그 모두가 전부이고, 그 전부가 [하나]라면

하나는 홀로 있고,

자기-중심적이며

사랑하지도

웃지도

노래하지도 못하네

[둘]

  음/양

  어둠/빛

  수컷/암컷

    이중의 대결 구도

     선/악의 팽팽함

    그리고 균형을 이루려는 노력

기껏해야 서로를 향하는 것,

   그러나 절대 공동체가 되지 못하네

[셋]

얼굴-얼굴-얼굴을 맞댄

공동체

허술한 경계

신비

서로에 대한 사랑

그리고 서로의 사랑에 대한 사랑

이 안에서

타인-중심의 끌어안음으로 서로

사랑하고

노래하고

웃기에

네 번째 것이 창조되네

언제나 사랑하고 사랑받는 것!

관계성은 언제나 만능 패(와일드카드)였다. 우리 인간 문제가 무언지를 알려주면서, 우리가 홀로 자기 충족이 가능하다는 환상에 빠져 있기에, 황제의 벌거벗은 모습을 보지 못하고 있다는 사실을 일깨워주는 궁중 광대 같은 존재였다. 관계성의 겉만 언뜻 보게 되더라도 신비스러움을 느끼게 되고, 그것은 우리가 어찌할 수 없는 것이라는 것을 알게 된다. 물론 현실적으로는 의미 없는 얘기가 되겠지만, 결혼이 다른 사람과의 결부 문제가 아니었다면 결혼 생활은 정말 쉬울 것이다. 관계성은 그야말로 견고히 얽혀 있어 그것이 무언지 알기 어렵고 복잡하기도 하다. 하지만 어떤 힘을 갖게도 하고, 황홀하게도 하며, 혼란스럽게도 하고, 신이 나게도 하며 당황스럽게도 하고, 현실을 선명히 드러내 주기도 하며, 심지어는 말로 표현하기에는 너무도 아름다운 것이기도 하다. 때로는 우리가 이 세상에 대해 은근히 통제할 수 있을 것 같다고 생각하는 순간에도 '헉' 하며 그것이 완전히 허황한 것임을 알려주는 사람이 나타난다.

그러나 우리 삶 본연의 아름다움을 드러내 주고 표현해주는 것도 관계성이다. 관계성 없이는 우리는 특색을 잃고 형태도 없이 어둠과 공허 속으로 흩어져 버리게 된다. 이때 우리는 온갖 색조를 띠며 우리 위에 머무시는 성령께서 우리 안에 숨을 불어넣어 주셔서 이 모든 다름을 한데 모아 우리를 자유롭게 해주시기를 기다릴 것이다.

나쁜 신학은 음란물과 같다. 그것은 위험을 무릅쓰지 않은 채 진정한 관계성을 상상하는 것과 같다. 이런 신학은 관계적이고 신비적이기보다는 오히려 상거래와 업무-명제적命題的 경향을 지닌다. 여기서는 인격을 믿을 필요도 없고 인격에 대해 상관할 필요도 없다. 이는 겸허해지고 신뢰를 쌓아가는 고통스러운 과정을 회피하기 위해 자신과 인류 공동체를 전적으로 비인간화하는 자기-만족을 얻기 위한 노력에 불과하다. 나쁜 신학은 희생자가 발생하는 범죄라 할 수 있다. 이는 하느님을 비인간화하고, 친밀한 관계성의 경이로움과 이해하기 어려운 신비를 즐기고는 바로 집어던져 버리는 야한 사진 정도로 전락시켜 버린다.

마치 자정 기차가 황무지로 들어올 때처럼 진동이 점점 커진다. 우리가 이 소리는 멀리서도 들을 뿐 아니라 땅이나 물에 손을 대거나, 심지어는 쪼개진 빵조각과 포도주잔에 손을 대어도 그 진동을 느낄 정도다. 우리 영혼 깊은 곳에서 이제 잔치가 벌어진다는 소문이 돌고 있다. 우리가 이 잔치에 초대된다는 것이 믿기지 않는다. 거기에서 우리를 위한 건배가 있을 수 있을 것인가.

그리고 여기서 어떤 사람이 손을 내밀어 신성한 춤을 추자고 제안하면서 우리가 늘 이 춤을 위해 존재했다는 말을 우리 귀에 속삭일까? 이렇게 우리는 입맞춤과 우리의 잠자는 가슴을 생명으로 깨워줄 숨을 기다리고 있다. 우리는 과연 이 춤을 위해 창조되었고, 절대 식지 않는 애정을 받는 것이다!

깊고 깊은 동정심과 진실성으로 증언하는 지성 있는 신비주의자들의 무리가 있다. 이들은 이런 식탁 친교의 초대에 황송한 마음으로 응하면서 우리 역시도 이 초대를 받았음을 상기시켜 준다. 리처드 로어와 마이크 모렐은 이런 목소리를 내는 사람들로서 우리를 그 잔치에 불러들여 우리 마음에 담아온 것을 적극적으로 바꾸라고 초대한다. 이 사랑하고 사랑받는 신성한 춤에 깨어 있는 마음으로 참여하라고 권한다.

우리는 지난 수백 년 넘게 물이 빠지는 것을 보면서 희망이 사라져가는 느낌을 받았다. 그러나 우리가 마음에 담아온 것을 적극적으로 바꾸고자 할 때 깨닫게 되는 것이 있다. 우리가 내쳐진 것도 버려진 것도 아니고, 우리가 잃었다고 생각했던 것도 실제로는 모으는 것이였나는 깃이다. 생명으로 흘러들어오는 물은 꿈을 모아주는 다양한 소리를 낸다. 여기에는 기대와 삶 속에 속속들이 들어있는 경이, 갈망하는 사랑이 있다. 이때가 바로 새로운 개혁과 르네상스가 막 시작하려는 때다. 이런 때가 놀랍게도 되살아난 적이 있지만 충분한 소생은 아니었다. 우리는 오래된 포도주 부대가 터지는 것을 두 눈으로 똑똑히 목격했고, 핏빛의 포도주가 땅에 스며드는 것을 지켜보았다. 볼 눈이 있는 이들은 높은 곳에서 이 지구를 덮치려는 거대한 생명의 물길이 치솟는 것을 지켜본다. 아직도 치유되지 않은 눈을 가진 이들, 즉 "태생 소경들"조차도 이 물길을 볼 수는 없어도 그것이 오고 있음을 느낄 수는 있다.

우리가 생각하고 보는 바로 그 방식으로 다가오는 개혁을 감지하는 자녀들은 재빠르고 쉽게 이 개혁에 응할 것이다. 제국의 기득권자들은 훨씬 더 많은 노력을 할 것이다. 그렇더라도 그들 역시도 버려지지는 않을 것이다. 사랑은 절대로 작은 빵 한 조각이나 포도주 한 방울이라도 거부하지 않기 때문이다.

신성한 춤은 수천의 다른 여러 소리와 더불어 제국을 무너뜨리고 관계성의 축제를 거행하려고 한다. 여기서 아름답게 드러나는 심오한 신비를 보는 사람은 이 "봄"을 되돌릴 수 없을 것이다. 또 이 소리를 듣는다면 되돌아감도 없을 것이다. 고통마저도 가슴 깊은 곳의 미소를 지워버릴 수 없다.

하느님, 당신은 절대 인류를 하찮게 여기지 않으셨나이다.

특별히 "태생 소경들"인 우리 눈이 치유되게 하시어, 당신이 하시는 일을 보게 하소서.

치유하는 음악을 듣고 우리 귀가 열려, 불화 가운데서도 다름이 어우러짐을 거행함으로써 세 위의 화음 안에 품어지는 우리 자신의 멜로디를 듣게 하소서.

신뢰를 위해 위험을 감수하고, 단 하루의 은총 안에서만 살며, 제국의 경계를 넘어서 서로를 대면하지 못하게 하는 벽들을 허물 수 있게끔 우리 용기를 더 강하게 해주소서.

서로 치유하고 부여잡고 부둥켜안게끔 서로에게 손을 뻗쳐 우리 인간성의 빵을 나누고, 삼위일체에 참여하고 일상의 거룩함을 거행함으로써 우리 내면에서 예수님의 영원한 생명을 느끼게 해주소서.

이 책을 읽어 내려가면서 삼위일체 안에서 축복된 여러분의 삶을 살아내기를 빕니다!

2016년 삼위일체대축일에
『오두막』,『갈림길』,『이브』의 저자
윌리임 폴 영 William Paul Young

서문

"아침 식사 전에 일어난 불가능한 여섯 가지 일들"

복된 삼위일체는 우리 그리스도교의 믿음 체제 전체에 있어 중심적이고 ―심지어 최고의― 근본적인 교리로 여겨진다. 그리고 우리는, 적어도 캔자스의 소년이었던 나는, 그것을 이해하려고 해서는 안 된다는 말을 들었다.

우리는 "그냥 믿어!"라는 조언을 들었다. 그러나 이런 조언을 멈추게 한 일이 일어났다. 아일랜드 출생 에프렘 수녀님은 모든 것을 순수하게 믿는 초등학교 3학년 아이들 수업 때 세잎 클로버를 예로 들었다. 적어도 삼위일체에 대해서는 아니더라도 그 수녀님의 진솔한 믿음을 우리는 정말 믿었다. 아마도 진솔하고 심오한 선善을 조금이라도 나누는 것이 신성한 흐름의 시작이라는 것이 분명하지만 말이다! 바로 그것이다.

그러나 그것은 그야말로 신비다. 그것은 어쩌면 불가능한 것을 믿을 우리의 능력을 시험하기 위한 수학 문제 같은 것이 아닐까 한다. 여러분은 "아침 식사 전에 일어난 여섯 가지 불가능한 일들을 믿는 것"이 제2차 바티칸공의회 이전 가톨릭 교육의 실질적인 목표였다고 생각했을 거다. 그런데 그 후 개신교 친구를 통해 알게 된 것은 개신교 신자들도 믿음에 이와 얼추 비슷한 견해를 견지하고 있었다는 것이다. 물론 이해 불가능한 것에 대한 조금 다른 견해가 있었을 뿐이고, 그런 신비들은 그저 성경에서만 있는 것이라는 생각은 같았다. 게다가 내면의 경험마저도 그런 것들을 이해할 수 없다고 생각했던 것 같다.

그런데 60여 년이 지난 지금 내가 이 꿰뚫을 수 없는 신비를 깨려고 당돌하게 시도하고 있다. 우리 함께 과감히 이 시도를 해 보는 것이 어떤가.

나는 이 시도만이, 그리고 이런 시도를 통해서만 우리가 그 신비의 신성한 춤에 함께할 수 있는 유일하고도 진정한 길이라고 생각한다.

삼위일체: MIA(missing in action)

제2차 바티칸공의회에 큰 영향을 미쳤던 독일의 예수회원 칼 라너Karl Raner의 놀라운 견해로 시작해보자. 그의 고전 연구서 『The Trinity(삼위일체)』에서 그는 이렇게 말한다. "그리스도인들은 실질적인 삶에서 대개는 그저 '유일신론자'들일 뿐이다. 만일 삼위일체 교리가 명백한 거짓임이 밝혀지게 된다면, 우리는 그리스도교 문학에서만 그 교리가 실제로 변화되지 않은 채 존재할 뿐이라는 것을 기꺼이 인정해야 할 것이다."[1] 이 말은 많은 사람이 자주 인용하는 것이다.

우리는 윌리엄 폴 영의 지난 10년간 최다 판매 소설인 『오두막(The Shack)』[2]이 나오기 전까지는 우리의 현실이 그랬다는 것을 인정해야 했다. 4세기 카파도키아 시대 이후 처음으로 삼위일체가 영감을 주는 대화 주제가 되었고, 실질적으로 가정이나 식당에서마저도 기분 좋게 질문할 수 있는 내용이 되기도 했다. 그런데 이런 일이 지금 다시 이어지고 있다!

그러나 이 주제가 1700년 동안 행방불명됐었는데도 어떻게 이런 일이 가능했을까? 너무 오랜 시간 동안 이 신비를 다루지 않았기에 사실 우리는 여전히 유아기적 단계에 머물러 있는지 모른다. 그리고 이런 사실이 우리가 그리스도교 세계의 다른 많은 경우처럼 그리스도인의 참된 변모 부족과 그 효력 없음을 설명하는 데 도움이 될지 모른다. 여러분이 이 중심을 제대로 떠받치지 못한다면 건물 전체는 거세게 흔들려 이 건물의 존립 자체가 힘들어질 것이다.

만일 삼위일체가 하느님 본성의 핵심 자체를 묘사하게끔 되어 있는 것인데도, 우리 삶에 있어 실질적인 면에서나 사목적인 면에서 이 삼위일체 신비에 대해 거의 어떤 흔적도 찾아볼 수 없다면 … 그리고 우리가 그 핵심을 내일이나 알 수 있는 것인 양 미뤄 버리고 잊어버릴 수 있는 것이라면 … 그것은 진리도 아닐 뿐더러 우리가 이해할 수 있는 것도 아닐 것이다.

여러분이 이 책을 읽고 있다면 언제쯤엔가는 분명히 그것이 진리라는 것을 믿게 될 거라고 나는 생각한다. 지금부터 전개될 이야기는 하느님 본성에 대한 가장 역설적인 이 개념을 중심으로 돌아갈 것이다. 그리고 진실로 이것을 중심으로 돌아간다(circling around)는 것은 우리가 지금 이해하고자 하는 이 신비에 대한 적절한 비유다. 신비를 이해하는 데는 이것 말고 다른 방법은 없다.

여기서 기억할 것이 있다. 신비라는 것이 여러분이 이해할 수 없는 그 무엇이 아니라면 … 그것은 여러분이 끊임없이 이해하고자 하려는 그 무엇인 게다! 여기에는 "이제 알았어!"라고 말할 수 있는 지점이 없다. 말하자면 신비는 항상, 영원히 여러분을 이해시켜줄 것이기 때문이다!

"돌아가는 것"밖에 우리가 할 수 있는 것이 없다. 하느님에 대해 우리가 이야기하는 것은 근사함과 비유, 은유를 찾는 노력일 뿐이다. 신학 언어는 모두 거룩하고 경이롭게 신비의 근사치만을 제공해줄 뿐이다. 어찌 보면 그것은 가장 뛰어난 인간 언어가 달성할 수 있는 것일 거다. 우리는 "이런 것 같다. … 이와 유사해."라고 말할 수 있을 뿐이지 "이렇다고 단정해."라고 절대 말할 수 없다. 왜냐하면 우리는 초월과 신비의 바깥 영역에 존재하고 있기 때문이다. 그래서 우리는 이 위대한 신비 앞에서 철저한 겸손을 견지해야만 한다. … 아니 절대적으로 그래야만 한다. 그렇지 않으면 종교는 늘 하느님이 아닌 종교 자체와 그 공적인 형식을 숭배하는 셈이 될 거다.

동방 터키 쪽 4세기 카파도키아 신비주의자 교부들은 결국 우리가 삼위일체라고 일컫게 될 개념에 대해 매우 복잡미묘한 사고를 발전시켰다. 이 단어를 말할 용기를 갖기까지 3세기 정도의 긴 숙고 시간이 필요했지만, 그들은 —그들보다 이전 사람인 타르수스의 바오로와 그들 이후 사람인 코냐의 메블라나 루미 Mevlânâ Rumi of Konya를 포함하여— 그들이 찾을 수 있는 다음과 같은 최고의 비유 주위를 맴돌았다.

하느님 안에서 어떤 일이 벌어지든 간에, 그것은 세 위 사이의 흐름이요, 전적인 유대, 완전한 친교, 즉 사랑을 중심으로 돌아가는 춤이다!

그리고 하느님은 그저 단순히 춤꾼이 아니라 춤 자체이신 분이시다. 자, 여기에 한 번 집중해보자. 이것은 미국에서 나온 새롭게 유행하는 어떤 개념이 아니다. 아시겠지만 이것은 우리 전통에 있는 것이다. 다음의 이야기는 조지아주 코네이어Conyers, Georgia에 있는 성령수도원 수도승 엘리아스 마레칼Elias Marechal 형제의 말이다.

> 고대 그리스 교부들은 삼위일체를 둥글게 도는 춤(Round Dance, 원무圓舞)으로 묘사한다. 이 춤은 6000년 전, 아니 6000년의 여섯 배 이전, 아니 인간이 처음으로 시간을 알았을 때부터 시작하여 계속되고 있다. 사랑의 무한한 흐름은 끊임없이 앞뒤로, 앞뒤로, 앞뒤로 계속해서 이루어지고 있다. 성부로부터 흘러나

와 성자에게로 그리고 다시 성부에게로 흐르는 이 조류가 시간을 초월하여 이루어지고 있다. 이 삼위일체의 사랑으로 이루어지는 원형의 흐름은 밤낮으로 계속되고 있다. ⋯ 원자보다 낮은 단위의 입자 안에서 엄청난 속도로 돌아가는 이 규칙적이고 질서 잡혀 있는 과정은 그것이 지닌 역동성을 드러내 준다.³

여기서 말하고자 하는 것은 삼위일체의 이 "원무"가 매우 전통적인 언어라는 것이다. 그런데 내가 대담하게 이 위험스러운 연극 형식의 단어를 사용한다면 나는 필시 뉴에이지 일원이나 밀교 숭배자 혹은 이단자로 간주될지 모른다.

하느님 식탁의 작은 공간

성경이라는 거룩한 경전 첫 번째 책에 나오는 불가사의한 이야기를 통해 신성한 춤에 대해 한 번 살펴보자.

주님께서는 마므레의 참나무들 곁에서 아브라함에게 나타나셨다. 아브라함은 한창 더운 대낮에 천막 어귀에 앉아있었다. 그가 눈을 들어보니 자기 앞에 세 사람이 서 있었다. 그는 그들을 보자 천막 어귀에서 달려 나가 그들을 맞으면서 땅에 엎드려 말하였다.

"나리, 제가 나리 눈에 든다면, 부디 이 종을 그냥 지나치지 마십시오. 물을 조금 가져오게 하시어 발을 씻으시고, 이 나무 아래에서 쉬십시오. 제가 빵도 조금 가져오겠습니다. 이렇게 이 종의 곁을 지나게 되셨으니, 원기를 돋우신 다음에 길을 떠나십시오." 그들이 "말씀하신 대로 그렇게 해주십시오." 하고 대답하였다. 아브라함은 급히 천막으로 들어가 사라에게 말하였다. "빨리 고운 밀가루 세 스아를 가져다 반죽하여 빵을 구우시오." 그러고서 아브라함이 소 떼가 있는 데로 달려가 살이 부드럽고 좋은 송아지 한 마리를 끌어다가 하인에게 주니, 그가 그것을 서둘러 잡아 요리하였다. 아브라함은 엉긴 젖과 우유와 요리한 송아지 고기를 가져다 그들 앞에 차려 놓았다. 그들이 먹는 동안 그는 나무 아래에 서서 그들을 시중들었다(창세 18,1-8).

이 이야기는 수없이 곱씹을 만한 내용이다. 이 장면은 "주님"께서 아브라함에게 나타나는 것으로 설정되어 있긴 한데, 뭔가 감지될 수 있는 모습이 드러난다. 즉 아브라함에게 나타난 이들은 한 사람이 아니라 "세 사람"이라는 것이다.

이 이야기를 두고 수 세기 동안 성찰과 신학 연구 그리고 구전들을 통해 볼 때 이 세 사람은 대개 천사들이나 그보다 더 상위의 존재로 간주된다. —그들 앞에서 머리를 낮추는— 아브라함은 이 더 상위의 그 무엇을 직관적으로 감지하여 음식을 나누고 쉴 수 있도록 그들을 초대하는 것 같다. 그는 그들의 식사에 함께하지 않고 멀리 "나무 아래서" 그들이 식사하는 모습을 지켜본다. 하느님의 식탁에 함께한다는 것을 상상하기에는 여전히 너무 벅찬 것이다.

아브라함과 사라는 이 세 사람의 현존 안에서 거룩한 존재를 보는 듯하고, 그들이 우선 본능적으로 한 행동은 음식을 들 자리를 마련하여 그들을 초대하고 환대한 것이다. 이 모습은 아직도 하느님께 음식을 대접하는 인간의 모습이 그려져 있다. 이것을 인간의 상상으로 뒤집어서 생각하는 데는 오랜 시간이 걸릴 것이다. 아브라함과 사라는 이렇게 생각하고 있는 듯하다. "확실히 우리는 이 신성한 식탁에 초대받지 않았어."

독특하면서도 다양한 상상을 하게 하는 이 이야기는 아브라함의 환대라는 제목의 독특하고도 다양한 면모를 지닌 신심 깊은 종교적 미술작품이 나오는 데 영감을 불어넣어 주었다. 이 작품은 우리가 쉽게 이해할 수 있도록 단순히 삼위일체라고 일컬어지기도 한다.

나는 모든 순수한 예술작품이 다 신성하다고 믿는다. 자의식이 강한 "종교" 예술작품은 종종 너무 많은 공이 들어가다 보니 이해하기가 어려워 값싼 감상 작품이 되기도 한다. 그러나 특별한 예술 표현의 형태를 지닌 삼위일체는 작품 자체를 넘어선 무언가를 알려주려는 이콘 작품이며, 이 작품을 보는 이로 하여금 우리 가운데 있는 초월과 친교를 둘 다 감지하도록 해준다.

15세기 러시아 이콘 작가 안드레이 루블료프Andrei Rublev의 작품인 삼위일체는 많은 이에게 이콘 중의 이콘으로 인식된다. 그리고 내 개인적으로는 내가 그 작품을 처음으로 접한 지 몇 년이 지나자, 이 작품이 나를 상상하기조차 어려운 엄청난 깨달음으로 초대하는 것임을 알게 되었다. 내 관점에서 볼 때 이 작품은 현존하는 종교 예술작품 중 가장 뛰어난 것임이 분명하다. 내 방 벽에는 늘 이 작품의 복사본이 걸려 있다. 원본은 여전히 모스크바의 트레트야코프 박물관에 전시되어 있다.

전해지는 이야기에 의하면 미술가 한 사람이 이 이콘을 유심히 보고는 예수님의 추종자가 되었다고 하는데, 그때 그가 이렇게 외쳤다고 한다. "저게 하느님의 본성이리면 나는 믿는 자가 되겠다." 나는 그 마음을 충분히 이해한다.

루블료프의 이콘에는 거룩한 분의 면모를 묘사하는 세 개의 주된 색이 있는데, 이 모두가 세 위 안에 다 들어있다.

루블료프는 황금색 —완전성, 충만함, 온전함, 모든 것의 원천— 을 "성부"로 간주하였다.

그는 파란색을 "인간" 색으로 생각하였다. … 바다와 하늘이 서로를 반사해주듯이 말이다. 그래서 세상에 들어오시어 인간성을 취하신 그리스도 안에 계신 하느님을 이 파란색으로 표현했다. 이처럼 루블료프는 그리스도를 파랗게 표현했다. 여기에서 그리스도는 두 개의 손가락을 들어 보이는데, 이것은 그분이 영과 물질, 즉 신성과 인간성을 다 당신 안에 그리고 우리를 위해 지니고 있다는 것을 표현하려는 것이다!

그다음 녹색이 들어있는데, 이는 보통 "성령"을 대표하는 색깔이다. 독일의 베네딕토회 원장 수녀이자 작곡가, 작가, 철학자, 신비주의자요, 영적인 세계를 보는 사람(visionary)인 빙겐의 힐데가르드는 루블료프보다 3세기 이전에 살았던 사람으로서 성령의 영원한 비옥함과 생산력을 베리디타스veriditas라고 말했다. 이 말은 모든 것을 꽃피게 하는 끝없는 연초록색으로 만발하는 신성한 생명력의 모습을 표현하는 것이다.

힐데가르드는 수도원이 있던 라인강 주변 풍성한 자연환경에서 영감을 받은 것으로 보인다. 그곳을 나도 최근 방문한 적이 있다. 루블료프는 자연 세계에 대한 이와 비슷한 경외심에서 자연스럽게 내부로부터 나오는 빛을 모든 생명체로 변모시킴으로써 모든 것을 자라게 해주는 신성한 광합성작용을 표현해주는 것으로 녹색을 선택하였다. 이것이 바로 성령의 역할이다.

이것이 참으로 좋은 것이 아니라면 무엇일까?!

세 위의 모습을 지닌 거룩하신 분, 끝없이 서로를 반겨주고 당신들 사이에서 영원한 즐거움을 나누며 먹고 마시는 분이 바로 이 거룩하신 분이시다. 우리가 참으로 진지하게 삼위일체 안에서 하느님을 묘사하고자 한다면, 우리는 이렇게 말해야 한다. "태초에 관계성이 있었다."

이 이콘을 바라보면 바라볼수록 더 많은 영감이 떠오를 것이다. 이 이콘의 모든 부분은 엄청난 묵상을 통해 그려진 것이다. 세 위 사이의 바라봄, 하나의 사발을 함께 나누는 모습에서 드러나는 세 위 사이의 깊은 존경심 그리고 공중, 즉 이 식탁의 네 번째 부분을 가리키는 성령의 손을 주목해 보라! 성령께서 누군가를 초대하고, 무언가를 내어주고, 그 누군가를 위해 자리를 정리해주시는 길까? 그렇다면 그 누구를 위해, 무엇을 위해, 그렇게 하시는 걸까?

하느님 안에 있는 하나의 온전함(구멍) - A (W)HOLE

이 이콘 —그리고 이콘과 함께하는 아름다움— 이 놀랄만한데 비해 뭔가 하나가 빠져 있다는 생각이 들었다.

세 위가 둘러 앉아있는 식탁의 정면을 보게 되면 식탁 정면에 자그마한 네모 상자가 그려져 있다. 사람들 대부분은 그것을 지나쳐버리지만, 예술 역사가들은 그 부분에 남아있는 접착제를 감안할 때 거기에 아마도 거울이 붙어 있었을 것으로 추측한다.

만일 여러분이 정교회나 가톨릭 혹은 성공회 배경을 지니고 있지 않다면 그것이 그리 이상한 것이라고 여겨지지 않겠지만, 여러분이 알아야 할 것은 이것이 이콘 예술작품으로서는 너무도 이상한 특징이 아닐 수 없다. 상식적으로는 누구도 거룩한 이콘 예술품에 진짜 거울을 붙이지 않았을 것이다. 그런데 만일 그 작가가 그것을 의도적으로 붙였다면 그것은 참으로 독특하면서도 창조적인 아이디어가 아닐 수 없다.

이 부분이 아마도 루블료프가 마지막으로 이 그림을 돋보이게 할 기발한 고안이었을 것이다. 그렇지 않다면 나중에 누가 붙였던 것일 수도 있다. 모르는 일이다.

그러나 이것이 지닌 의미를 상상이나 할 수 있는가.

그것을 생각해보면 놀라지 않을 수 없다. 이 식탁에 네 번째 사람을 위한 공간이 있었다는 것 말이다.

이 이콘을 바라보는 사람.

바로 여러분!

그리스도교 계시의 심장부에서 하느님은 요원하게 좌정해 있는 군주가 아니라 초기 교부들이 과감하게 얘기하듯, 신성한 원무圓舞로 드러난다(그리스어 페리코레시스perichoresis에는 영어의 커리아그로피choreography의 어원이 들어 있다). 이에 대해서는 우리가 앞으로 자세히 살펴볼 것이다. 하느님은 세 위의 역동적이고 사랑 가득한 움직임 속에 현존하는 거룩한 분이시다.

그러나 이러한 세 위의 풍요로움은 홀로 식사하는 것을 원치 않고 그 누군가를 초대하는 것이다. 하느님의 식탁에 함께하자는 이 초대는 필시 우리가 결국 "구원"이라고 말하는 것에 대한 성경적 암시일 것이다.

예수님은 영원한 충만함으로부터 발출하시지만, 동시에 우리가 이 엄청난 신비의 식탁 나눔의 한 부분으로 거울에 비친 우리의 모습을 보게끔 해주신다. 우리가 이 만찬의 참여자요, 하느님의 영원한 사랑과 친교의 춤 상대가 되는 것이다.

수 세기 시간이 흐르면서 이콘으로서의 거울뿐만 아니라 하느님이 누구시고, 그래서 하느님 "모상과 유사함"으로 창조된 우리가 누군가에 대한 근본적인 이해를 도울 토대로서의 거울도 없어진 것 같다.[4]

내 가장 간절한 소망은 이 책을 통해 여러분이 하느님의 식탁에 함께할 수 있도록 신성한 우정의 거울에 다시 자리를 잡는 것이다.

나는 여러분이 이 글을 읽어가면서 이 이미지를 여러분 자신에 적용해 보기를 바란다. 나는 이 식탁이 오직 세 위에게만 유보된 것도 아니고 이 신성한 원무가 폐쇄된 춤이 아니라, 우리 모두 여기에 초대되고 있다는 것을 인식하기를 간절히 바란다. 창조계 전체가 여기에 초대되고 있는데, 이것이 바로 하느님께서 태초부터 의도하신 해방인 것이다.

이 거룩한 의도 —이 대담한 초대— 는 창조 자체에 내재되어 있다.[5] 이 부분은 나중에 예수님 안에서 구체적이고 인격적으로 감지할 수 있게 되었다.[6] 달리 말해서, 하느님께서 우리를 당신 존재 안에 포함하신 것 —다시 말하지만, 이것을 우리는 구원이라고 옳게 칭한다.— 은 하느님의 첫 번째 계획이지 두 번째 계획이 아니다.

하느님과 일치하고자 하는 우리의 최종 목적은 창조 자체에 심겨 있고, 하느님께서 창조해주신 우리 자신 안에 들어있다.[7] 이것이 바로 내가 프란치스칸 형제로 영적인 양성을 받는 데 있어 중심이 되는 믿음이었다.[8] 우리의 시작 지점은 늘 원초적 선[9]이지 원죄가 아니다. 이것이 또 우리의 최종 목적지가 되며 —모든 것은 이 사이에 있고— 선과 진리 그리고 아름다움의 힘을 선천적으로 견지하고 있다.

구원이 우발적이거나 이후에 긴급하게 보태진 것이 아니라 태초로부터의 하느님의 궁극적 의도이며 심지어 이것은 "우리 가슴에 씌어 있는"[10] 것이기도 하다.

여러분은 이 놀라운 식탁에 자리를 잡을 준비가 되어 있는가? 여러분은 이 춤의 한 부분이라는 것을 상상할 수 있는가?

그렇다면 이제 어떻게, 그리고 왜, 그리해야 하는지를 자세히 연구해보자!

미주

1. Karl Rahner, The Trinity (New York: Crossroad Publishing Company, 1999), 10-11.

2. William Paul Young, The Shack (Newbury Park, CA: Windblown Mdia, 2007).

3. Elias Marechal, Tears of an Innocent God (New York: Paulist Press, 2015), 7.

4. 창세 1,26-27 참조.

5. 요한 1,1-18; 콜로 1,15-20; 에페 1,3-14; 로마 1,20; 8,10-25 참조.

6. 예를 들어, 1요한 1,1-3; 히브 1,1-3 참조.

7. 예를 들어, 에페 1,3-4 참조.

8. Richard Rohr, Eager to Love (Cincinnati, OH: Franciscan Media, 2014), app. I, 209, 참조. 여기서 어떻게 그리스도와 예수가 다르면서도 진리를 겹쳐 공유하는지를 알아보고 있다.

9. 창세 1,10-31 참조.

10. 예레 31,33; 히브 8,10; 10,16 참조.

1부

긴급 요망:
삼위일체 혁명

영적 인식체계의 전환

하느님께서 아들을 세상에 보내신 것은, 세상을 심판하시려는 것이 아니라 세상이 아들을 통하여 구원을 받게 하시려는 것이다(요한 3,17).

내 아버지께서 여태 일하고 계시니 나도 일하는 것이다(요한 5,17).

성령께서 너희에게 모든 것을 가르치시고 내가 너희에게 말한 모든 것을 기억하게 해주실 것이다(요한 14,26).

내가 왜 제1부를 매우 능동적으로 개입하시는 하느님에 관한 세 개의 성경 구절로 시작했는지를 여러분이 궁금해 하기 전에 미리 그 이유를 설명하겠다. 그리고 이를 잘 설명하기 위해 최대한 노력해 보겠다.

토머스 쿤Thomas Kuhn은 자신의 저서 『The Structure of Scientific Revolution(과학혁명의 체계)』에서 "인식체계 전환(paradigm shift)"이라는 말을 대중화하였다.[1] 그는 과학 영역에서 인식체계 전환이라는 것이 종교에서 "전적인 회개"라고 하는 것과 같은 것이라는 점을 분명히 주장한다. 그런데 이것은 과학과 종교에서 아주 드물게 일어나는 일이다. 우리가 우리의 세계관을 정말로 바꿀 때는 언제라도 이 변화 자체에서 우리에게 요구되는 것은 친숙한 상황에서 전적으로 떠나는 일이다. 그래서 이전의 인식체계를 부여잡고 있는 사람들은 새로운 인식체계 안으로 들어서서 그것을 온전히 끌어안기 전에 죽음이라는 것을 겪어야만 한다. 쿤이 말한 결론에서 더더욱 충격적인 것은, 이 인식체계 전환이 논리나 어떤 증명과는 관계가 없고 오히려 대격변과 같은 통찰력과 이를 돌파하려는 의지와 관련이 있다는 것이다. 독일의 신비주의자 마이스터 에크하르트Meister Eckhart는 이것을 물이 "끓는" 현상과 같다고 말했다.[2]

지나치게 과장되게 들릴지 모를 위험을 무릅쓰고 말하건대, 나는 예수님의 삶과 말씀에도 불구하고 하느님에 대한 그리스도교적 이미지가 여전히 "이방인 같은" —여기서 '이방인'이라 함은 절대 나쁜 뜻이 아니다.— 모습을 지닌 채 전혀 변화하지 않고 있다고 생각한다.

내가 여기서 무엇을 말하려는 것이겠는가. 역사는 좌정하여 계신 군주로서의 하느님의 이미지를 중심으로 오랫동안 이어져 왔다. 말하자면 우리는 하느님을 당신이 창조하신 것에서는 멀리 떨어져서 홀로 빛나는 가장 위대한 군주로 여겨왔다. 그리고 여기에서 하느님이 늘 그리고 배타적으로 남성으로서만 묘사되어왔다는 점도 주목해 보아야 한다. 이러한 하느님은 대체로 비판적인 구경꾼으로만 보인다. — 그리고 그분을 따르는 이들 역시도 이렇게 자기들의 창조주를 닮기 위해 온 힘을 기울인다.

우리는 늘 우리가 바라보는 모습이 된다. 우리가 어떤 모습으로 현존하고자 하는지가 중요한 것이다. 그래서 우리가 하느님과 어떻게 연결되는지와 관련하여 그리스도인 의식의 전환이 몹시도 필요한 것이다. 이 전환은 어느 시기에서는 평범한 눈에는 보이지 않는 모습으로 미묘하지만 심오하게 이루어지기도 했다. 우리가 "삼위일체"라고 말하는 바로서 하느님의 계시는 사람들이 제대로 이해하지 못했다. — 그 시작점이 바로 관계성이기 때문이다.

서서히 여명이 비치는 그리스도교의 이 계시는 하느님에 대한 우리의 이미지를 철저하게 변화시켜야 했지만 거의 그러지 못했다. 오래된 정신구조가 너무 강하게 자리 잡고 있기 때문이다. 이런 변화의 시도를 하는 데도 2000년이라는 시간이 걸렸다. 하지만 역사아 우리이 정신건강, 부정저이고 화가 많은 수많은 그리스도인, 우주론, 양자 물리학 때문에라도 이제는 이러한 전환이 시급한 상황이다.

쿤은 인식체계 전환이 꼭 필요한 시기는 이전 인식체계의 그럴듯한 모습이 온통 허점투성이가 되어 철저한 점검으로 누더기처럼 기운 곳이 많을 때라고 말했다. 한때는 이런 모습이 매우 위험해 보였지만 이제는 생명줄처럼 보이는 때가 바로 인식체계의 전환이 이루어지는 때라는 말이다.

나는 하느님에 대한 우리의 이미지와 관련하여 우리가 지금 그러한 때를 맞이하고 있다고 믿는다. 이제는 삼위일체의 개념을 난해한 수수께끼로 볼 것이 아니라 서구 종교의 근본적인 문제에 대한 답을 이해하게 해주는 열쇠로 간주할 수 있을 것이다.

하느님이 영원한 위협자가 아닌 가장 뛰어난 참여자인 하느님으로 우리에게 주어져 있다. 그분은 모든 것, 즉 선한 것과 고통스러운 것 모두에 참여하시는 분이다.

내가 한번 이 두 인식체계의 차이를 극명하게 대조해보겠다.

전능한 군주가 아닌 삼위일체로서의 하느님이 계시하시는 바를 하느님의 신적 본질에 대한 실질적이고 놀랄만한 참모습으로 믿어보자. 이렇게 계시하시는 하느님은 우리 안에서[3]는 물론이고 창조 세계의 "전반에 걸쳐"[4] 이 하느님의 본질을 나누어주신다.

저 멀리서 우리 삶(생명)을 지켜보고 판단하시는 하느님이 아니라 … 우리 삶(생명) 자체 안에 선천적으로 내재하시는 하느님을 생각해보면 어떨까? 하느님을 모든 것의 생명력으로 간주하면 어떻겠는가?

다른 어떤 대상처럼 하느님을 그런 하나의 대상으로 볼 것이 아니라 … 그 모든 대상 하나하나 사이에 현존하는 생명 에너지로 생각하면 어떨까. ─우리는 대개 이것을 사랑 혹은 성령이라고 일컫는다.

이렇게 할 때 하느님은 훨씬 더 커다란 존재가 되신다. 적어도 우리가 발견하고 있는 계속 커지는 우주와 버금가는 존재가 되시며, 온전히 끌어안으시는 분이 되신다. 이 이름 외에 하느님께 합당한 이름이 무엇이 있을까.

요즘의 ─시들어가는─ 인식체계에 갇혀 있는 조그만 신, 즉 주로 선입견에 의해 배타적이라고 인식되는 신 대신에, 삼위일체 혁명은 곁길에 서 있으면서 늘 어떤 것은 당신께 속하고 어떤 것은 속하지 않은지를 가려내는 신이 아니라, 모든 생명 안에 함께하시는 분임을 분명하게 밝혀 준다.

삼위일체 혁명은 인류 대부분을 오랜 시긴 동인 "고이기 되도록" 내버려 두면서 들쑥날쑥 하는 신이 아닌 늘 모든 일에 개입하시는 하느님을 분명히 드러내 준다.[5]

물론 신학적으로 볼 때, 이 혁명은 몇몇 사람들이 때때로 혜택을 입는 우연한 첨가제가 아닌 창조된 세계에 본래 내재하는 은총의 자리를 다시 잡아주는 것이다.

만일 이 혁명이 성장해가는 우리 영성의 반죽 속에 들어있는 누룩처럼 늘 고요하게 현존했다면 우리가 바오로의 희망적이고 긍정적인 "입양"과 "상속"의 신학을 이해하는 데 도움이 되었을 것이다.[6] 또한 역사적으로 뒤에 나온 서방교회에서 지배적이었던 벌하시는 하느님과는 다른 동방교회 교부들의 하느님 이해를 잘 받아들였을 것이다.

이런 하느님이 바로 우리가 "삼위일체"라고 일컫는 분이시다. ―이 하느님은 어떤 예외도 없이 모든 것을 통해 흘러들고 흘러나오는 흐름이시고, 이분은 태초 이래로 이런 흐름 속에 계신 분이시다.

그래서 보는 법을 배운 이들에게는 모든 것이 거룩한 것이다.

이런 영적 인식체계의 전환, 즉 삼위일체 혁명의 영향력은 믿기 어려울 만큼 엄청나다. 생명력 가득한 모든 자극력, 미래를 향해 나아가게 해주는 모든 힘, 모든 창조적 추진력, 솟구치는 모든 사랑의 힘, 아름다움을 향해 몰려드는 모든 힘, 진리를 향해 달려가는 모든 힘, 단순한 선 앞에서의 모든 황홀경, 생명의 약동, 인류와 지구를 위한 모든 갈망, 온전함과 거룩함을 향한 갈망 모두가 삼위일체 하느님의 영원히 흐르는 생명이다.

우리가 그것을 알든 모르든 상관없다. 이 초대는 여러분이 동의하느냐 동의하지 않느냐에 따라 상황이 달라지는 그런 초대가 아니다. 이는 하느님과 하느님 모상과 유사함으로 창조된 모든 것 안에서 이미 일어나고 있는 초대이다.

이 삼위일체 하느님은 여러분이 모든 곳에서 늘 쉽사리 하느님과 더불어 살아갈 수 있게 허락해주시고, 또 그리하도록 재촉하신다. 나무들의 싹 틔움, 정원사의 미소, 자기 여자 친구를 바라보는 10대 소년의 기쁨 가득한 미소, 연구에 몰두하는 과학자의 투지, 자동차 덮개 밑에서 땀 흘려 일하는 수리공의 자부심, 말(馬)들의 사랑스러운 비벼댐, 자기 새끼들을 먹이는 독수리의 부드러운 모성애, 산 위로부터 흘러내리는 계곡물의 자연스러움 등 이 모든 것 안에서 그런 하느님을 만날 수 있다.

이 하느님은 바로 이 모든 것들의 고통과 죽음에서 발견된다. 이것이 하느님의 생명, 에너지가 아니고 무엇이겠는가? 생명에 대한 이와 같은 커다란 정의에는 죽음마저도 끌어안는 위대함이 포함되어 있기에 "여러분의 노고가 절대 헛되지 않을 것이다."[7]

새 아침을 맞이해 즐거워하는 새들의 지저귀는 소리나, 사암

절벽의 경탄할 만한 아름다움, 섹스의 열정, 심지어는 백화점 고객에게 보내는 점원의 사심 없는 미소 혹은 환자를 기다리는 병원 침대의 모습에서도 바오로가 말하듯이 "세상이나 생명 혹은 죽음, 현재나 미래, 이 모든 것이 여러분에게 속해 있고, 여러분은 그리스도께 속해 있으며 그리스도는 하느님께 속해 있다(1코린 3,22-23)"는 것을 느낄 수 있다. 이것이 바로 태초부터 있어 온 삼위일체의 강렬한 흐름이다.

하느님의 눈을 가진 사람들이 이 인식체계의 전환을 이루지 않는다면 하느님이 "세상을 구원하실 수 있는" 방법은 전혀 없다. 법정의 판결 장면이나 형벌 체제가 세상에 영감을 주지도 못할 뿐 아니라 세상을 변화시키지 못한다는 것은 자명한 사실이다. 또한 이런 것들은 하느님의 잔치와 그 초대를 사람들에게 알리는 데도 전혀 어울리지 않는다. 사실상 하느님의 잔치를 이런 것들과 더불어 상상한다는 것은 불가능한 일이다. 하느님의 잔치는 명백히 종교적인 측면에서 설명할 수 있는 것도 아니다. 실제로 우리는 수 세기 동안 하느님의 잔치를 그렇게 설명하려고 노력해왔지만 이렇다 할 결과를 얻지 못했다. 오히려 이는 모든 것을 모든 것에 연결해주는 하느님의 관대하심에 편안한 마음으로 협력할 때 이해할 수 있는 것이다.[8]

그렇다. 비록 우리가 공유한 유일한 생명을 알아차리지 못하고, 누리지도 못하며, 다른 이들에게 전해주지도 못하고, 충만하게 살아내지 못할지라도, 하느님은 세상을 구원하고 계시고, 계속해서 일하신다. 우리는 우리 스스로가 너무 자주 숭배하는 자 그만 신이 되고 있고, 이로 인해 우리 자신의 장례식마저도 구경하는 이들이 되고 있다. 그렇다면 사도 바오로의 다음 말씀을 숙고해보자.

> 여기에는 그리스도만 계시고, 그분만이 모든 것이며 모든 것 안에 계십니다(콜로 3,11).
> 여러분의 생명이신 그리스도께서 나타나실 때, 여러분도 그분과 함께 영광 속에 나타날 것입니다(콜로 3,4).

혁명은 이미 진행 중이다. 이미 구닥다리가 된 신성의 그럴싸한 모습은 사라지고 있다. 종교가 지닌 대부분의 모습은 이제 사후경직 상태에 있다. 우리는 이제 더는 제 역할을 하지 못하는 이전의 인식체계를 버리고 우리에게 늘 그 모습을 드러내 왔지만 동시에 우리에게 너무 과분한 새로운 인식체계를 받아들일 준비가 되어 있는가? 성 아우구스티누스가 말하는 대로 이 하느님은 "그토록 오래된, 그토록 새로운 분"이시다.

내 본능이 말하는 바가 옳다면, 삼위일체에 대한 이와 같은 새로운 발굴은 금방 이루어질 수 없다. 내가 확신하기로 오늘날 악마들의 험악한 모습 —정치적 부패, 생태계 파괴, 인간 서로 간의 전쟁, 민족과 성별, 종교, 성 정체성에 기반한 서로 간의 증오 등— 밑에 바로 지금 인간에게 닥친 가장 커다란 질병은 서로 간의 단절이라는 뿌리 깊고 고통스러운 현상이다. 하느님으로부터의 단절은 분명한 것이지만, 우리 자신(우리의 몸)으로부터의 단절과 우리 서로 간의 단절과 세상으로부터의 단절도 있다.

우리가 감지하는 이 네 겹의 고립 상황은 문화의 모습을 띤 채 —인간이라는 한 종으로서— 우리를 파괴적인 행동으로 내몰고 있다. 우리 세상이 텔레비전 유선방송의 다이어트 프로그램과 소셜 미디어가 내뿜고 있는 "나쁜 뉴스들"에 젖어 살아가는 사람들이 생각하는 만큼 극단적으로 암울하지는 않지만, 단절된 우리 모습의 정도와 그 복잡성은 충격적이지만 인정할 수밖에 없는 사실이다.

나는 삼위일체의 선물은 —그리고 우리가 실질적으로 느낀 이 선물을 받는 경험은— 우리를 하느님과 자신, 다른 이들 그리고 세상과 튼튼한 토대 안에서 다시 연결되게끔 해준다. 사실 모든 종교와 영성 그리고 모르긴 몰라도 틀림없이 정치 역시 이런 재연결을 목표로 한다. 그러나 관습에 빠져 있는 종교와 영성 그리고 정치는 이에 이르지 못한다.

쓸모없는 게임을 하며 자신들의 경계를 고수하고 공로를 이룩한 이에게 상을 주는 관습적 종교와 영성 그리고 정치는 절대로 치유의 역할을 할 수 없다. 이런 것들은 사실상 우리 사회를 병들게 하는 요소들이다. 그러나 삼위일체로서 하느님 당신을 기쁘게 드러내시는 역동적 힘은 네 겹의 재결합, 즉 성령과 자신, 사회와 공간 감각의 재결합을 향한 길을 밝혀 주기에 극도로 각박한 제한 요소들을 녹여낼 수 있다.

이제 여러분은 준비가 되어 있는가. "제거된 존재"에서 지속적인 공동 —창조에 밀접하게 참여하시는 "가장 활발히 움직이시면서도 모든 것을 움직이시는 분"[9]으로서의 하느님으로 인식 전환이 되었을 때, 이 기쁨에 찬 재결합이 가능하다는 것을 알아볼 준비가 되어 있는가 말이다.

그렇다면, 여러분을 신성한 춤에 환영해 마지않는다. 지금부터 우리는 이 책을 통해 삼위일체를 알게 될 것이고, 여러분 자신을 포함하여 모든 것의 변모를 경험하게 될 것이다.

당돌한 교리의 먼지를 털어내기

우선, 내가 어떻게 신성한 춤에 더 의식적으로 참여하게 되었는지를 이야기해 보겠다. 몇 년 전에 나는 사순시기 동안 애리조나에 있는 한 은수처에서 정말 좋은 시간을 보낸 적이 있다. 거기 있는 동안 주로 했던 일은 그곳에서 지내는 내 삶에 대하여 주의를 기울여 숙고하며 일기로 적는 것이었다. 그곳의 시간이 다해갈 무렵 나는 하느님께서 나에게 어떤 것을 가르치시려는지를 알기 위해 기록해 놓은 그 글을 훑어보기로 했다. 사실 내가 알고 싶었던 것은 홀로 지냈던 그 좋은 시간 동안 내 삶에 일련의 패턴 같은 것이 생겼나 하는 것이었다.

나는 그 은수처에서 약간 먼 중앙도서관을 찾았는데, 한 책상 위에 내 호기심을 자극하는 책이 한 권 놓여있었다. 그 책은 고인이 된 캐서린 모우리 라쿠나Catherine Mowry LaCugna의 『우리를 위한 하느님: 삼위일체와 그리스도인 삶(God for Us: The Trinity and Christian Life)』[10]이었다. 주석이 꽤 많은 큰 책이었고 또 어마어마해 보였다. 그런데도 그 책을 한 번 봐야겠다는 강한 느낌이 들었다. 사실 애초에 나는 그 시간 동안에는 성경 외에 다른 어떤 것도 읽지 않기로 마음먹었었지만 말이다.

그래서 나는 그 은수처에서 마지막 시간 동안 내가 정리해 놓은 일기를 읽는 대신 천천히 그 학문 서적을 읽기 시작했다. 물론 조금밖에 이해하지 못하긴 했어도 그 책을 읽으면서 나는 새로운 용어들과 조금밖에 이해가 안 된 개념들에 대해서 계속해서 이렇게 말했다. "그래. 바로 이거야!" 나는 그 책을 읽으면서 저자가 자취를 찾아가고 있는 엄청난 전통이 그 책에 들어있음을 느꼈다. 이것은 내가 지난 30여 일간 내 안에서 용솟음치는 내면의 역동적 힘을 콕 짚어 주는 것 같았다. 그것은 더 추상적인 개념이나 교의 혹은 책장에 박혀 있는 "믿음"이 아니라 마치 나의 —또한 다른 이들의— 내면의 하느님 체험에 대한 현상을 말해주는 것 같았다.

삼위일체는 단순한 믿음이 아니라 내 내면의 초월 체험을 묘사해주는 하나의 객관적인 방식이었다. —그리고 그것은 내가 여기서 흐름이라고 칭하는 바로 그것이었다! 그렇지만 그 확신은 바깥쪽에서 나에게 부과되는 어떤 것에 순응하는 것이 절대 아닌, 지금이라는 내면에서부터 나오는 것이었다. 내가 무엇에 홀리고 있었던 것일까. 어떻게 그와 같은 객관적 진리와 그런 개인적이고 주관적인 진리가 내 내면 안에서 그렇게도 잘 맞아떨어지는 것일까.

나는 바로 이거야라고 느꼈다. 이것은 은수처에서 지낸 시간 동안, 아니 아마 내 온 삶에 걸쳐 내가 체험했다고 생각하는 것을 요약해주는 것이었다. 무겁고 흔히는 지루하게까지 보이는 이 책에서마저 뭔가 심오한 것이 내 마음을 사로잡고 있었다. ―사실 여러분이 기본적인 신학지식을 갖고 있지 않다면 나는 여러분에게 이 책을 권하고 싶지 않다. ―나는 홀로 있었던 그때 피정 마지막 며칠 동안 그 책을 다 읽을 때까지 손에서 책을 내려놓을 수 없었다.

나는 다른 책을 읽지 않겠다는 내 결심을 깨긴 했어도, 뭔가를 읽었다는 느낌이 들기보다는 그냥 비밀스러운 곳에 들어서 있다는 느낌이 들었다. 그 비밀스러운 곳은 바로 나 자신이었다.

나는 깔끔한 애리조나 사막의 산뜻한 공기를 한껏 들이 마시며 은혜로운 내면의 미소를 머금고 차를 몰고 그곳을 빠져나왔다. 나는 이제 모든 곳에서 본 흐름의 기운을 훨씬 더 의식적으로 느끼며 누리게 되었다.

사실 내가 삼위일체 안에서의 삶에 대해 이해하거나 말할 수 있다고 생각하는 것은 최고의 추정임이 틀림없다. 하지만 나는 침묵을 지키는 것보다는 오히려 우리에게 가능한 언어와 경험을 이용해서 이에 대해 말하고 이해하려고 노력해야 한다고 느낀다.

가능한 일이라면 나는 여러분에게 이 삶 안으로 빠져들어 보라고 말하고 싶다. 아마도 이 책은 학구적인 논문이라기보다는 묵상거리일 것이다.

그러나 더 깊은 바람은 여러분이 할 수만 있다면 이 책을 통해 만나게 될 그 무언가가 여러분 자신의 경험에 딱 들어맞아서, 여러분이 이렇게 말할 수 있게 되는 것이다. 나도 이걸 알아! 나도 이것이 사실임을 내 삶으로 증명해왔어!

사실 이 아름다운 생각이 머리에서 마음으로 내려올 때, 즉 단순한 교의의 차원에서 경험의 차원으로 자연스럽게 내려오게 될 때, 그때가 바로 그 모든 신성한 계시에 있어 위대한 순간이기 때문이다. 그때는 그것이 우리가 단순히 믿는 무엇이 아니라, 실제적인 관점에서 우리가 아는 그 무엇이 될 때이다.

그래서 나는 이렇게 기도한다. 하느님의 신성한 춤이 여러분이 아는 그 무엇이 되게 해주시고, 내 말이 여러분이 아는 그 무엇에 방해가 되지 않게 해주소서!

수학 계산의 문제

"하느님"은 이제 서구 문화에서 그저 주어져 있는 어떤 것이 된 이후로, 우리에게 있어 논란의 여지가 가장 큰 개념이 되어버렸다. 이와 관련하여 수많은 논쟁이 벌어졌고, 전쟁까지 종종 일어났다. 그 존재 (혹은 존재하지 않음을 소유하고 정의하며, 심지어 이에 대해 이해하려 노력하는 가운데 사람들이 마음에 많은 상처를 입었다. 필시 이런 문화적 난관에서 벗어나기 위해서는 다음의 질문들이 필요할 것이다.

하느님 안에서 무슨 일이 벌어지고 있는가? 창조의 춤 내부에서 생명이라는 것 자체가 무엇을 표현하고 있는가? 무엇을 드러내 주고 있는가? 예수님을 따르는 이들은 다양함 안에서 일치이신 하느님을 두고 이 질문에 답하기 위해 부단히 애써왔다.

삼위일체……

그러나 하느님은 한 분이시다![11] 이것은 세상의 유일신 종교들 —유대교, 그리스도교, 이슬람교— 의 단언이다. 그러나 예수님을 따르는 그리스도인 대부분은 실제로 "글쎄 하느님은 세 위로 가장 완벽하게 드러나긴 하지만 여전히 한 분이시네!"라고 말하면서 어려움을 토로한다. 우리 유대교 조상들이 이런 개념을 혼란스러워하며 이해할 수 없는 표현이라고 했던 데에는 그만한 이유가 있는 듯하다. 사실 이 개념은 유일신 사상에 있어 주된 위협이었고, 더더욱 이런 개념이 바로 자기들의 성경에서 기원했다는 것이 그들에게 혼란을 가져다준 것이다. 혹시 이게 그저 수학 수수께끼였을까. 아니면 어떤 비밀스러운 집단에서 나온 그저 단순한 이단 개념일까?

그리스도교 신비주의자들과 선생들은 정확히 하나는 아니지만, 그래도 완전히 하나라는 것을 설명하려 시도한다. 정확히 셋은 아니지만, 그래도 완전히 셋이기도 하다! 그러니 이런 황당한 하느님의 이미지를 묘사할 단어 하나만을 찾는 데 3세기라는 시간이 걸렸다는 것은 놀라운 일이 아니다. 이제 이것을 주목해 보자. 하나라고 하는 것은 외롭고, 둘이라고 할 때는 대립의 경향이 있어 한쪽을 선호하게끔 하는데, 셋이라는 것은 본질적으로 움직임이 있고 역동적이며 생산(창조)적이다.

삼위일체를 설명하려는 노력 가운데 세잎 클로버로 예를 들기도 했고, 세 얼굴을 가진 사람을 예로 들기도 했으며, 물과 얼음과 증기를 예로 들기도 했다. 우리는 이떻든 간에 하나이면서 다수인 "가장 어려운 철학적 문제"라는 것을 해결하기 위해 할 수 있는 모든 예를 들었다. 4세기에 와서 카파도키아 교부들(니사의 그레고리오와 체사리아의 바실리오, 나지안조의 그레고리오)과 다른 신비주의자들은 이 문제의 해결점에 이르렀다고 생각했다. 이것이 바로 오늘날까지 계속되는 새로운 단어가 생겨나게 하는 데 영감을 준 상황이다. 실제로 그들은 이렇게 말했다. 하나로 시작하여 셋을 만들려고 하지 말고, 오히려 셋으로 시작하되 이것이 하나의 가장 깊은 본질이라고 여겨라. 이 시작점은 이 신비를 이해하게 해주는 관상적 정신과 함께하는 것으로써, 동방교회에서 더 많이 강조되고 발전되었다. 솔직히 말하자면, 그래서 이 말이 서방교회의 사람들 대부분에게는 아직도 이상하게 들리는 것 같다.

우리가 경험적으로 아는 모든 것은 흐름이라는 것이다. 이 흐름의 드라마는 계속 움직이게 되어 있고 절대 멈춘 적이 없다. 이 셋의 원리는 우주를 작동하는 원리가 되었고, 모든 이원론적 사고의 힘을 약하게 만들었다. 이 원리가 내포하는 충만하고도 대격변을 일으키는 의미는 여전히 아주 서서히 역사 안으로 파고들어 오고 있다.[12]

하느님은 다른 존재들 가운데 하나가 아니라, 오히려 존재 자체라는 진리는 성숙하게 하느님을 찾는 이에게는 누구에게나 계시된다.[13] 예수님께서는 하느님 안에 당신 자신도 포함하여 말씀하신다. 예수님은 하느님을 제약이 없는 대화요, 전적으로 긍정적인 분이시고 모든 것을 포용하며 한 방향으로 흐르는 분이시고, 절대 멈추지 않고 흘러넘치는 사랑의 물레방아로 제시한다.

성 보나벤투라는 그런 하느님을 사랑의 "충만한 샘"이라고 칭했다. 하느님의 "화"나 하느님 안에 있는 "진노", 용서하지 못하는 하느님 혹은 무엇이든 꿍하고 마음에 두는 하느님에 대해 말한다는 것이 카파도키아 신비주의자들에게는 신학적으로 불가능하게 여겨졌고, 하느님의 삼위일체 개념으로 인해 영원히 거론될 수 없는 것들로 간주되었다. 우리 인간이 지닌 그 어느 것도 신성한 하느님 사랑의 흐름을 멈출 수 없다. 우리는 우리의 가장 간악한 죄로도 이 영원한 흐름의 패턴을 없앨 수 없다는 말이다.

하느님은 늘 승리하시고, 하느님 사랑은 영원히 승리할 것이다. 사랑은 패하지 않고 하느님 역시 패하지 않으신다. 여러분은 신성한 춤이 지닌 수그러들 줄 모르는 분출의 힘을 멈출 수 없다. 하느님에게 투사된 보복성 정의마저도 넘쳐흐르는 사랑의 삼위일체라는 렌즈를 통해 보면, 하느님 사비로 죄는 무효가 되고, 복원시켜주는 정의로 올바로 재구성된다. 이는 모든 주요 예언자들과 다수의 예언자가 성경을 통해 우리에게 가르쳐주는 사실이다. 삼위일체의 계시는 모든 것을 변화하도록 정해져 있었지만, 매우 적은 그리스도인들만이 자기들의 의지로 이 정화하는 흐름을 경험하였다.

관계성은 운송 수단이다

왜 우리는 하느님의 신성한 수학적 문제에 이렇게도 집착하는가. 조금은 추상적일지 모르지만, 우리가 이 문제에 어떻게 개입하게 되었는지를 내 나름대로 말해보겠다. 서구적 사고 대부분은 아리스토텔레스라는 놀랍고도 뛰어난 한 사람에게서 기인한다. 한 사람이 그리도 많은 서구 사고 구조의 토대를 다 놓았다는 것이 놀라울 뿐이다.

아리스토텔레스는 모든 것에는 열 개의 다른 특성들이 있다고 가르쳤다. 여기서 열 개 모두를 거론하지는 않겠다. 두 개만으로도 충분하다. 그는 모든 것에는 "실체"와 "관계성"이 있다고 말했다. 실체를 규정하는 것은 다른 모든 것으로부터 독립된 그 무엇이다. "나무"가 실체라면 "아버지"는 관계성이다. 여러분은 그가 설명하는 구분을 이해하는가.

"아들" 역시도 관계성이고, 반면에 "돌"은 실체이다. 그런데 아리스토텔레스는 실체를 가장 우위에 두었다. 이것이 바로 전형적인 그리스 사고이다. 실체는 다른 모든 것과는 독립된 것이기에 스스로 존재할 수 있다. 이는 형용사가 아니라 명사다. 그러니 명사가 형용사보다 더 우위에 있는 것이다.

초기 전통을 보면 2, 3세기까지 서구 세계는 삼위일체라고 이해하게 되었던 하느님을 관계성이 아닌 실체라고 증명하기 위해 노력하였다. 아리스토텔레스의 사상에 기초를 두고 이를 설명하는 논리를 구축하려 한 것이다. 사실 당시 사람들은 단명했던 그 낡은 관계성의 하느님을 원치 않았었다는 것을 여러분은 알고 있다. 사람들은 자기들이 그 누구의 하느님만큼이나 괜찮다는 것을 증명할 수 있는 그런 실체로서의 하느님을 원했던 것이다. 우리 가톨릭 신자들도 미사 때에 빵과 포도주의 실체 변화에 대해 정의하면서 같은 우를 범했다.

하지만 예수님이 당신 자신을 성부의 아들이긴 하지만 성부와 같다고 하시면서 당신을 우리 그리스도인들에게 계시하실 때 그분은 관계성이 분명하게 우선한다는 것을 말씀하고 계신다. 예수님 친히 말씀하시듯 성부 안에 있는 여러분의 정체성이 바로 여러분의 정체성이다.[14] 이것이 바로 여러분 존재의 의미이다.

제노바의 카타리나는 "나의 자아가 하느님이다. 내 하느님 이외에 내가 알고 있는 다른 어떤 자아도 '나'가 아니다."[15] 우리는 독립적인 실체들이 아니다. 우리는 오직 관계성 안에서만 존재한다. 이것이 얼마나 일반적 문화에 반대되는 이야기인가! 서구인들에게는 관계성이란 항상 제이나 제삼의 최선으로 보였다. "그 누가 그저 관계성이기를 바라는가. 나는 나 스스로 이루어진 사람이다." 불행히도, 이런 논리는 아리스토텔레스에서 끝나지 않는다. 서구의 이런 초개인주의(hyper-individualism)는 라틴 혹은 서구 그리스도교에 깊이 뿌리를 내리고 있다. 4세기와 5세기 아우구스티누스는 하느님을 하나로 일치되어있는 세 실체로 설명한다. 다음 세기에 와서 하느님은 세 개의 관계성을 지닌 하나의 실체로 설명된다. 13세기 아퀴나스는 하느님은 실체이긴 하지만 관계성을 지니고 있으며 그 관계성은 실체의 바로 그 본질을 이루는 것이라고 했다. —이는 조금 더 관계성에 가까워진 설명이다. 안타깝지만 대략 이렇다. 그는 이것을 본래 내재하는 관계성이라고 말했다.

자, 우리는 이제 하느님이 관계성 그 자체이시지, 다른 모든 것과는 별개로 독립된 그 무엇이라는 아리스토텔레스적 사고에서 기인한 실체가 아닐 뿐 아니라 그럴 필요도 없다고 말할 준비가 되었다. 느낌이 오지 않는가. 여러분은 거룩한 사람을 만나본 적이 있을 것이다. 그들은 어떻게든 늘 관계성 안에 머물 수 있는 사람들이다. 중독된 사람들이나 폭력적 조현병자들 혹은 반사회적 사람들은 늘 관계성에 머물 수도 없고, 관계성을 지지할 수도 없는 사람들이다. 그들은 관계성에서 도망치는 이들이다. 대개 그들은 외로운 이들이거나 관계를 맺는 데 어려움을 겪는 이들이다. 분명히 여러분 주위에도 이런 사람들이 적어도 열 명은 있을 것이다.

나는 일전에 어떤 정신과 의사를 만난 적이 있다. 그는 나보다 나이가 많은 사람이었다. 그는 내가 언뜻 듣기에 좀 과장된 얘기처럼 들리는 말을 했다. "리처드, 인생 마지막 즈음에 가서 생각해보면 당신이 함께해 준 정신적 아픔을 지닌 이들 모두가 근본적으로 외로운 이들이었다는 것을 깨닫게 될 겁니다."

나는 "정말로요? 그냥 무심코 하시는 말씀이시지요?"

"물론 어느 정도는요. 하지만 어떤 정신병에는 물리적인 요인들이 있긴 하지만, 외로움이 바로 그 병을 도지게 하는 겁니다."

나는 신경정신과 의사인 친구들에게 이 이론에 대해 의견을 물어보았다. 그들은 처음에는 어리둥절하며 의아스러워하는 모습을 보였지만, 곧바로 이 이론에 동의하며 말했다. "그래, 맞아! 너무도 단순한 얘기 아니야." 육신의 병에 기반을 두지 않은 정신병의 경우는 모두 결별이나 관계성의 단절을 체험하거나 홀로 살아온 사람들 혹은 관계 맺는 법을 잊은 사람에게서 나타난다. 이런 사람은 친밀함을 알지 못하고, 그래서 친교에 굶주려 있는 사람이다. 그래서 하느님은 대부분 사람에게 그토록 강한 성욕을 주셨는가 보다. 건전한 성욕 안에는 관계성을 바라는 본능이 있다. 왜냐하면 여러분이 다른 이들로부터 단절될 때 여러분은 아프고, 독해지며, 심지어는 악해지기까지 한다고 나는 말하고 싶다.

이제 다시 삼위일체의 신비로 되돌아와 보자. 우리는 하느님이 절대적인 관계 맺음이시라고 말할 준비가 되어 있다. 나는 구원이라는 것을 관계성 안에 머물 자세와 능력, 기꺼움이라고 부르겠다. 여러분이 존재하는 한 성령께서는 계속 일하실 것이다. 그렇기에 예수님께서는 벌거벗겨진 연약한 존재, 즉 무방비 상태의 한 아기로 드러나시는 것이다. 이것을 관계성 안에서 말해 보자. 벌거벗겨진 연약성이 의미하는 바는 상대방이 나에게 영향을 주게 하는 것이다. 즉 상대방이 나를 변화시키게끔 하는 것이다. 다른 대안이 있을까?

"당신은 나를 변화시킬 수 없어."

"난 이미 알아."

"난 모든 답을 알고 있어."

여러분이 다른 사람들에게 여러분 삶에 어떤 권한도 미치지 못하게 만들 때, 즉 여러분이 다른 사람들을 막아버릴 때, 나는 여러분이 영적으로 죽은 것이라고 생각한다. 그리고 이것은 악에서 멀리 있는 것이 아니다.

이렇게 될 때 여러분은 곧바로 악을 자행하게 될 것이다. 오, 물론 여러분은 그런 것들을 악이라고 부르지 않을 것이다. —그리고 언뜻 자각하기에는 그것들이 악으로조차 인식되지도 않을 것이다. 잘게 쪼개지고 격리된 의식이 바로 관계를 중요시하지 않는 아리스토텔레스적 독립성의 씨앗이며, 이런 의식이 서구 세계에 있어 서로의 고립을 조장한 것이다. 우리는 각자의 매우 수축된 왕국을 지배하며 아무런 질문도 받지 않는 주인으로 행사한다. 우리 공감 능력은 자아라는 완선히 밀봉된 용기 안에서 굶어 죽어가고 있다. 선도 그곳에서 죽어가고 있다.

예수님의 길과 얼마나 대조되는가! 그 길은 살아가고 사랑하며 관계 맺는 삼위일체 길로의 초대이고, 이는 이 지상에서 삼위일체 하느님의 본질을 살아가는 것이다. 우리는 —여러분이 아니라 우리— 절대적인 관계 맺음을 살아가는 삼위일체와 같다.

우리는 이것을 사랑이라고 말한다. 우리는 참으로 사랑을 위해 창조되었기에, 사랑을 떠나면 우리는 순식간에 죽어버린다. 우리의 영적 혈통을 보면 사랑이 인격적이라는 점이 분명하다. "하느님은 사랑이시다."[16]

이제 하느님이라고 하는 존재가 사실상 애정 가득하신 분이라는 점을 확실하게 증명해 보이고자 한다. 우리는 이것을 확신시키는 데 별 성공을 거두지 못했다. 그렇지 않은가. 수십 년간 사제로서 살아오면서 나는 그리스도인들 대부분이 하느님을 두려워한다는 것을 알게 되었다. 내가 지금까지 전 세계를 다니면서 경험한 바로는 그리스도인 대부분이 본래 다른 신앙인들에 비해 애정이 더 많아야 하는 데도 실제로는 그렇지 않다는 것이다. 그저 우리가 그렇다고 생각하고 있을 뿐이다. 이것을 알게 되는 게 실망스러운 일이긴 하지만 여러분이 두려운 하느님과 근본적으로 연결되어 있다면, 그리고 여러분의 종교가 모든 것이 실제로 일어나게 될 것을 대비하여 들어 놓은 화재보험과 같은 것이라면, 이것은 피할 수 없는 현실이 되는 것이다. 그렇다면 여러분은 정말로 이 춤에 함께하는 것이 아니다. 여러분은 하늘의 지극히 신성한 엄마와 아빠 사이에서 잠들어본 적이 없는 것이다.

이제 여러분은 왜 우리가 성령을 비둘기나 바람으로 묘사하는지를 알겠는가. 여러분은 그것을 쉽사리 이해할 수 없다. 그렇지 않은가.

우리가 할 수 있는 최선은 비유를 이용하는 것이다. 다시 말하지만, 종교의 모든 언어는 비유이다. —나는 여러분이 이 사실을 알고 있기를 바란다. 이것이 바로 우리가 할 수 있는 최선이다. 우리는 코끼리의 한쪽 면을 만지는 시각 장애인과 같이 자기가 느낀 자그만 부분을 갖고 그것이 코끼리라고 자신 있게 말하곤 한다.

그러나 성령을 묘사하는 것은 늘 가장 어려운 일이다. 예수님도 이것을 인정하셨다. 성령은 바람과 같이 불고 싶은 대로 분다.[17] 그러니 마치 여러분이 성령을 조종이라도 하듯이 성령이 어디서부터 오고 어디로 가는지를 말하지도 말고, 또 누가 분명하게 성령을 "지니고 있는지"를 말하지도 마라. 하느님은 교회가 지니지 않은 것을 많이 갖고 계시고, 교회는 하느님이 갖고 계시지 않은 것을 많이 갖고 있다.

비유가 여러분과 함께 하기를!

비유(metaphor)의 그리스어 뿌리는 의미를 "전달해(날라)주는 것"이라는 뜻을 지니고 있다. 말하자면 어떤 의미를 한 장소에서 다른 장소로 전달해주는 것이다. 그런데 역설적인 것은 모든 비유가 다 절름거리는 것처럼 제대로 그 의미를 전달해주지 못한다는 것이다. 그런데도 비유는 하나의 실질적이고 필요한 짐을 날라준다. 캐나다인 저자 도날드 브라운의 지혜를 말해주겠다. 그는 자신의 저서 『The Journey from Ennuied(지루함으로부터 벗어나는 여정)』 첫 부분에서 이렇게 말한다. "쉬운 말에서는 대수롭지 않은 것이, 미묘한 비유를 통해서는 그것이 담고 있는 중요한 의미를 전달해준다."[18]

그래서 비유는 우리가 하느님에 대해서 말할 때는 물론이고 삼위일체 신비를 감히 얘기하려 할 때 분명히 유일하게 사용 가능한 언어이다. 우리는 "원무"(circle dance)라는 것으로 비유적인 설명을 하기 시작했다. 여기서 다른 이미지 하나를 더 보자.

하느님은 고무줄과 같다.

몇 년 전 나는 중요한 모임에서 삼위일체이신 하느님의 생명에 대해 얘기해 달라는 부탁을 받고 어느 호텔 방에 머문 적이 있었다. 사실 나는 지금 여러분이 들고 있는 책에 실려 있는 것을 그 모임에서 나누게 되었다.

내 방을 나서기 전에 나는 기도했다. "좋습니다, 하느님. 저는 진리이면서도 설득력 있는 것을 말하겠습니다. 제발 방해하지 말아 주세요." 기도를 마칠 무렵 침대 근처 바닥에 떨어진 고무줄 하나를 발견하였다. 그것만 없었으면 아주 깨끗했을 카펫 위에 있는 그 고무줄이 나를 물끄러미 바라보고 있었다. 분명히 아침에 방 청소를 할 때 치웠어야 할 그 고무줄이 거기에 있는 이유가 있을 거라 믿었다. 나는 내가 말하고자 하는 내용에 있어 새롭고도 도움이 되는 비유 하나를 알게 되었다고 확신하며 내 방을 나섰다.

고무줄을 바깥쪽으로 당겼을 때 탄성이 발생하게 된다. 내가 손가락 두 개로 고무줄을 당기면 고무줄도 손가락과 함께 늘어난다. 그리고 곧바로 반대의 움직임이 발생한다. 내 엄지와 검지로 고무줄을 바깥쪽으로 잡아당긴 바로 그 힘이 잡아 당겨진 그 힘 안에 포함되어 있다. 잡아당겼던 그 힘으로 생겨난 인장력이 다시 중심 쪽을 향하는 힘을 낸다는 것이다. 이것은 두 개의 동작이 아니라 온전히 하나의 동작이다. 바깥쪽으로 향하는 힘이 다시 또 안쪽으로 돌아가게 하는 바로 그 힘이다.

이제 신약성경에서 누구도 삼위일체라는 말을 사용하지 않았다는 것을 기억해보자. 이 말을 사용한 것은 때로 "서구 신학의 창설자"라고 불리는 테르툴리아누스(150-240)가 처음으로 라틴말 '3인조 혹은 한 벌에 세 개'의 의미를 지닌 트리니타스trinitas나, 세 겹의 의미를 지닌 트리누스trinus에서 온 삼위일체라는 말을 사용하였다. 다시 말하지만, 이 단어는 성경 어디에서도 찾아볼 수 없다. 설명하기가 늘 힘든 "고무줄"과 같은 개념에 맞는 단어를 찾는 데는 어느 정도의 시간이 걸렸다.

그러나 그렇다고 해서 삼위일체 개념에 대한 경험이 그리스도교 초기에 없었다는 말은 아니다. 이미 신약성경에서 예수님이 ―당신과는 엄연하게 다른― 당신의 하느님께 말씀을 건네시는 모습이 나오고, 또 당신 자신의 한 부분이요 성부의 한 부분, 즉 당신께서 성령이라고 칭하시는 분과 하나임을 말씀하시는 모습이 나온다.

성부, 성자, 성령. 어느 것이 어느 것일까? 우리 조상들은 이에 대해 분명히 의아스러워했다. 예수님은 이 안팎으로의 충만한 흐름을 숨을 쉬는 것으로 설명하신다.[19] 이는 또 다른 좋은 비유로서 히브리말로는 언어학적으로 숨과 성령이 분리되지 않는다. 이처럼 거룩한 숨은 하느님으로부터 흘러나오는 데, 이 또한 하느님이라고 불린다. 신성한 하느님에 대해 이처럼 많은 이름이 붙는 것이 오늘날까지도 복음서의 많은 독자를 매우 혼란스럽게 한다. 나는 요한복음이 이런 방향의 이야기를 쉽게 그리고 어찌 보면 편안한 마음으로 한다는 것이 놀랍다. 그것도 유일신론자들에게서 나온 말이고, 또 유일신론자들에게 하는 말이기에 더욱 놀랍다. 우리는 이와 관련하여 선례가 거의 전무全無한 상태에서 그것도 매우 확신 있게 어떻게 그런 신비를 말할 능력에 도달하게 되었을까. 이에 대한 내면 깊은 경험이 있을 때만 이것이 가능했을 것이다.

우리는 예수님도 당신 내면의 역동성을 설명하시기 위해 가능한 언어, 즉 비유를 찾으신다는 것을 안다. 평범한 눈에는 가려져 있는 현실을 아시는 예수님의 자연스럽고 사랑스러운 방법을 알 수 있다. 왜냐하면 그 방식이 당시 초기 제자들에게서 시작하여 오늘날 우리에게까지 전달되었기 때문이다.

거울에 비친 우주

다른 어떤 것과는 달리 하느님에 대한 지식은 모두 참여적인 지식이다. 나는 이것이 현실을 아는 매우 다른 방식이기 때문에 이것을 직접 분명하게 말해야만 한다. 사실 이것은 믿음의 사람들에게 주어지는 고유하고도 새로운 지평을 열어주는 선물이다. 그러나 우리는 종교개혁에서 비롯된 밥그릇 싸움과 계몽주의에서 비롯된 합리주의 이후로 이 앎의 방식을 완전히 잃어버렸다. 이 사건들은 우파 쪽에서는 근본주의로, 좌파 쪽에서는 무신론과 불가지론으로 사람들을 몰고 갔다.

이 두 가지 방식은 알기 위한 방식이 아니다. 우리는 어찌 보면 너무도 부당한 현미경을 택하기 위해 우리의 고유하고 유익한 망원경을 희생시켜 버렸다. 신적인 앎은 ─ 어떤 이들은 이것을 영적 직관이라고 함 ─ 다른 이들이 우리 안에서, 우리를 통하여 그리고 심지어는 우리로서 실질적으로 앎에 이르게 해주는 것이다. 여기에서는 내가 종종 "정체성 이식(identity transplant)"이라고 일컫는 것이 요구된다. 이것은 뉴에이지 개념이 아니다. 16세기의 존경 받는 선생이자 가르멜회 수도자요 사제인 십자가의 성 요한은 삼위일체적 이식을 이렇게 설명한다.

"누구도 하느님이 한 영혼 안에서 숨 쉬시는 것과 같이 영혼도 이 숨에 참여하여 하느님 안에서 숨 쉴 수 있는 지고한 행위를 하는 것이 불가능하다고 생각해서는 안 된다. 왜냐하면 한 영혼이 하느님께 참여할 때 하느님께서 그 영혼 안에서 숨을 쉬시기에 이 영혼이 하느님처럼 숨을 쉬는 것이 가능해지는 것이다. 이 참여를 통해 하느님께서는 이 영혼이 지극히 복된 삼위일체에 일치하는 은총을 주시기에 이 영혼은 신적인 모습을 지니고 하느님처럼 된다. 그러니 이 영혼이 자신 안에서 일어난 이 엄청난 은총을 이해하고 알고, 또 이를 사랑한다는 것이 어찌 불가능하겠는가. 이런 참여를 통한 서로 간의 통교와 앎과 사랑은 삼위일체의 세 위격 사이에서 영원으로부터 영원까지 강력한 사랑과 역동성으로 이루어지는 것이다. 한 영혼이 하느님 안에 참여할 때 하느님께서 그 영혼에 이와 똑같은 은총을 주신다. 이것이 바로 참된 권위와 지혜 그리고 사랑 안에 계신 세 위격 안에서의 한 영혼의 변모라고 할 수 있다. 그래서 그 영혼은 이 변모의 은총을 통해 하느님처럼 된다. 그분은 우리의 영혼이 이 변모를 통한 닮음에 이르게 하려고 우리 영혼을 당신 모상과 유사함으로 창조하신 것이다."[20]

이런 앎은 에고를 부풀리지 않고 우리에게 인내를 가르쳐주며 자아를 겸허하고 아름답게 해준다. 왜냐하면 영적인 앎은 아주 조금이라도 커다란 앎이기 때문이다. 만일 여러분이 이 대안적 앎을 매우 훌륭하게 설명해 놓은 것을 살펴보기를 원한다면 코린토1서 1,17-2,16에 나오는 바오로의 지혜에 대한 설교를 읽어 보라. 솔직히 말하자면, 그래서 성령의 선물이 지식과 지혜를 구분해주는 것이다.[21] 물론 우리는 대부분 이 두 가지가 같다고 생각하지만 말이다. 영적인 앎은 종종 지혜라고 일컬어진다. 이것은 단순히 올바른 정보나 지식을 갖는 것과는 구분되어야 한다.

달리 말해서 하느님 —그리고 고유하게는 삼위일체— 은 우리가 다른 대상, 예를 들어 기계나 객관적 개념 혹은 나무들을 아는 것처럼 알 수 없다. 이런 것들은 우리가 '객관화'할 수 있는 것들이다. 우리는 대상들을 보고 우리의 정상적 지성을 통해 그 대상의 여러 부분을 분석하고, 이것과 저것을 구분하여 멀리서도 그것들이 무엇인지를 판단한다. 이때 우리는 부분들을 이해하는 것이 전체를 이해할 수 있게 한다고 생각하기에 이렇게 하는 것이다. 그러나 하느님과 관련된 대상들은 절대 이런 식으로 객관화할 수 없다. 이런 것들은 오직 그것들과 하나 됨으로써만 알 수 있는데, 이것이 바로 "주관화"이다. 여러분 자신이나 다른 이들이 그저 단순한 목적으로 다루어지지 않고 양쪽이 다 상호 존중의 '나-당신'의 관계에 편안히 있을 수 있다면 여러분은 영적인 앎에 이르는 것이다.[22] 어떤 이들은 이것을 "관상적 앎"이라고 한다.

그런 앎은 대상들을 참으로 온전하고 전체적으로 관계와 의미의 모든 차원에서 직관하게 해준다. 아마도 이 앎은 존재하는 모든 것의 전체적 구도에서 그 대상들을 보게 해주는 앎이 아닐까 한다. 이처럼 삶의 순간들에 대해 관상적으로 응답하는 것은 늘 그 순간에 대한 가치를 인정하고 감사하며 우리 내면의 존경심으로 바라보는 것(re-spect: "다시 바라보는 것")이다. 왜냐하면 나는 지금 내가 바라보는 것의 일부이기 때문이다. 대상 대부분을 우리가 언뜻 부분적으로 관찰할 때 우리에게는 이런 존중심이 부족할 수밖에 없다. 이것은 아직도 관상적 앎이라고 할 수 없는 상태다. 솔직히 여러분이 대상들을 관상적으로 볼 때 우주 안의 모든 것은 하나의 거울이 된다. 내가 얼마나 진지하게 이 말을 하는지는 우리가 함께 이 성찰의 과정을 더해 간다면 앞으로 분명해질 것이다.

독자들이여, 지금 이 점에 대해서만 생각하자. 왜냐하면 모든 것을 생기게 하는 삼위일체 신비는 거울에 비추어 보는 과정이라고 하고, 또 그렇게 이 과정이 시작된다. 이때 우리는 같은 방식으로 거울을 보고 거울에 비추어 보는 끊임없는 과정을 통해 앎에 이르게 된다는 것을 알게 될 것이다.[23] 우리는 오직 이런 사랑의 다시 바라봄을 통해서만 깊이 있고 아름답게 대상들을 알게 된다. 이제 우리의 성찰을 조금 더해 가는 동안, 이 거울에 비추는 중심적 비유를 견지하고 있기를 바란다. 진짜 거울은 먼저 대상의 이미지를 받아들이고, 그런 다음 진실하게 그 이미지를 비추어 준다. ─거울의 이런 작용으로 인해 내가 나의 이미지를 볼 수 있는 것이다. 모든 인격은 이런 과정을 통해 창조되기에, 우리가 해야 할 일은 이 거울에 비추어 보기를 계속하는 것이다. 이것이 바로 정신분석가인 하인즈 코허트Heinz Kohut가 『자기 심리학(self psychology)』이라는 책에서 말하고 있는 내용이다.[24] 여기서 우리는 신학적인 면에서나 영성적인 면에서도 마찬가지라고 말하려는 것이다. 우리가 해야 할 일은 사도 바오로가 표현하는 대로 "우리는 점차로 우리가 비추어 보는 모습대로 바뀌어 갈"[25] 때까지 우리에게 주어진 내면의 이미지를 받아들이고 이를 되돌려 비추어 주는 것이다.

한 문장으로 표현한다면 이것이 바로 영적 여정 전체라고 할 수 있다. 사랑과 선 그리고 거룩함은 모두 반사된 선물이다. 그리고 여러분은 존경심을 갖고 이 선물들을 바라봄으로써 이 모든 것을 갖게 되며, 이것이 사랑의 순환을 완성한다. 왜냐하면 이것이 바로 창조된 세계가 여러분을 바라보는 방식이기 때문이다. 삼위일체의 내적 생명은 모든 피조물의 외적인 생명이 되는 것이다. 이것이 바로 선이다. 이것은 우주적 육화의 신비(하느님께서 육을 취하신 것)에 대한 우리의 인식과 존경심을 확장하는 것이라고 말할 수 있다. 그래서 아우구스티누스는 놀랍게도 이렇게 말했다. "당신 자신을 사랑하시는 하나의 그리스도만이 계실 것이다."[26] 물론 이 말은 사도 바오로의 말을 강조한 것이다. "그리스도만이 모든 것이며 모든 것 안에 계십니다(콜로 3,11)." 그리스도는 우리 중 많은 이가 처음에 예수님과의 사랑에 빠졌기 때문에 보편적이라고 말할 수 있다. 그러나 이에 대해 알기 위해서는 전적으로 다른 책[27]이 있어야 하기에 내가 이렇게 여러분보다 한 발 앞서 나가는 것이다. 그러나 나는 이 모든 것이 어디로 갈 것이고, 또 어디에서 왔는지를 여러분이 알기를 바란다. 이 신적인 미러링은 절대 멈추지 않을 것이다. 거울에 비추어 보는 일은 변모와 변화 과정 전체가 어떻게 개인적으로 시작되고, 최종적으로 어떻게 싱취되게 해주는지를 보여준다.

그러나 우리는 먼저 야고보 사도가 아주 훌륭하게 꿰뚫어 본 것처럼 "이 완전한 자유의 법을 잘 들여다보고 거기에 머무는"[28]

법을 배워야 한다. 예수님은 삼위일체의 한계가 없는 생명에서 오셔서 우리를 초대하시고 하느님의 사랑스러운 응시를 무한하게 받는 상태로 우리를 들어올 수 있게 해주신다. 그리하여 우리는 같은 바라봄에 참여하고 이를 참으로 알게 되는 것이다.[29] 왜냐하면 하느님을 객관화하는 것은 전혀 불가능하기 때문이다. 우리는 단지 거울에 비추일 뿐이고 그 거울 안에서 그리고 그 거울을 통해서 완전히 우리 자신을 알고 보게 되는 것이다. 그래서 여러분 안에 계신 하느님을 보고 반사해줄 수 있는 깨끗하게 닦인 거울을 갖는 것이 중요할 뿐 아니라 삶의 중심이 되는 것이다. 그렇다. 건강한 신학과 하느님 이미지가 중요하다. 그러면 우리는 하느님이 우리를 응시하실 때 당신 스스로 새로운 모습으로 거울에 반사된 당신 자신을 어느 정도 보신다는 것을 믿을 용기가 있는가. 이것이야말로 매우 공정한 결론이다.

거울에 비추인 지식은 "논리적인" 지식이 아니다. ―그것은 그저 반사되고 받아들인 지식일 뿐이다. 그래서 이런 받아들임의 상황을 경험해보지 못한 사람에게 하느님을 증명하거나 사랑을 증명하기는 정말 어려운 일이다. 모세가 하느님의 응시를 받고 진실하고 사랑스럽게 보이게 된 후 그의 얼굴이 밝게 빛났지만,[30] 그가 백성들 앞에 나설 때는 얼굴을 베일로 가렸다는 사실을 상기해보자. 이는 단순한 상징이 아니다. 이것이 상징하는 바는 백성 모두가 다른 이의 모습을 바라보는 것에 의지하지 말고, 스스로 그런 모습이 되어야 한다는 것이다. 또한 친밀하게 하느님의 응시를 받아야 한다는 것이다.

성경은 세 번에 걸쳐 모세가 "직접 대면하여"(face to face) 야훼 YHWH를 안 유일한 사람이었다고 언급한다.[31] 이것이 성경 전통에서 하느님께서 당신을 드러내시는 첫 번째 이야기이고, 이 드러냄은 정확하게 개인적인 대면 혹은 거울에 비춰봄의 과정을 통해 이루어진다. 하느님의 이미지가 사실상 모세에게 전이되는데, 이 이미지를 받은 그는 방황하는 이스라엘 사람들에게 거울에 비춰 보는 법을 알려주고자 나머지 일생을 다 바친다. 물론 결과는 미약하기만 하였다. 사람들은 친밀하게 거울에 비춰 보는 것보다는 법과 자신들을 안심시켜주는 반복적인 예식을 선호한다. 진정으로 거울에 비춰봄은 단 한 번 받아들이고 인식되는 것으로 충분하다. 말하자면 단 한 번 참으로 거울에 비춰봄이 이루어진다면 여러분은 영원히 변화할 것이다. 내면의 체험을 이야기하는 것은 매우 어려운 일이다. 왜냐하면 솔직히 말해서, 여러분이 그것에 다다라 보지 않았다면 그것에 다다라 본 적이 없는 것이기 때문이다. 여러분이 다른 이들을 거울에 비춰 보기를 원하지 않는다면 필시 여러분 자신을 실질적으로 거울에 비춰 본 적이 없을 것이다. 그리고 하느님의 신성한 거울은 야고보 사도가 말하는 대로 "자유의 완전한 법(야고 1,25)"이다. 왜냐하면 그 거울은 완전히 해방해주는 사랑과 받아들임으로 우리를 반사해 주기 때문이다. 아마도 제도 종교의 가장 큰 약점 중 하나는 우리가 사람들에게 준 인상인데, 여기에는 큰 문제가 있다. 왜냐하면 우리는 우리를 위해 교황이 알 수 있으면 되고, 우리를 위해 전문가들이 알 수 있으면 되고, 우리를 위해 성경에 기록된 것이 앎의 핵심이면 된다는 인상을 다른 사람들에게 주었기 때문이다. 우리는 거룩한 것에 대해 그저 전해들은 지식만을 가질 수 있는데도, 내가 아닌 다른 사람이 우리에게 참된 것이라고 말해준 정도로 우리가 정말로 신성함을 입을 수 있게 되었다고 생각한 것이다. 이렇게 해서 하느님은 그저 바깥쪽의 어떤 "것" 정도로 전락해버렸고 대개는 저 바깥쪽에 머물러 계시게 되었다. 그래서 그분은 영혼과 마음 그리고 심지어는 변화한 정신의 경험과는 관계가 없게 되었다. 그렇더라도 하느님께는 손주들이 없고 오직 자녀들만이 있다.

이처럼 우리는 객관화한 지식을 갖고 하느님을 알고자 노력해 왔다. 그러한 지식은 우리가 직접 참여해 얻은 것이 아니기에 결국 팩스로 전송된 인터넷에 떠다니는 가벼운 지식이 되고 말았고, 그것은 실질적으로 우리 손에 미치지 않는 지식이 되고 말았다. 이것은 조직화한 기성종교의 전형적인 모습이다. 인간들은 어떤 식으로든 그 무언가 자신들을 포함해 주기만 하면 그것(혹은 그 사람)을 더없이 좋아한다. 하느님은 분명히 우리가 이런 경향이 있다는 것을 아셨기에 ─우리 내면의 인식주체요 "모든 것"을 상기해주는 존재로서 우리 안에 성령을 심어주심으로써─ 우리를 하느님의 앎 안에 포함해 주셨다.³² 이것은 그야말로 우리에게 주어진 아주 다른 유형의 정신, 즉 상기해주는 정신(reminding)이다. 그러나 이 상기해주는 정신은 그저 좋은 정도가 아니라 훨씬 더 좋은 것이다. 우리는 우리가 하느님을 알고 받아들이는 바로 그 움직임 안에서 우리 자신을 알고 받아들이게 된다. 우리는 하느님께 모든 것을 맡겨 드림으로써 동시에 가장 선하고 충만한 자신을 받아들이게 되는 것이다. 이 얼마나 대단한 보상인가! 이 얼마나 참으로 거룩한 교환인가! 이 모든 것은 거울에 비춰봄의 과정에서 성취된다. 심리학적인 차원에서 보면 이것은 하인츠 코허트Heinz Kohut의 "자기 회복"³³이라고 할 수 있다.

삼위일체 교의에서 정말 중요한 것은 진정한 앎은 결국 참여적인 지식이지, 앎에 있어 한계가 있는 형태인 이성적 계산이 아니라는 점을 강조한다. 하느님은 —그리고 더는 단순화할 수 없는 친밀성의 관점에서 인간 인격을 포함하여— 절대로 객관화되어서는 안 된다. 사실상 하느님은 우리 생각의 대상이길 거부하신다. 십자가의 성 요한이 줄곧 주장하듯이 하느님은 우리 앎의 대상이길 바라지 않으시고 오직 사랑만 받을 수 있으시다.[34]

여기에 바로 둘 중 하나를 선택해야 하는 가장 슬픈 상황이 생긴다. 이는 대부분의 서구 신자들이 이를 받아들이고 있다. 과학은 객관적이고 유용한 지식의 커다란 영역을 우리에게 알려준다. 종교는 개인적으로 의미 있는 지혜, 즉 더 작은 주관적 영역을 드러내 준다. 우리 생활학교인 활동과 관상을 위한 센터(Center for Action and Contemplation)에서 가르치고 있는 신시아 부조Cynthia Bourgeault는 이런 상황을 "미친 짓"이라고 부른다.[35] 맞는 말이다. 우리는 모두 이러한 것이 교회 안에서는 근본주의자들과 실질적인 불가지론자不可知論者[36]들을 그리고 교회 밖에서는 진지한 무신론자들을 대량 양산하며 혼미하게 분열을 조장하는 그리스도교 그룹의 전형적인 모습이라는 것을 그녀도 나도 인정한다. 참으로 안 된 일이고 얼마나 안타까운 일인가. 사실상 참된 영성은 더 커다란 영역에 다가가게 해주지만, 지금까지 종교들 대부분은 자기집단에 얽매이는 수준을 넘어서지 못하는 것 같다. 어쩌면 우리에게 삼위일체 영성이 부족했던가 보다. 하느님은 오직 사랑과 누림의 대상이실 수 있는데, 이것이 결국에는 새로운 유형의 앎이 되는 것이다. 이것이 바로 우리 앎에 있어 중심적이고 중추적인 요소임이 분명하다.

이제 하느님의 이런 본질 자체가 바깥쪽으로 흘러나가는 원심력이고, 또 안쪽으로 끌어당기는 구심력이라면 ―고무줄의 원리와 비슷하고, 거울에 비춰봄과 비슷함― 우리 자신과 다른 모든 것 사이에 가족과 같은 유사함을 기대한다는 것은 당연한 일이다. 삼위일체는 결국에는 하나로 움직이는 과학적이고도 영적인 우주론을 가능하게 해준다. 우리는 분열이 깊어지고 간극을 메울 수 없는 상태가 되기 전에 아주 빨리 이 비결을 발견하는 것이 꼭 필요하다.

만일 사랑이신 창조주가 이 모든 것을 시작했다면, 창조하신 분과 창조된 존재 사이에는 실질적으로 분명히 "DNA 연결"이 있을 것이다. 과학자들이 현미경으로 관측한 것들을 망원경으로 관측한 것들과 비교하여 발견하고 있는 여러 가지 놀라운 것 중 하나는 중성자와 양성자 그리고 원자의 패턴이 행성들과 **별들** 그리고 은하들의 패턴과 비슷하다는 것이다. 두 가지 다 궤도 안에 있고, 모든 것이 다른 모든 것과 관계적으로 연결되어 있다.

우리는 이제 로버트 란자Robert Lanza의 생물 중심주의(인간의 권리나 필요가 다른 생물의 그것에 우선하는 것은 아니라는 생각)에 관한 연구에서 아주 명백하게 보여주듯이 이런 패턴이 생물학에서도 똑같이 존재한다는 것을 알게 되었다. "우주는 생명에 의해 창조되는 것이지 생명이 우주에 의해 창조되는 것이 아니다."[37] 생명의 흐름은 모든 것, 절대적 차원에서 모든 것의 토대다.

우리에게 감지된 우주의 양극단 사이, 즉 하느님과 인간 사이에는 유사함이 있다. 이는 우리가 기대해야 했던 바이다. "우리와 비슷하게 우리 모습으로 사람을 만들자"라는 말은 창조주가 말씀하시는 것을 처음으로 기술한 내용이다.[38] 그리고 히브리 사람들은 여기서 놀랍게도 복수 대명사를 사용한다. 유대인의 직관은 애초부터 맞았다. 물론 그들에게 과학적 증거는 아직 없었지만, 그것은 단순히 세계와의 공유영역이었다. 영적인 직관은 어느 수준에 가면 거의 항상 옳다. 그 영적 직관을 우리가 나무로 형상화하고 기계화하며 근본주의 차원으로 끌어내리기도 한다. 이럴 때 우리는 그 직관의 흐름을 잃게 한다. 흐름이란 정확하게 생명이 존재하는 곳에 있다.

우리는 신성한 파장이었을 수도 있었던 바를 대부분 정지된 입자로서의 신으로 전락시켰다. 이러한 강등은 그리스도교 교의 전부를 마술을 믿게끔 하는 것같이 만들어버렸다. 즉 순전히 상거래와 같은 것으로 만들어버려 거의 항상 교의 전체는 소수의 사람에게만 배타적으로 적용되었다. 우리의 "기쁜 소식"은 더 이상 보편적이거나 우주적 진리가 아니라 단순히 종족, 문화, 세속적 진리가 되어버렸다.

우리에게는 밀린 이야기가 너무 많다.

우주 안의 에너지는 행성들에 있는 것도 아니고 양성자나 중성자에 있는 것이 아니라 이들 사이의 관계성에 있는 것이다. 입자들에 있는 것이 아니라 그들 사이의 공간에 있는 것이다. 유기체의 세포 안이 아니라 세포들이 증식하고 서로에게 자양분을 나누는 방식에 있는 것이다. 삼위일체의 세 위격 하나하나의 정확한 정의에 있는 것이 아니라 세 위격 사이의 관계성에 있는 것이다. 이것이 바로 무한히 새로워지는 힘 전부가 그 역할을 하는 곳이다.

위격 사이의 사랑에 찬 관계성.
위격 사이의 무한한 사랑.
춤 그 자체.

달리 말하면, 이것이 바로 전적으로 관계적인 우주다. 어느 때라도 우리가 우리를 통해, 우리와 더불어 그리고 우리 안에서 움직이는 이 흐름[39]을 멈추려고 한다면 우리는 참된 의미에서 죄의 상태로 떨어진다. —그리고 이 상태는 순간의 죄 행위보다 그야말로 아주 더 심각한 것이다. 죄라는 것은 자신을 폐쇄하는 것, 닫아버리는 것, 막아버리는 것이다. 그래서 본래의 흐름에 저항하는 것이다. 여러분이 굳어진 정신 혹은 차가운 영으로 다른 사람을 미워하여 멀리할 때, 여러분은 그 흐름에서 자신을 끊어버리는 것이다. 그러므로 예수님은 간음하다 잡힌 여인을 단죄하고자 하는 종교지도자들을 그 여인보다 훨씬 더 비판하신다. 요한복음 8장에 나오는 간음하다 잡힌 여인을 죽이려 한 이들, 즉 종교적 계산주의자들에게 하신 예수님의 말씀은 돌을 던지는 행위에 대한 전격적인 비판으로 영원히 각인되었다. 그래서 죄라는 것은 오히려 우리가 죄를 보지 않으려는 곳에 있는 것이다.

신성한 흐름은 안팎으로 흐르는데, 반대로 전혀 흐르지 못하는 경우도 있다. 이 흐름의 법은 단순해서, "행복하여라, 자비로운 사람들. 그들은 자비를 입을 것이다(마태 5,7)"라는 말씀과 같은 예수님의 다양한 말씀 형식에 나타난다.

죄라는 것은 늘 상호성에 대한 거부이고 단절로 문을 닫아거는 것이다. 루이스C.S.Lewis는 자신의 고전 천국과 지옥의 이혼에서 지옥에 있는 한 영혼을 그리고 있다. 그는 이렇게 외쳐댄다. "난 도움을 원하지 않아. 나는 홀로 있고 싶어."[40] 어떤 것에건 우리가 상호성을 거부할 때마다… 우리를 인도해주는 내면 깊은 곳의 연결고리를 원치 않을 때마다… 우리가 주고받음에 민감하지 않을 때… 여러분은 말할 것이다. 성령이 우리 삶에서 존재적으로 부재한다고. ―그러나 근본적으로 부재하는 것은 아니다.

이것이야말로 "용서받을 수 없는" "성령을 거스르는 죄"[41]인 것이다. 왜냐하면 이것은 단순히 용서가 필요한 다른 무례한 잘못 정도로 보이지 않기 때문이다. 이럴 때 우리는 용서에 대해서조차 생각지도 않을 것이다. 우리는 그저 자만자족하며 한구석에 그냥 앉아만 있을 것이다. 진짜 악과 진짜 죄는 살아남기 위해 잘도 변장해야만 한다. 단절은 일반적으로 죄처럼 보이지 않고, 대개는 예의범절을 차리거나 심지어는 영역을 적절히 고수하는 것처럼 보일 것이다. "난 속상해할 권리가 있어!"라고 의로운 영혼은 말한다. 누구도 우리의 친절에 "합당한" 사람은 없기 마련이다. 사실상 친절이라는 것은 누가 우리의 친절에 합당한지와 같은 바보스러운 질문조차 하지 않는 것이다.

연약함(vulnerability-상처받기 쉬움)

여러분은 "연약함"이라고 하는 것이 지속적인 성장을 위한 열쇠라는 것을 상상이나 해보았는가. 내 경험으로는 건강하게 유약한 사람들은 모든 상황을 자신을 확장하고 변화하며 성장하는 기회로 삼는다. 그렇지만 방어 수단 없이 —다른 이들에게 계속해서 자신을 개방하며— 산다는 것은 위험스러운 일이다. 왜냐하면 그렇게 될 때 다른 이들이 여러분에게 실제로 상처를 줄 수 있기 때문이다(vulnus - "상처"). 그러나 오직 우리가 이런 위험을 감수하기를 선택할 때만이 우리는 정반대의 가능성에 도달하게 된다. 이때 다른 이들이 여러분에게 선물이 되고, 여러분을 자유롭게 하며, 여러분을 사랑하기까지 할 것이다. 그러나 이는 매번 커다란 위험으로 느껴진다. 매번.

우리가 그렇게 유약한 삶을 살아갈 수 있다면 그때 중단 없이 우리를 통해 우리 바깥으로 그리고 우리를 넘어서서 흘러나가는 원심력이 생기게 된다. —이게 바로 하느님 안에서 반사된 삶인데, 그 하느님은 세 위격이 서로 건네주고 자신을 비우며 건네 온 것을 온전히 받아들이는 분으로 묘사된다. —삼위일체 안에서의 영적인 삶은 "하느님을 닮은"[42] 모습이 된다. 물론 이 말이 일반적인 우리 삶과 의식에서는 말도 안 되는 것처럼 들릴 것이다.

그래서 이것이야말로 성령의 역할인 듯싶다. 여러분을 계속 성장하게 하는 것은 생명과 사랑 그 자체에 대해 여러분을 유약하게 만들어주는 것이다. 여기서 주목해야 할 것은 성령에 대한 주된 은유는 늘 역동적이고, 힘이 있으며, 계속 움직이는 것이라는 점이다. 파악하기 어려운 바람, 날아 내려오는 비둘기, 내려오는 불, 흐르는 물 등. 성령에 의해 이끌려 사람들은 성장하고 변화하고 새로운 기회를 인지하는 것을 절대 멈추지 않는다. 종교에서 하는 일 대부분이 현재의 상태(status quo)를 숭배하는 일이 되었다는 것을 생각하면 참 이상하다. 실제로 에고가 다른 어떤 것보다도 더 싫어하고 두려워하는 것 한 가지가 변화라는 것을 기억하게 되면 종교의 모습이 그렇게 된 것을 이해하게 될 것이다.

그렇다면 거룩함으로의 길은 어떤 것일까. 그것은 온전함으로의 길과 같은 길이다. 그런데 우리는 아직 "거기"에 다다르지 못했다. 우리는 여전히 강을 건너는 중이다.

강을 밀려고도 하지 말고 강이 움직이도록 노력하지도 마라. 그 흐름은 이미 일어나고 있고, 또 여러분은 그것을 멈출 수도 없다. 여러분이 할 수 있는 것은 그저 그 흐름을 인지하고 누리며 그것이 여러분을 더없이 충만하게 옮겨가도록 내맡기는 일이다.

이것은 대단히 놀라운 것이고, 어떤 이들에게는 실망스러운 일이기도 하다. 이 신성한 흐름은 여러분과는 거의 상관이 없다.

아일랜드의 시인이자 사제였던 고故 존 오도노휴John O'Donohue는 그것을 이렇게 묘사한다.

난 강물이 흐르듯이
살고 싶다.
그 흐름이 펼쳐지면서
놀랍게도 난 강물 저편으로 가 있을 것이다.[43]

이 흐름은 여러분이 완벽한 존재가 되는 것과는 아무 상관이 없다. 그리고 그것은 여러분이 올바른 존재가 되는 것과도 상관이 없다. 또한 여러분이 바른 그룹에 속해 있느냐와도 관련이 없다. 여러분은 그것을 이해조차 하지 못한다. 어떻게 그럴 수 있을까. 여러분은 예수님이 누군가를 치유해주시기 위해 그 사람을 점검할 목록을 전혀 갖고 있지 않으셨다는 것을 분명히 알고 있을 것이다. 그는 늘 그렇듯이 그저 이렇게 말씀하신다. "그대를 내가 만져도 되겠소? 그렇다면 그렇게 합시다!"

만질 수 있게 하는 사람들은 치유된 이들이다. 치유가 이루어지는 것은 매우 단순하다. 이를 위해 교리시험이 필요하지 않고, 도덕적 시험도 필요하지 않다. 그리고 그들이 유대인인지, 게이인지, 세례를 받았는지, 결혼은 한 번만 한 사람인지에 대한 점검도 없다. 오직 한 가지 질문만이 있다.

치유되기를 원합니까?

유약한 상태이지만 신뢰심과 확신 있는 답이 있으면 치유의 흐름은 어김없이 이루어지고, 그 사람은 치유된다. 나의 이 말에 대해 반박하고 싶다면 해보라!

그리고 믿거나 말거나 이것저것에 대한 강력한 도덕적 태도를 보이거나, 이런저런 것에 대한 교리를 믿는 것보다 자신을 만지게 하고 이 흐름에 자신을 내맡기는 것이 훨씬 더 힘들다. 그렇기에 분명히도 회개하지 않은 사람들은 늘 상처받기 쉬운 삶의 강물에 그저 신뢰심을 갖고 머무는 대신에 이 낮은 수준의 삶으로 떨어지고 마는 것이다.

약한 지혜

연약함의 문제를 조금 더 생각해보자. 여기에는 연약함보다 그 정도가 조금 덜한 유의어 약함이 있다. 약함이라는 단어는 누구도 자신과 연관시키고 싶지 않은 것이지만, 사도 바오로는 다름 아닌 약함을 지닌 하느님에 대해 말한다. 바오로는 "하느님의 약함이 사람보다 더 강하다"[44]고 말한다. 하느님이 어떻게 약할 수 있을까. 우리는 여기서 새로운 지평 안에 있게 된다.

우리는 힘이 있고 중요한 존재가 되기를 바란다는 것을 인정하자. 우리는 사실 자기-충족과 자율권, 자신이 만들어낸 인간이길 바란다. 이것은 분명히도 미국식의 사고방식이다. 하느님의 약함은, 바오로가 말하듯이, 우리가 바라는 것이거나 닮고 싶은 것이 아니다. 아마 이것이 삼위일체 신비를 우리가 거부하는 이유 중 하나였을 것이다.

인간의 힘을 나는 자기-충족이라고 말하겠다. 하느님의 약함을 나는 관계적 존재(inter-being 혹은 연결된 존재)라고 말하겠다. 관계적 존재는 자신이 만든 인격이 세상에서 역할을 하는 것과는 다른 방식을 취한다. 인간의 힘은 움켜쥐는 것을 바란다. 물론 여기에도 긍정적인 무언가가 있다. 이게 전부 잘못된 것은 아니다.

그러나 그저 가게 내버려 두는 것에 훨씬 더 큰 역설과 신비가 존재한다. 이것이 비록 언뜻 보기에는 약한 것 같고 힘이라고 느껴지지 않는다는 것을 우리는 인정해야 할 것이다.

우리는 이 삼위일체의 신비에 대해 당황스러워한다. 그래서 우리는 아마도 이 신비를 풀어보려고도 하지 않았던 게다. 인간의 힘은 자율성을 바란다. 하느님의 신비는 상호성에 있는 반면에 말이다. 우리는 통제를 좋아한다. 그러나 하느님은 유약함을 사랑하는 것 같다. 사실상 예수님이 하느님의 모상이라면 하느님은 "전능하신 분"으로서보다는 "세 위 사이의 절대적인 연약함"으로 묘사되는 것이 훨씬 더 낫다. 그런데 얼마나 많은 그리스도교 기도들이 "전능하신 하느님"으로 시작하는가. 만일 여러분이 삼위일체 신비에 푹 빠져버린다면 여러분은 마땅히 전능하신 분과 같이 "온전히 연약하신 하느님"이라고도 말해야 할 것이다!

그러나 브레네 브라운Brené Brown의 주장이 널리 알려졌음에도 불구하고[45] 연약함은 우리 문화에서 선망의 대상이 되지 않고 있다. 그렇지 않은가. 정말로 유약한 대통령 후보자가 미국의 대통령으로 선출될 수 있는가. 의심스러운 일이다. 겉보기에는 이것이 어떤 전제조건처럼 보이긴 하지만, 여러분이 실제 행동으로 이를 표현하기보다는 그저 머리로만 알고 있는 전제조건이 아닐까 한다. 어떤 이유로 인해 이것이 우리에게 깊은 인상을 주기도 한다. 만일 우리가 우리 내면의 연약한 곳을 건드려보거나 그 연약함과 깊이 일치해본 적이 없다면, 일반적으로 우리는 연약하지 않은 면을 바깥쪽으로 투사하게 된다. 내가 여러 해 동안 남성 입문 예식을 통해 배운 바로는 이런 경향은 특별히 남성에게서 두드러지게 나타난다.[46]

인간의 힘은 뚜렷한 의미의 자기-정체성과 자율권을 키우고 투사하고 보호하기를 원하지만, 관계적 존재나 얼굴을 대면하고 공유하는 존재(interface)를 원하지 않는다. 우리는 "내가 누구인지를 알아!"라고 말하기를 좋아한다. 그런데 다른 이에 의해 우리에게 주어져서 우리가 받아들인 정체성을 우리 안에서 작용시켜주시는 성부와 성자와 성령이 우리 안에 존재하신다. "나는 오직 아버지와의 관계 안에서 아들일 뿐이고, 아버지는 나에게 내가 누구인지를 알게 해주시고 내 존재성을 부여해주신다."

우리는 아무도 필요하지 않기를 바란다. 그러나 명백히도 삼위일체는 누군가를 필요로 하고 이를 바란다. 모든 것을 필요로 하는 것 —모든 것과 모든 존재와 완전한 친교의 일치. 물론 여기서 필요로 한다는 것은 그저 비유적인 의미에서 말하는 것이다. 우리는 우리가 가진 패를 전부 보여주는 것을 싫어하기에 그것들을 숨기고 자기를 보호하는 데 익숙해져 있다. 인간의 힘은 경계를 확실히 하는 데서 결정된다. 그런데 하느님은 경계선들을 없애는 일을 하시는 듯하다. 그래서 우리는 역설에 들어서는 것이다. ─셋이 하나라는 게 무엇이고, 하나가 셋이라는 게 무엇인가. 우리는 이 문제를 해결할 수 없기에, 일치와 획일성을 혼동한다.

하느님은 끊임없이 창조하시고 다양성을 허락하신다. 여러분은 그저 동물의 세계와 바다 밑 세계, 숨겨진 작은 곤충들 혹은 식료품 가게의 모든 인간을 보기만 하면 이를 알 수 있다. 여러분 중에 똑같은 사람이 누가 있는가. 하느님은 분명히 다양성을 사랑하신다. 대관절 하느님이 획일성을 좋아하신다는 증거가 있단 말인가. 우리는 획일성이 에고에게 통제의 감각을 부여해주기 때문에 이를 좋아한다. 물론 이 통제는 가짜 통제일 뿐이다. 그래서 우리는 계속해서 일치와 사랑의 순종 그리고 우리의 가장 깊은 정체성에 대한 참된 충실성 대신 획일화로 이런 것들을 대체한다. 이런 것들을 견지하기 위해서는 확신과 용기가 훨씬 더 요구된다. 여기서 우리가 이야기하고 있는 신비는 분명히도 드러나 있는 다양성이다. 셋은 다양하고, 다르며, 구별된다. ─그렇지만 이 모든 게 하나다. 삼위일체의 DNA에 그렇게도 고유하고 본질적인 다양성이 과연 무엇인가. 계속 읽어보라.

다양성의 기쁨

하느님을 성부, 성자, 성령으로 이름 붙이면서 내가 발견하는 가장 놀라운 일 중 하나는 선성善性에는 본질적으로 복수개념이 있다는 것을 확언해준다는 것이다. 그저 이것을 꽉 붙들고 있으면 된다.

선성善性은 같음이 아니다. 선성, 즉 선한 것은 완전한 획일성이 아니기에 대조와 긴장이 필요하다. 만일 성부와 성자와 성령이 모두 하느님이면서도 명확히 다르기에 우리가 이 세 위를 하나의 형태가 없는 덩어리로 합치려는 유혹을 떨쳐버리고 세 위가 다름을 끌어안는다면, 적어도 순수한 선에는 세 가지 형태가 존재하게 된다. 물론 더 많은 형태가 있다.

내가 볼 때 하느님의 목표는 창조 때 가진 목표와 같다. 하느님의 목표는 인격체들을 만드는 것이지 하나의 획일화한 덩어리를 만드는 것이 아니다. 그렇기에 여기에는 명백한 다양성이 있고, 자연 세계 전체에는 창조의 본질에 이르기까지 내가 일종의 끝없는 개방성이라고 일컫는 것이 존재한다. 달리 말해서, 하늘나라는 획일성이 절대 아니다. 우리가 삼위일체에 영예를 드리지 않았기에 많은 그리스도인이 진화라는 개념에 전혀 준비되어 있지 않았다. 결국은 이렇게 해서 믿는 이들이 되려는 이들을 순전한 무신론자들로 만들어버렸다. 하늘나라에 다양성이 존재한다는 것은 내가 젊었을 때는 생각지도 못했다. 하늘나라에서 우리 모두에게 하얀 예복과 표준규격의 하프가 주어지고, 영원한 세상에 걸맞은 똑같은 구름에 자리 잡으리라 생각했다. 그러나 예수님은 대형 할인점, 쇼핑센터, 맥도날드와 같이 인간이 획일화시켜 놓은 이 하늘나라를 어떻게 해체하실까. 그분은 우리에게 이렇게 말씀하신다. "내 아버지의 집에는 거처할 곳이 많다."(요한 14,2)

얼마나 대조적인가! 존재들의 영원한 본질에서조차 여러분은 어떻게든 여러분인 그대로 여러분이다. 하느님이 여러분을 인도해주시는 길, 여러분이 거쳐 갈 여정, 여러분이 메고 가야 할 짐 등 이 모든 것 안에서 여러분은 있는 그대로의 여러분이다. 이 모든 것은 여러분의 영혼과 여러분의 거룩함, 그리고 여러분의 응답이라는 연금술을 창조하기 위해 혼합된다. 영원한 세상에서 하느님이 여러분에게 바라시는 것은 오직 여러분일 뿐이라는 것을 우리는 발견하게 된다.

이는 정말로 겸손해지게 하는 것이다. 왜냐하면 이것으로는 늘 충분하지 않다고 느껴지기 때문이다. 그렇지 않은가.

나는 프란치스칸으로 살았던 초기 10년 동안 "내가 바라는 것은 오직 성 프란치스코와 같아지는 것입니다"라고 내 영신 지도자에게 계속해서 말했다.

그런데 결국 어느 날 그 영신 지도자가 말했다. "어이, 리처드, 자네는 절대로 아씨시의 프란치스코가 되지 않을 것이네. 게다가 프란치스코에 가까워지지도 않을 것이네. 알겠나? 자네는 불행히도 캔자스 출신 리처드 로어일 뿐이네." 나는 그때 나에게 이렇게 말했다. "이 말은 그리 인상적이지도 않고 흥미롭게도 들리지 않는구먼." 그런데 비로소 내가 이것을 깨닫게 되었다. 하느님께서 원하시는 것은 캔자스 출신 리처드 로어라는 것을.

그러나 그것이 바로 내가 당신께 어떻게 드려야 할지 모르는 것입니다, 하느님!

이는 그리 대수롭지 않게 느껴지지만, 참으로 내가 해방되는 비결이기도 하다. 나는 정말로 하느님께서 원하시는 선물이다. ─ 나 자신을 온전하고 겸손하게 하느님께 내맡길 때. 우리가 걸는 길과 우리가 결국 도달하게 될 목적지 사이에는 일치점이 있다. 성인들은 획일적인 이들이 아니라, 하느님께서 그들을 이끌어 가신 여정에 따라 그들 안에 각각 고유하게 은총이 주어진 이들이다.

이것이 바로 하느님께서 우리에게 자유를 허락하시며 감수하신 위험이다. 우리가 원하는 것을 하도록 자유를 허락하신다. 하느님께서 우리를 위해 당신 스스로 궁지에 몰리게 하셨다는 것은 우리에게 참으로 충격적인 은총이 아닐 수 없다. 여기서 하느님의 자기-비움을 이야기할 수 있을 것이다. 이것이 바로 사랑의 극적인 호전이다. 우리 한 사람 한 사람은 각자의 아름다움을 지니고 있고, 자유롭게 창조되었으며, 은총으로 조각된 아름다움을 지니고 있다. 시인들과 극작가들은 종종 비극적 아름다움이라고 칭한다.

정말로 이것이 비극적 아름다움 아닌가. 이것이 바로 우리인 바가 아닌가.

우리가 옳은 일이 아니라 변함없이 잘못된 일을 행함으로써, 즉 비극을 통해 하느님께 오게 되었다는 것은 선물이다. 우리는 우리가 성공에 의해서가 아니라 우리의 잘못으로 훨씬 더 많이 배우게 되었다.

남성들의 통과의례에 함께할 때 나는 입문 예식 바로 전날 밤에 남성 참가자들에게 이런 말을 해준다. "30세가 넘으면 '성공'이라는 것이 우리에게 영적으로 가르쳐줄 것은 아무것도 —절대적으로 아무것도— 없습니다." 그냥 기분이 좋아지는 말이다. 그뿐이다. 여러분이 내 나이 즈음이 —지금 70대— 되면 여러분은 실패와 모욕, 고통을 통해서만 배울 수 있다는 것을 알게 된다. 이는 모든 것이 허물어지는 체험이지만 여기서 우리는 배우는 것이다. 자신을 붕괴하는 것만이 영혼을 더 깊은 곳으로 가게 하는 비결이다.

그래서 여러분이 나를 값싼 세속적 인본주의자라고 한다 해도 내가 왜 두려움 없이 그래도 그것이 사실이라고 말하겠는가. 나는 결국 내가 이렇게 고약하고 꾸불꾸불한 길을 통해 거룩해지고 싶어 하지 않는다는 것을 알았다. 그런데 내가 이 사실을 어떻게 알게 되었을까.

분명히 말하건대 그것은 이 삼위일체의 비밀 때문이다. 삼위일체는 관계성 안에서 완전한 자유의 패턴을 계시해준다. 즉 각각의 위격은 다른 위격이 그 자체가 되게끔 허용하면서도 다른 위격에 대해 완전한 건네줌의 모습을 취하고 다른 위격으로서의 존재성을 거부하지도 않는다.

현대 프란치스칸 학자요 선생인 일리아 델리오Ilia Delio는 우리가 하느님과 자유 그리고 진화적 삼위일체와 맥을 같이하는 관계성에 대한 우리의 이해 전체를 재편성할 수 있는지를 묻는다.

> 우리는 삼위일체를 무한히 새롭게 생겨나는 과정으로서 이해할 수 있을까. 이런 관점에서 변화는 하느님과 반대되는 것이 아니다. 오히려 변화는 하느님에게 있어 필연적이다. 왜냐하면 하느님은 사랑이시고, 사랑은 계속해서 더 큰 일치를 향해 자신을 초월해 나아가기 때문이다. … 사랑 안에서 늘 새롭게 되는 존재로서의 삼위일체 생명은 모든 신적 관계성이 새로운 시작이라는 것을 의미한다. 왜냐하면 모든 신적 인격은 늘 초월해 가는 사랑의 지평이기 때문이다. 존재는 사랑 안에서의 초월이고, 사랑 안에 있는 하느님 존재는 영원히 자유롭다.[47]

여기서 우리는 우리에게 참된 자유를 기념하면서 참된 공동체와 참된 일치를 창조하게끔 해주는 패턴을 발견한다. 나는 미국인들인 우리가 자유라는 단어를 사랑한다는 것을 알지만, 나는 우리가 만개한 꽃과 같은 영적 감각을 갖고 그 단어를 이해한다고 생각하지는 않는다. 사실 이런 영적 감각을 갖게 되면 우리는 자유라는 것이 우리의 영역을 지키기 위한 경계보다는 우리 자신과 훨씬 더 큰 관계가 있는 것임을 알게 된다. 내가 알기로는, 진정한 영적 자유란 하느님의 완전한 자유 안에서 잠자고 쉬는 이에 의해서만 견지되는 것이다. 다양성은 삼위일체 사랑 안에서 창조되고 유지된다. 자유 역시 삼위일체의 사랑 안에서 창조되고 유지된다. 일치는 다양성과 자유에 의해 파괴되지 않는다.

말씀 안의 세상

완성되어 가는 과정 안에 있는 삼위일체적 인격이란 자기애적 고리를 끊고 자유롭게 된 사람을 말한다. 신성한 춤을 출 때 상대자는 하느님이신 상호 관계성 안에 존재하는 것에 동의한 사람이다. 여기서 관계성은 하느님께서 이미 무상으로 우리를 끌어들여 주신 그 관계성이다.

시토회의 평수사요 선생인 칼 맥콜만Carl McColman은 이를 이렇게 묘사한다.

우리가 그리스도 안에 있기 때문에 하느님은 우리 안에 계신다.

그리스도인들은 신비스러운 몸의 지체들로서 삼위일체의 신성한 본성에 실제로 참여한다. 우리는 그저 춤을 구경하는 것이 아니라, 우리가 그 춤을 추는 것이다. 우리는 그리스도와 손을 잡고 있고, 성령께서 우리를 통해, 우리 사이로 흘러가며, 우리 발은 늘 성부의 사랑스러운 품에 안겨 가볍게 춤을 춘다. 우리는 그리스도의 신비스러운 몸의 지체들이기에 성자의 눈을 통해 성부의 기쁨에 찬 사랑을 바라본다. 그리고 매번 숨 쉴 때마다 성령을 숨 쉬는 것이다.[48]

그러나 손을 잡는 것과 끌어안는 것, 그리고 더불어 숨을 쉬는 것은 우리에게 즉각적인 매력을 주지는 못한다. 연약함, 가게 내버려 둠, 전적인 드러냄, 온전한 내맡김.―이런 것들은 우리가 헤엄을 치고 있는 문화라는 물에서는 쉽사리 이루어지는 일이 아니다. 이 문화는 제국을 세우고, 무리의 힘을 모으며, 자기를 최고로 만들려는 계획 위에 건설된다. 이런 문화로 인해 성경이 이미 세상과 성령 사이의 갈등이라고 묘사하는 내면의 갈등이 조성되고 있다.

그런데 신약성경에서 자주 사용되는 단어, 세상은 장소된 세계를 말하는 것이 아님을 알아야 한다. 세상에 대한 가장 훌륭한 정의는 "체제"라고 할 수 있다. 이 체제는 우리가 현실을 체계화하는 방식이고, 이 체제는 항상 삼위일체 신비에 정반대 방향을 취하게 된다. 여러분은 예수님이 당신과 함께하는 이들이 "작은 양 떼"[49]가 되기를 왜 가장 간절히 바라시는지를 알 수 있을 것이고, 우리가 왜 삼위일체와는 별개로 예수님을 이해할 수 없다고 하는지를 알 수 있을 것이다. 오늘날 우리는 이것을 "크리티컬 매스critical mass"[50]라고 부른다. 복음서는 이것을 "열두 사도"[51]라고 하고, 예수님은 이것을 "누룩"[52] 혹은 "이스트"[53]라고 한다. 그는 느리고 천천히 발효되는 과정을 신뢰할 만큼의 인내심과 겸손을 지니고 계신 모양이다. 이는 늘 물리력 행사에 의존하는 제국 혹은 "그리스도교 왕국"의 개념과는 사뭇 다르다.

예수님이 당신의 자그마한 운동이 세상을 뒤덮을 것이라고 기대했는지에 대한 증거는 어디에도 없다. 그렇게 된다면 그것이야말로 하나의 "체제"가 되고 마는 것이다. 그 대신에 예수님은 창조된 세상 전체를 완전한 망상과 자기-파괴로부터 지켜내면서 누룩이 되어 상호성 안에서 살아가는 사람들이 넘쳐나기를 기대했다. 그렇더라도 하느님은 이 "체제 안에" 있는 사람들과 "체제의" 사람들을 사랑하지 않는다—좋아하지 않는다—는 성급한 결론을 내리지 마시라. 이런 사람들은 그저 분열된 충성심으로 인해 고통을 당하고 있을 뿐이다. 그렇긴 하지만 이런 사람들이 집으로 돌아오게 하는 훌륭한 매개자들이 될 수 있다. 때로는 이런 이들이 체제 바깥이나 체제를 넘어서 있는 것처럼 가장하는 우리 같은 이들보다 훨씬 더 나을 수 있다.

그래서 여러분이 참으로 "구원"된다면 ㅡ즉 사랑받으며 살고 해방된 상태로 사는 것ㅡ 여러분은 무엇이 이것을 명백하게 하는지를 알 것이다. 이것이야말로 모든 곳에서 빛나는 현존을 알아차리는 여러분의 능력이다. 내 생각에 여러분이 그것을 볼 수 없다면 여러분은 제대로 구원되지 않은 것이다. 여러분이 보는 것과 허용해주는 것은 하느님의 것과는 같지 않다. 여러분이 얼마나 많은 봉사와 공로를 쌓았는가 하는 것과는 상관없다. 그리고 여러분이 얼마나 많은 계명을 잘 지켰는지도 상관이 없다. 그저 여러분은 깨달음에 이르지 못한 거고, 변모된 것도 아니며, 구원된 것도 아니다. 안전한 종교 용어로 말한다면 여러분은 여전히 신비에 신뢰를 두지 않는 것이다.

그러나 기쁜 소식이 있다. 여러분은 사순시기를 비난하는 것을 멈추고, 여러분의 적개심을 빈 무덤에 넣어 둘 수 있다는 것이다. 여러분이 더 많은 빛과 선을 보면 볼수록 여러분은 더더욱 삼위일체적인 존재가 되는 것이다. 여러분이 예수님과 나의 사부 성 프란치스코처럼 볼 수 있을 때 여러분은 모든 이, 특히 여러분과 다른 이들, "타자들", 죄인들, 상처받은 이들, 나환우들, 절름발이들 안에서 신적인 빛을 보는 것이다. 성경은 이런 이들 안에서 하느님이 당신을 가장 잘 보여주신다는 점을 말해주는 듯하다.

성녀 테레사(마더)는 성체성사적 관점과 자기-비움(kenotic)의 방식으로 이를 아름답게 요약 설명하였다.

> 우리 사랑의 선교사들은 세상의 중심에서 관상가들이 되도록 불림 받았다.
> 모든 것과 모든 이 안에서 모든 시간에 하느님의 얼굴을 찾고,
> 모든 사건 안에서 하느님의 손길을 봄으로써.
> 특별히 하찮은 빵의 형상 안에서와 가난한 이들의 고통스러운 모습 안에서 예수님의 현존을 보고 흠숭함으로써.[54]

물론 여러분은 여러분 안에서 그 신적 이미지를 보지 않는 것이 낫다고 생각할지도 모르지만, 그렇게 신적 이미지를 볼 수 있는 정도야말로 지금 여러분 안에서 얼마나 충만하게 신적 이미지가 작용하고 있는지를 말해주는 것이다.

여러분의 생명은 더 이상 여러분의 것이 아니다. 오히려 여러

분은 양방향으로 비추어 주는 거울이다.

우리의 이미지를 다시 만들기

나는 여러분이 존재의 추상적인 개념에서 시작해서 "오케이, 우리는 예수님을 통해 그런 존재가 사랑스럽다는 것을 알게 되었어"라고 단정적으로 말하지 않기를 바란다.

아니다. 삼위일체가 드러내 주는 계시는 사랑스러운 존재로 시작하는 것이라고 말한다. —이는 정말로 존재에 대한 새로운 정의이다. 이제는 우주의 심장부에 숨겨진 충만함이 존재한다. 모든 것은 이제 납의 상태에서 금으로 변모하기 위해 배치돼 있는 것이다. 보나벤투라와 테이야르 드 샤르댕이 둘 다 말하듯이, 역사의 최종적 방향은 불가피하게 알파가 오메가가 되는[55] 부활을 향해 있다. 여러분이 이 점을 더 알아보고 싶다면 내 이전 책들, 『불멸의 다이아몬드(Immortal Diamond)』와 『Eager to Love(사랑하기를 간절히 바람)』를 보시라. 나는 이 책들에서 이에 대해 많은 부분을 다루었다.[56]

그러나 모양새들을 한번 바꾸어 보자. 나는 기하학적인 도형들이 때로는 우리가 다르게 생각하는 데 도움이 된다고 생각한다. 하느님의 삼위일체 개념이 제대로 알려지기 전에 자란 사람들은 아마도 의식적으로건 무의식적으로건 현실을 피라미드 형태로 보았을 것이다. 이는 하느님이 삼각형의 가장 꼭대기에 있고, 다른 모든 것은 그 아래 배치되어 있는 형태다. 그리스도교 예술작품 대부분과 교회 디자인 그리고 건축양식이 이런 피라미드 형태의 세계관을 잘 반영해준다. 이걸 보면 우리 역사 안에서 삼위일체가 거의 영향을 미치지 못했다는 것을 알 수 있다.

그렇다고 해서 피라미드 형태의 세계관이 전적으로 잘못되었다고 말하려는 것은 아니다. 우리는 분명히도 하느님의 위대한 초월성이 주는 의미를 보존하고 싶어 한다. 나는 하느님이 나를 훌쩍 넘어서 계신다는 것과 그 하느님이 내가 존경할 수 있는 유형의 하느님이 아니라는 것을 안다. 그러나 삼위일체에 대한 이런 생각이 하느님의 모습이고, 육화가 참된 것이라면, —우리가 지금까지 보았듯이— 더 솔직하고 참으로 도움이 되는 하느님의 기하학적 형태는 피라미드의 형태가 아니라 원형이거나 나선형일 것이다. 원무圓舞가 여러분의 그리스도교적 사고를 재구성하게 해보자. 이제는 제발 "희고 긴 수염을 기르고 왕좌에 앉아 있는 노인"을 생각하지 말자.

이 삼위일체의 흐름은 해안의 조류(밀물과 썰물)와 같다. 이제는 모든 현실이 영원히 펼쳐지도록 힘을 실어주고 그 펼쳐짐을 발생하게 하는 "무한한 흘러나옴"으로 묘사될 수 있다. 이 영원한 흐름은 육화한 그리스도와 내재하는 성령에 의해 역사 안에 울려 퍼진다. 그리고 마이스터 에크하르트Meister Eckhart와 다른 신비주의자들은 이를 다른 식으로 표현하는데, 그들은 안쪽으로 끌어안는 것과 바깥쪽으로 흘러나가는 것은 같은 것 혹은 서로에게 상응하는 것이라고 하였다. 나는 삼위일체에 대한 독일어가 참 좋다. Dreifaltigkeit. 이 단어는 글자 그대로 보면 "세 겹의 포위"를 의미한다.

토대가 되는 기쁜 소식은 창조된 세상과 인류가 이 흐름에 끌려들었다는 것이다. 우리는 외부인들이나 구경꾼들이 아니라[57] 본질적으로 이 신성한 춤의 한 부분이다.

참으로 기도의 여정을 걸었던 어떤 신비주의자들은 이 메시지를 자신들 기도 여정의 한결같은 결론으로 받아들였다. 그래서 창조된 세계는 "복된 삼위일체의 네 번째 위격"이다. 다시 한 번 말하지만, 신성한 춤은 막혀있는 배타적인 것이 절대 아니다. ─우리가 모두 이 춤에 초대된 것이다.

독자적 노선을 걷는 학자요, 선생이며, 낚시 미끼 디자이너인 백스터 크루거Baxter Kruger는 다음과 같이 말한다.

> 이 삼위를 이루시는 하느님이 놀랍고도 후한 사랑으로 당신의 테두리를 열고 다른 존재들과 삼위일체의 생명을 나누기로 했다는 것은 너무도 충격적인 진리이다. 이것이 바로 세상과 인간 생명의 창조에 대한 영원히 변치 않는 하나의 이유이다. 다른 하느님도 없고, 하느님의 다른 의지도 없으며, 두 번째 계획도 없고, 인간을 위한 숨겨진 의도도 없다. 세상 창조 이전에 성부와 성자와 성령은 우리에 대한 그들의 사랑을 견지하고 우리가 삼위일체의 생명을 나누고 알고 경험하도록 계획하셨다. 이 목표를 위해 우주는 존재하게 된 것이고, 인류가 창조된 것이며, 아담과 하와에게는 예수 그리스도, 즉 성부의 아들이 세상에 오심과 더불어 설 자리가 주어진다. 왜냐하면 예수 그리스도는 우리가 성부의 양자 가 되는 꿈이 이루어지는 인격적 장소이기 때문이다.[58]

이는 심지어 또 다른 차원에서 "세 위의 서로 연결됨이 네 번째 존재를 항상 만들어주는" "역동적인" 형이상학적 원리에도 들어맞는 것이다.[59]

그렇다. 이는 이단처럼 들리기도 한다. —특별히 그저 홀로 가기만을 원하는 옹졸한 마음을 지닌 이들에게는 더더욱 그렇다. 그러나 이것은 안드레이 루블료프의 15세기 작품 삼위일체 이콘에 있던 거울에서 묘사되고 마련되어 있는 네 번째 장소다.

이 공공연한 비밀을 아는 사람들을 위해, 그들의 인간 본성은 한정된 방향과 품위를 지닌다. 이는 여러분이 다른 길로는 절대 들어설 수 없는 원천이며 자기 확신이다. 여러분은 여러분의 가치가 개별적으로나 인격적으로 여러분 스스로 옳은 일을 하는 것과 관계없다는 것을 안다. 그 대신 여러분의 인간성은 신적인 그리스도인들이 주로 성령이라고 부르는 그 사랑의 흐름을 받아들이고 사랑하는 것과 관련된 문제이다.

이렇게 해서 생명은 자신을 드러내 보이며 '예'라고 응답하는 것과 관련된 문제가 된다.

솔직히 말해서, 삼위일체적 영성은 구원에 대한 공동의 역사적, 사회적 개념과 무척이나 많이 관련되어 있다. 이런 영성은 서방보다 동방에서 훨씬 더 그 가치가 인정되었다. 우리는 나중에 서방의 개인주의라는 "이단"에 대해 얘기할 것이다.

하느님이 당신의 신적 흐름에 우리를 끌어들인 이상 —바깥쪽으로도 안쪽으로도 다— 우리가 할 수 있는 유일한 선택은 거기서 빠져나와 그 흐름에 참여하기를 거부하는 것이다.[60] 그리고 슬프게도 그런 가능성은 논리적으로 당연한 것이어야 한다. 그렇지 않다면 자유 의지는 아무것도 아닌 것이 되고 만다. 그리고 사랑은 오직 완전한 자유 안에서 번창하고 확장할 수 있을 뿐이다.[61]

원자의 결합

앞서 말했듯이, 이 신성한 춤은 안으로 끌어들이는 구심력을 지니지만, 이것이 다시 그 에너지를 밖으로 밀어내는 원심력이 된다. ―이것이 바로 우리 우주이다. 모든 것이 그렇다. 어떤 예외도 없이.

모든 것은 이 신성한 춤으로부터 생겨났고, 우리가 새롭게 삼위일체에 대한 가치와 감사의 정을 지니는 것은 우리에게 타 종교들을 이해하기 위한 새로운 토대를 마련해주고 있어서이다. 그리고 이 토대는 이 신비가 모든 것에 어떻게 암호화하여 내재되어 있는지에 대해 참으로 가치 있게 알게 해주는 기초가 된다.

이는 단순히 우리 종교 체제만이 아니라, 존재하는 모든 것에 내재되어 있는 것이다.

오직 한 분의 하느님이 계신다면, 그리고 이 하느님에 대해 오직 하나의 패턴만이 존재한다면 우리가 모든 곳에서 이 패턴만을 찾게 되는 놀라운 일이 벌어진다. 나는 수많은 신학자가 지금 삼위일체에 관심이 있는 단 한 가지 이유는 양자 물리학과 생물학 그리고 우주학이 결국 원자에서부터 은하계와 유기물에 이르기까지 모든 것이 삼위일체적인 모습을 지니고 있다는 점을 우리 인간이 이해하게 되었기 때문이다. 이제는 이런 이해를 통해 우리는 이 오래된 삼위일체의 언어를 사용하게 되었다. 또한 이 사실이 확실하다는 것을 단언해주고 확인해줄 만큼 과학발전이 이루어졌다는 것을 우리가 알아가고 있기 때문이라고 믿는다. 그리고 이는 모든 것에 대한 가치를 완전히 새롭게 이해하게 해주는 차원을 지닌다.

"나의 하느님! 이게 정말 사실이군요!"라고 하는 완전히 새로운 차원!

이것을 상상해보라. 시인들과 신비주의자들 그리고 거룩하고 절대적인 진리(Holy Writ)가 지닌 가장 심오한 직관은 과학과 경험의 최첨단에서 발견하고 있는 것과 맥을 같이하는 것이다. 내부

세계와 외부 세계가 이처럼 한 곳으로 수렴될 때, 뭔가 참으로 아름다운 것이 진행 중인 것이다. —그것은 수 세기 과학과 영성, 정신, 마음 사이의 사랑싸움이 화해와 화합으로 역행하는 것이다.

물리학자들과 관상가들이 똑같이 확신하는 것은 현실의 본질적인 토대는 관계적이라는 것이다. 모든 것은 다른 모든 것과 관계성 안에 있다. 이 삼위일체 신비가 그리스도교에서 중심이 되는 신비로서 우리가 처음부터 얘기해 왔지만, 그 의미를 파악하는 데는 여전히 완전한 실패를 보고 있다.

비록 고해성사의 중요성을 인정하는 그리스도인들인 우리 중 누구도 삼위일체 신비를 부정하지 않을지라도, 우리는 본질적인 면에서 이를 부정했다. 앞서 말했지만 모든 실질적인 목적으로 인해 그리스도인으로 성장한 우리는 절대 군주적 하느님, 거대한 피라미드의 맨 꼭대기에 앉아 있는 파라오를 마음에 품고 살아오지 않았던가.

우리는 실용적인 군주제 지지자들로서 자라났다. … 반면에 삼위일체 혁명은 정상적인 시야에 겸허히 가려진 채 있었다.

"그래 맞아. 나는 하느님이 세 위라는 것을 알긴 하는데, 그게 도대체 무엇을 의미하는 거야?"

우리는 하느님의 작용하심에서 물러 나와 주로 계산적 문제로 흘러 들어갔다. 신비주의자들 생각이 이를 이해하는 데 나에게 큰 도움이 되었다. 그것은 나에게 있어 열쇠와 같은 역할을 해주었다. 그들이 나에게 조언해주는 것은 하나에서 시작해서, 어떤 불가능한 날랜 손재주, 즉 속임수에 의해 하느님을 셋으로 만들려는 것을 내려놓아야 한다는 것이다.

그렇다. 셋으로 시작해야 한다. 이것만이 하나의 유일한 본성이다.

관계성과 관계 맺음의 신비로 시작하라. 여기에 힘이 존재한다. 이것이 바로 원자 과학자들과 천체 물리학자들이 오늘날 우리에게 말해주는 바이다.

세상의 창조자와 파괴자

국립 원자폭탄 박물관은 내가 사는 앨버커키 마을에서 30분 이내 거리에 있다. 로스 알라모에서 제조된 네 개의 원자폭탄 중 하나를 우리는 1945년 7월 16일 앨버커키 남쪽 한 지역에 투하하였다. 그리고 두 번째 것은 히로시마에, 세 번째 것은 나가사키에 투하하였다. 네 번째 폭탄과 그 상자가 지금도 그곳에 있다. 이런 상황이 나에게는 이 신비 전체를 더 가깝게 느껴지게 해준다. 정말로!

우리 우주 전체의 기본적인 구성요소가 우리가 원자라고 부르는 것임을 정말 흥미롭게도 얘기해주는 것이 아닐까. 그리고 원자는 세 개의 미립자가 궤도를 도는 구조라고 단순하게 이해된다. 즉 양성자와 전자 그리고 중성자가 계속해서 서로를 도는 구조로 되어 있다는 것이다.

더욱더 묘한 것은 "원자폭탄의 대부"인 로버트 오펜하이머 Robert Oppenheimer가 폭탄이 최종적으로 만들어지고 폭발 실험이 이루어진 뉴멕시코의 그 현장 이름을 트리니티(Trinity-삼위일체)라고 붙였다는 것이다. 그는 후에 그 이름을 선택할 때 그 의미를 분명하게 의식하고 한 것은 아니었지만, 아마도 존 던John Donne의 형이상학적 시 "Holy Sonnet#14(거룩한 14행시)"에서 영감을 받았을 것이라고 말했다.

던Donne은 자신의 묵상 글에서 삼위일체와 같은 그 무언가를 언급한다. 그러나 이것이 우리가 지금까지 파헤쳐 온 그 삼위일체일까. 이에 대한 답이 분명한 것 같지는 않다. 내가 찾은 다음의 시詩 곳곳에 아름다우면서도 충격적인 내용이 다 들어 있다.

> 내 심장을 쳐부수소서. 삼위를 이루시는 하느님 당신은
> 여태껏 두드리고, 호흡하고, 비추시고, 나를 고치려고만 하셨으니,
> 내가 일어나 서도록, 나를 뒤엎으시고, 당신의 힘을 쏟아,
> 나를 깨트리고, 세차게 불고, 태워서 새롭게 만들어주소서.
> 나는 나를 다른 자에게 넘기려는 강탈당한 도시처럼,
> 당신을 받아들이려 하지만, 아~ 아무 쓸모없는 일입니다.
> 이성, 내 안에 있는 당신의 총독, 나를 방어해주어야 하지만,
> 포로가 되어 약하거나 진실하지 않음이 입증되었습니다.
> 그러나 여전히 나는 당신의 사랑을 받고 싶지만,
> 나는 당신의 원수와 약혼했습니다.
> 이 약혼을 파기해주소서. 이 매듭을 풀어주시거나 끊어주소서.
> 저를 당신께로 끌어주시고, 저를 당신의 감옥에 가두어 주소서.
> 저는 당신께서 잡아주지 않으시면 절대 자유롭지 못하기 때문입니다. 당신께서 저를 겁탈하지 않으시면 저는 절대 순결하지 못할 것이기 때문입니다.[62]

얼마나 대조적인 이미지인가! 한 '과학-예술' 박물관에 트리니티 실험(최초의 핵 개발과 실험 현장) 현장에 대한 자신들의 생각을

다음과 같이 적어놓았다.

"Holy Sonnet#14(거룩한 14행시)"는 "내 심장을 쳐부수소서. 삼위를 이루시는 하느님…"으로 시작한다. 이 시에서 화자話者는 하느님께 직접 말씀드리는데 강력한 역설적 감정을 드러낸다. 이는 전부 길게 늘어진 전쟁과 같은 비유이다. 이 시를 통해 흐르는 것은 폭력적인 이미지이다("내 심장을 쳐부수소서." "나를 뒤엎으소서." "깨트리고, 세차게 불고, 태워주소서…"). 이 이미지들은 치유해주시고 새로 나게 해달라는 청원과 짝을 이루고 있다("나를 고쳐주시고," "나를 새롭게 하소서"). 이는 일종의 투쟁, 즉 내면의 전쟁을 말해주는 것이다.[63]

오펜하이머가 로스 알라모에서 폭탄을 만들고 있을 때는 전쟁 중이었다. 이는 역사 안에서 종종 일어났던 일이다. 그리고 그 자신은 내면의 전쟁 상태에 갇혀 있으면서 살상 도구가 어떻게든 생명을 가져다줄 것이라고 희망했던 것 같다. 필요할 경우 도시를 탈환하고 미국 시민들에게 계엄령을 내릴 태세를 갖춘 군대가 모든 것을 쓸어 전멸시킬 힘으로 평화를 가져올 수 있을 것으로 생각했던 것 같다.[64]

아마도 이 모든 것을 뒤집는 가장 담대한 모순은 오펜하이머가 자신의 폭발 실험 장소 이름으로 일종의 부정적 의미의 삼위일체를 마음에 품었다는 것이다. 나는 제국의 영향력 아래서 그 방향성을 잃어버린 그리스도교의 어두운 면모를 상기하지 않을 수 없다. 삼위일체 전체를 무시하지는 않았지만, 우리는 하나 안의 셋의 이야기를 지휘 통제와 같은 모습으로 그 가치를 떨어트렸다. 성경적 삼위일체 혹은 신비적 삼위일체와 달리, 이 지휘 통제 시스템은 위계적 권한 조직으로서 외골수 아버지-통치자가 편법으로 파견된 아들에게 인류를 쳐부수고 무너뜨리기 위해 무지막지한 힘을 휘두르라고 요구한다.

비극적인 일이지만, 이것이 바로 너무도 자주 사람들이 받아들이는 하느님의 모습이다. 그리고 우리가 상상하는 하느님의 이 모습은 어마어마한 대량살상 무기들로 하느님의 창조계에 가하는 인간의 폭력에서 나온 결과다.

오펜하이머는 이 결과를 볼 수 없었던 것이 아니다. 아마도 그는 원자를 쪼개면 세 미립자가 와해되고 흩어져 버려 현실의 본래 모습이 파괴될 것을 두려워한 것 같다. 그러니 그가 첫 번째 핵폭발을 보고 나서 즉각 바가바드 기타Bhagavad Gita를 인용하며 힌두교의 신 비쉬누Vishnu에게 기도했다는 건 놀라운 일이 아니다. "이제 나는 죽음이 되어버렸다. 세상의 파괴자가 되어버렸다."[65]

"위"와 "아래"의 세계에 대한 우리의 상상은 그와 같은 삶과 죽음을 그릴 때 이루어질 수 있다.[66] 이것이 하느님께서 우리에게 허락해주신 자유라는 신비의 한 부분이다. 원자폭탄 과학자들이 나에게 말해주는 바에 의하면, 이 특별한 폭발하는 힘의 신비는 양성자에서 발견되지 않는다고 한다. 그렇다고 해서 그 힘이 전자나 중성자에서도 발견되지 않는다.

믿건 말건 간에, 그 폭발의 힘은 이들의 상호작용에서 발견된다. 이것을 바로 핵에너지라고 부르며, 이것은 모든 것을 변화시킬 수 있다.

이것이 여러분에게 삼위일체에 대한 감을 잡게 해주는가. 우리는 지금 삼위일체의 신비를 묘사하는 데 있어 이해도 되지 않는 표현을 쓰고 있는 것이 아니다. 비록 여러분이 내가 어렵게 쓰는 어투를 들으며 이것이 정말로 말도 안 되는 얘기처럼 들릴지라도 할 수 없다. 하나 안의 셋의 춤을 설명하는 신학자들과 관상가들과 원자 에너지의 신비를 표현하는 물리학자들은 다르지 않다. 그들은 이게 들리는 것보다 더 이상할 뿐 아니라 심지어는 우리가 정상적으로 이해하는 것보다 더 이상하기까지 하다고 말한다.[67]

지속적 전통(Perennial Tradition: Richard Rohr의 Center for Action and Contemplation에서 하는 나눔의 장)은 종종 "위에서와 같이, 아래에서

도"라고 말해왔다. 지속적 전통은 세상의 지혜의 가보 안에 들어 있는 공통의 자취들을 한데 모은다. "하늘에 계신 하느님"은 "이 아래의 땅에" 직접 영향을 미치신다. 주님의 기도에서도 이 상호적 언어가 울려 퍼진다. "아버지의 나라가 오시며, 아버지의 뜻이 하늘에서와 같이 땅에서도 이루어지소서."(마태 6,10) 우리가 만일 양자역학 시대의 언어로 이 언어를 바꾸어 말한다면 안에서와 같이 밖에서도라고 말할 수 있을 것이다. —이는 철학자 켄 윌버Ken Wilber가 말하듯이[68] "존재의 위대한 사슬(Great Chain of Being)"에서부터 "안으로부터 밖으로 옮겨가는 존재의 계층적 구조(Nested Holarchy of Being)"로의 움직임이라고도 할 수 있다. 만일 물리학자들이 말하는 대로, 현실이라는 것이 모두 부분적 전체(holon)이고 '언제나 부분이 전체를 닮는 자기 유사성과 차원분열 도형 특징(fractal character)'을 띤다면 부분 하나하나는 전체를 포함하고 있고, 또 그 전체를 비추어 주어야 한다. 만일 우주가 우리가 알고 있는 대로 빅뱅으로부터 —"있어라"라는 하느님의 말씀으로부터— 기원한다면 하나의 지점이 생명으로 폭발하는 것이며, 거기서부터 많은 생명이 탄생하는 것이라고 할 수 있다.

언제 이 많은 생명이 하나가 되는 것을 중지할까.

언제 이 하나가 많은 생명을 포함하지 않을 때가 있을까.

절대 그런 일이 없다. 이것이 바로 삼위일체로서의 하느님으로부터 시작해서 관계성 속에 있는 지구화학과 그 모든 것이 드러내 주는 우주의 관계적 패턴이 우리에게 가르쳐주는 바다.

우주의 형상은 —준항성체(quasar)에서 소립자를 구성하는 기본입자(quark)에까지— 모두 다 삼위일체적이다.

그렇다면 우리는 어떻게 —현실이 보여주는— 이러한 패턴을 실행할 수 있을까. 과학자들과 신비주의자들은 이구동성으로 말한다. 현재에 머물러라(Be present)! 실험하라(Experiment)! 호기심을 가져라(Stay curious)! 이것이 바로 관상의 초보 단계(Contemplation 101)이다. 여러분이 "생각하는 것"을 놓아버리는 것이 여러분 지능(intelligence)이 생겨나는 중심이다. — 왜냐하면 여러분이 자기의 지능이라고 생각하는 것은 원자를 이해할 수 없고, 은하계를 이해할 수 없으며, 모든 존재를 생겨나게 하고 활성화하는 것이 무언지를 이해할 수 없다.

이 순간의 진리가 때때로 파악되기도 하지만, 쉽게 가르쳐질 수 있는 것은 아니다.

우리는 경이로운 신비 —생명 자체!— 한가운데 서 있고, 이 신비 앞에서의 유일한 응답은 겸손일 뿐이다. 우리가 만일 이것이 우리가 가고자 하는 곳이라는 것을 단호히 받아들인다면

―즉 신비 쪽이라는 사실을 받아들이고, 하느님과 현실을 붙드는 것이 아니라 하느님과 현실이 우리를 붙들도록 한다면― 내가 생각하기에 종교는 결국 알맞고 제대로 된 자리에 위치하게 되는 것이다.

아리스토텔레스와 보에티우스:
공격적 명사를 선택한 대가

우리가 실체가 관계성보다 더 상위의 선호하는 범주라는 아리스토텔레스의 믿음 ―달리 표현하면 명사가 동사보다 더 나은 것이라는 믿음― 위에 우리의 사고를 세웠기에, 우리는 전적으로 인간에 대한 비삼위일체적 개념을 받아들인 것이다. 이는 인간이 자신을 자기 주도적이고 고정되어 있으며 자기 존재와 형이상학적으로 일치할 능력이 없고 심지어는 하느님의 신적 본질도 없는 존재로 이해하게 한 것이다.[69] 형이상학적으로 타격을 받은 현실에 대한 이런 개념으로 인해 우리는 도무지 "하느님의 모상과 유사함"으로 창조된 존재로서 인식될 수 없게 되었다.

우리는 지난 2000년 동안 신성과 인간성 사이의 근본적인 양립 불가능함을 극복하기 위해 효과도 없는 노력을 해왔다. 이런 모습은 어쭙잖게도 오지랖만 넓은 "복음주의"를 내걸고 매우 조직적으로 쓰인 두꺼운 신학 서적들에서 잘 드러난다. 사실 이 책들이 전하고자 하는 내용과 메시지는 관계성에 반대되는 것이고 이을 수 없는 간극만을 보여줄 뿐이다.

비록 예수님이 나타나서 진리를 신학적으로 전해주었다 하더라도, 우리는 신학적으로 그 토대를 만들지 못했다. 우리는 그저 부드러운 감성과 신심 깊은 희망 이상의 그 어떤 것으로서 관계적 소속감과 상호 참여를 지지해줄 근본적 철학을 마련하지 못했다.

자신의 저서 『철학의 위안(Consolation of Philosophy)』으로 중세기 전체를 거쳐 커다란 영향을 준 보에티우스(480-524)는 서구의 고전 문화와 그리스도교 사이에 일종의 가교架橋 역할을 하였다. 그는 인간을 "이성적 본질을 지닌 개별적 실체"라고 정의하였다. 이 정의는 여러 면에서 오늘날까지 받아들여지고 있다. 보에티우스가 삼위일체 교리로부터 영향을 받았는지에 대한 증거는 없지만, 영향을 받은 모습이 그에게서 나타난다.

서구 인간학 전체를 통해 성취해 낸 것은 건강한 종교의 자연스러운 서식지라고 할 수 있는 근본적인 관계성과 인간 인격의 직관적 본성에 대한 존중심이 아닌, 인간 개별성과 인간 이성이었다. 삼위일체 신학은 인간의 인격적 존재성이 그 핵심으로서 본래 내재하는 관계(subsistent relation)라는 점을 말해주었어야 했다. 사실 여기서 삼위일체 위격들이 동등하게 존립하는 무조건적 사랑의 관계성이 생겨나기 때문이다. 이것이 바로 우리가 창세기를 인용하면서 "우리는 하느님 모상과 유사함으로 창조되었다"라고 할 때 의미하는 바를 가장 훌륭하게 표현한 것이다. 그러나 우리는 이런 삼위일체적 토대 위에 우리 인간성의 기초를 세우지 않았다.

관계성보다 "실체"에 더 특전을 부여한 오류의 결과는 뻔한 것이다. 이런 전통이 세워진 결과로 신적인 일치와 거룩함, 구원 혹은 심지어 육화에 이르기까지 이 모든 것의 의미에 견고한 선천적 토대를 마련해주기가 너무 어려워졌다. 이는 정말 대단한 대가를 치른 것이다. 결과적으로 그리스도교 신학의 핵심이 제거되었고, 감상적이고 부드러운 것을 선호하는 구멍 난 껍데기 같은 세계관만 남게 된 것이다.

요한 둔스 스코투스와 토마스 머튼:
다시 동사화할(Re-Verb) 시간

그리스도교 영성과 거룩함을 참으로 생명력 있게 만들기 위해 우리는 그 형이상학적 핵심을 보여줄 수 있어야만 한다. —이는 그저 단순히 우리의 행동이나 심리 혹은 도덕적인 것과 관련된 것이 아니어야 한다. 삼위일체적 형이상학은 참으로 생명력 있고 원천적인 핵심을 제공해준다. 삼위일체는 왔다 갔다 하거나 흥하고 망하는 것이 아닌 우리의 안정되고 뿌리 깊은 정체성이고, 또 그래야만 한다. 이것이 바로 구원의 바위이다.

물론 이 안정된 뿌리가 서로를 중심으로 돌고 순환하는 모든 원자의 세 미립자에서 잘 드러난다는 것이 참으로 흥미로운 일이다. 그리고 이것이 바로 우주의 물질 구성요소이다. 만일 이 원자들이 의도적으로 불안정하게 된다면 무슨 일이 일어날까. 그것이 바로 죽음과 파멸을 가져다주는 폭탄이 되는 것이다.

우리를 현대의 개인주의로 내몰아온 많은 이론적 조합들을 볼 때, 그리스도인 대부분은 여전히 인간 인격에 대해 "이교도적" 이해에 머물러 있다는 것을 알 수 있다. 그래서 우리는 본래 삼위일체적으로 사용해온 이 인격 —역동적인 인격체— 이라는 단어를 마침내 본래의 의미와는 전혀 가깝지도 않은 '자율적 자기'라는 의미로 완전히 뒤집어 놓아버렸다.

인간의 완전한 인격을 삼위일체적 형이상학을 기반으로 하여 새롭게 이해한다는 것은 과연 어떤 것일까. 각 인격이 하느님에 의해 고유하고도 대체할 수 없는 존재로 창조되었음을 인식하는 것이 그 이해의 시작이다. 말하자면 하느님께서는 인간의 인격에다 하느님의 신적 모상을 심어주시어 관계성 안에서 당신과 통교를 하도록 해주신 것이고, 그래서 인간의 인격은 다른 피조물과도 그렇게 통교를 할 수 있게 되었다는 것이다. 우리 모두 다 그렇다. 머튼은 삼위일체적이고 "인격주의적인" 철학과 신학 안에 이 단단한 토대가 있음을 발견하였다. 그는 13세기의 프란치스칸 철학자이자 신학자인 요한 둔스 스코투스의 작품들을 통해서 그 토대를 발견하였다. 머튼은 스코투스를 철저히 연구함으로써 관상적 자각의 최고 상태에 이르게 되었다. 사실 우리 대부분은 이 핵심점에 이르지도 못하고, 또 이를 누리지도 못한다. 그래서 우리에게 있어 구원과 거룩함이라는 것이 그저 소망하고 희망하는 것이며, 기껏해야 "나와 아버지는 하나"라고 구두로 확언하는 정도밖에 되지 않는 것이다. 우리에게는 너무나 자주 —현대의 종교와 영성이 다 그렇긴 하지만— 이것을 참으로 믿게 해주는 일관되고 구체적인 사고의 토대가 존재하지 않는다.

그래서 그리스도인 대다수는 신적 위격(Personhood)과 인간 인격(personhood) 사이의 간극을 극복할 수 없었다. 그러므로 이 인격의 문제는 여러분이 가톨릭 신자거나 정교회 신자라면 성사의 마술적 개념으로 그 차이를 극복하는 정도로 전락해버렸고, 여러분이 개신교 신자라면 "강력한 믿음" 혹은 도덕적 품행을 강조하는 상거래적 개념으로 극복하려는 경향을 보이게 된 것이다. 그러나 어느 쪽이든 우리 영혼 한가운데로부터 소망이 일어 이루어질 수 있는 신적 일치를 위한 가능성이 근본적으로 없다는 것이 안타까울 뿐이다. 그래서 우리가 솔직하다면 그리스도인 대부분에게는 계속해서 이 인격의 문제가 매우 불안정하고 그저 믿게끔 하는 핵심으로 남게 되었다는 것을 우리는 인정하지 않을 수 없을 것이다.

하느님의 완전한 자유

전적으로 관계성 안에서 창조된 영혼의 이 부동不動 핵심 요소는 오직 하느님 안에만 알려져 있고, 하느님 안에서만 사랑받을 수 있는 그런 것이다. 대담하게 들릴지 모르겠지만, 좀 달리 말하면, 이는 심지어 오직 하느님으로서만 알 수 있고 사랑할 수 있는 것이라고 할 수 있다.

구체적으로 말하자면, 우리는 애초부터 하느님의 자기-앎과 자기-사랑 안에 포함되어 있다. 오래전에 쓰인 바오로 사도의 서한을 난생 처음 보듯이 한번 보자. 물론 내가 나름대로 약간 표현을 바꾸긴 했지만, 이 내용은 내가 지어낸 것이 아니다.

> 우리 주 예수 그리스도의 아버지 하느님께서 찬미 받으시길 빕니다. 하느님께서는 그리스도 안에서 하늘의 온갖 영적인 복을 우리에게 내리셨습니다. 세상 창조 이전에 그리스도 안에서 우리를 선택하시어, 우리가 당신 앞에서 거룩하고 흠 없는 사람이 되게 해 주셨습니다. 사랑으로 예수 그리스도를 통하여 우리를 당신의 자녀로 삼으시기로 미리 정하셨습니다. 이는 하느님의 그 좋으신 뜻에 따라 이루어진 것입니다.
>
> 그리하여 사랑하시는 아드님 안에서 우리에게 베푸신 그 은총의 영광을 찬양하게 하셨습니다.
>
> 우리는 그리스도 안에서, 그리스도의 피를 통하여 속량을, 곧 죄

의 용서를 받았습니다. 이는 하느님의 그 풍성한 은총에 따라 이루어진 것입니다. 하느님께서는 이 은총을 우리에게 넘치도록 베푸셨습니다. 당신의 지혜와 통찰력을 다하시어, 그리스도 안에서 미리 세우신 당신 선의에 따라 우리에게 당신 뜻의 신비를 알려 주셨습니다.

그것은 때가 차면 하늘과 땅에 있는 만물을 그리스도 안에서 그분을 머리로 하여 한 데 모으는 계획입니다. 만물을 당신의 결정과 뜻대로 이루시는 분의 의향에 따라 미리 정해진 우리도 그리스도 안에서 한몫을 얻게 되었습니다. 그리하여 하느님께서는 이미 그리스도께 희망을 둔 우리가 당신의 영광을 찬양하는 사람이 되게 하셨습니다.

여러분도 그리스도 안에서 진리의 말씀, 곧 여러분을 위한 구원의 복음을 듣고 그리스도 안에서 믿게 되었을 때, 약속된 성령의 인장을 받았습니다. 우리가 하느님의 소유로서 속량될 때까지, 이 성령께서 우리가 받을 상속의 보증이 되어 주시어, 하느님의 영광을 찬양하게 하십니다(에페 1,3-14).

인격체(personhood)는 정지상태의 개념이 아니라 완전히 역동적이고 관계적인 개념이다(per sonare-가면을 쓰고 소리를 통해 정체성을 나누는 것). 이는 —이성과 창조의 선물에 의해— 신적 위격들과 모든 인간 인격들 사이에 서로 공유된 것이다. 그렇다고 해서 이런 나눔은 나중에 포함되고 실현되는 것이거나 성사나 어떤 확언으로 이루어지는 것이 아니다. 물론 이런 것들이 하느님 안에 있는 우리의 본래 정체성을 찾게끔 도와주는 것이기는 하다.

모든 인격체는 사랑 안에 존재하게 되는 과정을 포함한다. 그래서 죄는 사랑이라는 우리의 가장 깊은 정체성으로 향하는 움직임에 대한 모든 저항을 일컫는다고 할 수 있다. 관계성 대신에 실체로서 인격을 정의하는 것은 우리를 존재케 하는 움직임과 성장, 서로 거울로 비추어 주는 행위를 무시해버리는 경향이 있다. 그렇기에 자아라는 것은 항상 뭔가를 약속해주는 어둠, 즉 불투명한 계시 안에 숨어 있어서, 우리는 이것에 서서히 다가가고 신뢰하며 우리 자신을 내어줄 수 있게 된다. 이것이 바로 믿음의 핵심이다.

하느님의 완전한 자유에 대한 스코투스의 개념에 근거하여 말하면, 하느님은 하느님 당신 안에서 "창조할 수 있는"(creabilia) 모든 것을 선제적으로 알고 사랑하신다. 이것을 우리 그리스도인들은 성자, 그리스도, 로고스라고 부른다. 이것이 바로 모든 것의 본질과 잠재성을 지닌 우주적 패턴이다.

그러나 하느님은 자유로운 행위로 이것 인격으로서 이들 중 어떤 것들을 존재하게끔 선택하신다. 스코투스에 의하면 하느님은 자유롭게 존재할 가능성이 있는 것들을 선택하신다. 이것이 바로 하느님의 가장 완전하고 자유로운 사랑의 행위이며 여기에는 어떤 강박도 없고, 풀어야 할 죄도 개입되어 있지 않다. 그러므로 삼위일체와 똑같이 우리도 실체가 아니라 관계성이다. 그래서 우리 역시 항상 사랑받고 그 사랑을 전하는 과정 안에 있는 것이다.

하느님은 당신이 의도하시기 이전에 알고 사랑하시기에, 우리에 대한 하느님의 자유로운 의지는 우리와 맺고자 하시는 삼위일체 하느님의 고유하고도 본질적인 관계성이 확장된 것이다. 우리는 사랑받기에 존재한다. 왜냐하면 사랑은 오직 자유 안에서만 존재할 수 있기 때문이다. 이 처음의 완전하고 전적으로 자유로운 사랑의 행위는 하느님께서 우리를 존재하게끔 무상으로 선택하시는 사랑인 것이다.

창조의 계속

머튼에게 처음에 철학을 가르쳤던 다니엘 월시Daniel Walsh는 우리가 삼위일체의 계속이고 그 하느님으로부터 발출한 존재이며 그분과의 본질적인 관계성이기 때문에 인간 인격이 창조된 존재(creation)라고 불리는 것이 정당한 것인지 확신할 수 없다고 말한다.[70] 우리는 어떻든 간에 하느님과 함께함의 지속이지, 분리된 창조물이 아니다. 에페소서에서 말하듯 우리는 "세상 창조 이전부터 그리스도 안에서 선택된" 이들이다.[71] 그래서 성숙한 그리스도교의 핵심은 하느님의 고유한 생명, 즉 하느님의 피조물들을 통해 공간과 시간 안에서 영원히 계속되는 역동적 힘을 나누라는 초대이다. 그러므로 하느님의 자기-앎은 우리의 지식을 포함하고, 하느님의 자기-사랑은 우리의 사랑을 포함한다. 이 둘은 같은 앎이고, 같은 사랑이며 같은 자유인 것이다.

그렇다. 어떤 면에서 보면 우리는 하느님과는 분리된 존재로 볼 수 있는 "타자"가 되지만, 하느님 쪽에서 보면 하느님은 항상 주체 대 주체로 우리를 아시고 우리는 하느님으로부터 그렇게 사랑받는다. 이는 마치 삼위일체의 위격들이 서로를 알고 사랑하는 것과 같다. 하느님과 인간 인격은 절대 주체 대 객체가 아닌 중심 대 중심으로, 즉 주체 대 주체로 서로를 알아야만 하고 알 수 있어야 한다. 이것이 바로 하느님이 우리를 조건 없이 받아들이시고 우리의 잘못을 용서해주시며, 어떤 상황에서도 우리에게 자비를 베푸시는 것을 표현하는 가장 명확한 방식일 것이다.

우리는 절대 하느님의 객체가 아니다. 하느님은 우리 안에 있는 하느님 모상을 사랑할 수밖에 없다. 그래서 인간 인격을 제대로 보는 그리스도교 신학과 철학은 인간 인격체가 하느님 당신의 관계성을 닮아 반사해주는 존재로서 신적 로고스(말씀), 즉 영원한 그리스도 안에서 기원한다고 말해야만 한다. 우리는 성부, 성자, 성령 사이에 존재하는 것과 똑같은 관계성으로 구성되어 있다.

"인간 인격이 하느님 사랑 안에 있는 그리스도의 진리를 드러내 주도록 창조된 목적은 하느님의 신적 삼위일체 안에 들어 있다." 이것은 다니엘 월시가 수사들에게 강의하던 중에 한 말이다. 이것이 바로 토마스 머튼이 자신의 기념비적 세계관을 세울 수 있게 한 인격체에 관한 신학이고, 우리도 그럴 수 있어야 한다.

신적 위격체(Divine Personhood)와 인간 인격체(human personhood)는 상호적이고 관계적으로 서로를 비추어 주는 개념이다. 관계성으로서의 하느님의 본성이 우리를 창조하기에, 우리의 본성 또한 같은 결속을 지니고 있다. 이것이 바로 사랑하기 위한 무한한 개방성이자 능력이다. 여기서 우리가 알아야만 하는 것은 우리가 사실상 우리 자신을 정말로 사랑할 수 있을 만큼 객관적으로 사랑받을 수 있는 존재라는 것이다. 이것이 신적 위격체가 보증하고 보장하는 바이다. 여러분의 가짜 자아는 무조건적 사랑에 준비되어 있지 않다. 사랑과 존경의 측면에서 다 그렇다. 이 가짜 자아는 무조건적 사랑이 아니라 오직 조건적인 사랑만을 안다.

이것이 머튼이 참 자아라고 칭하는 바의 토대가 된다. 그리고 이 참 자아는 이 세상의 관점에서는 일시적임에도 불구하고 항상 관계적이고 영원히 완전하게 사랑받을 수 있다. 나는 이것이 복음의 참된 기쁜 소식이고 구원의 든든한 토대여야 한다고 믿는다. 그리고 이것이 바로 흔들리지도 않고 실패할 수도 없는 인간 인격체의 토대가 된다. 예수님은 당신의 말씀으로 인간 인격이 삼위일체의 본질적이고 무한한 사랑 안에서 창조되었음을 선포하시고, 이를 마지막 만찬 때 모범으로 보이시며 가르치고 계신다. 여러분은 스스로 이곳에 이를 수 없다. 여러분은 오직 이곳에서 쉬고 즐길 수 있을 뿐이나.

잃은 패러다임

그래서 하느님은 우선 선한 사람들을 사랑하시고 나쁜 사람들을 벌하시기로 고상하게 결정하시는 존재가 절대 아니다. 오히려 그분 안에는 절대적 사랑이 존재 자체라는 이름과 본질로서 우뚝 서 있다. 사랑이 존재의 본질 자체를 구성한다. 그리고 이것은 어떨 때는 사랑하고 어떨 때는 그렇지 않기로 하는 깐깐하고 변덕스러운 존재와는 대조되는 것이다. 이럴 경우, 인간의 정신에는 매우 연약하고 흔들리는 토대만 놓이게 된다.

삼위일체는 궁극적인 인식체계(패러다임)의 대전환이다. 이것이 그리스도교 계시 안에 본래 정석으로 들어 있어야 했다. 다시 말하지만, 이 삼위일체의 인식체계가 모든 것을 변화시켰어야 했지만, 그러지 못했다. 삼위일체 교리는 곤혹스러운 추상 개념으로 대부분의 역사 안에서 그 빛을 보지 못했다. 심지어는 설교가들 대부분과 선생들 그리고 신학자들조차도 이를 잘 다루지 못했다. 하느님은 그 빛을 점점 잃게 되었고, 우리도 모두 길을 잃게 된 것이다. 예수님 홀로 해방의 드라마 전체를 짊어지고 가셔야만 했다. 물론 예수님은 그렇게 홀로 이 일을 하신 것 같다. 그런데 구원이라는 방정식에서 우리가 미처 생각지 못한 훨씬 더 큰 토대요 틀이며 역동적 힘과 에너지는 늘 있었다.

이미 오래전인 14-15세기 노리치의 율리안나가 이 현실을 체험한 바 있다. 그 내용은 다음과 같다.

> 삼위일체가 갑자기 내 가슴을 최상의 기쁨으로 채웠다. 그리고 나는 하늘나라에 참여하는 사람들에게 그와 같은 기쁨이 영원히 있을 것이라는 사실을 알았다. 삼위일체가 하느님이시기에, 하느님은 삼위일체. 삼위일체는 우리의 창조자이시고 보호자이시며, 삼위일체는 예수 그리스도를 통하여 우리의 영원한 친구이시고 우리의 끝없는 기쁨과 환희이시다. 그리고 이것이 첫 번째 계시에서 나에게 보였는데, 그 후 다른 모든 계시에서도 마찬가지였다. 계시를 통해 하느님께서 예수님에 대해 말씀하실 때마다 나는 거룩한 삼위일체를 이해할 수 있었던 것 같다.[72]

우리는 삼위일체에서 예수님을 분리해낼 수 없다. 그런데 성당에 앉아있는 보통 사람들은 은총의 엄청난 경륜을 맛볼 기회를 전혀 얻지 못했다. 우리는 결핍이라고 하는 자그마한 수영장에서 헤엄을 쳤던 것이다. 이것이 지금 쩨쩨하게 비축하기만 하는 정치와 경제 영역 대부분에서 증거로 나타나고 있다.

심지어 우리의 옛 교리서는 믿음과 희망과 사랑의 "대신덕對

神德"이 신적 존재의 본질이며 "하느님 생명 자체를 나누는 것"으로서 우리에게 주어졌다는 사실을 분명히 하였다. 중세 교회 역시 이 대신덕이 먼저 개인에게 주어진 선물이 아니라 사회와 역사 그리고 인류에게 전체로서 주어진 것임을 주장하였다.[73]

이는 교회의 위대한 두 학자, 아우구스티누스와 아퀴나스에게서 예시된다. 이들은 희망의 덕이 개인에 앞서 먼저 전체에게 적용되는 것이라는 점을 주장하였다.

그렇지만 우리는 희망을 외떨어진 개인 안에서 생겨나게 하면서 그 개인은 절망과 벌을 향해 나아가는 우주와 사회 그리고 인류 안에서 표류하게 만들었다.

사회가 먼저 —다른 모든 것이 사라질지라도 유일하게 지속하는[74]— 이 대신덕을 공동의 차원에서 누리지 못한다면 개인이 믿음과 희망과 사랑을 누린다는 것 혹은 심지어 이 대신덕을 설교한다는 것은 너무도 어려운 일이다. 이것이 바로 오늘날 우리가 직면한 커다란 문제다. 우리는 이 세상에 우주적 희망의 메시지가 아닌 종말과 아마겟돈이라는 위협적인 메시지만을 전해주었다.

삼위일체로서의 하느님은 사회 전체에 희망을 주신다. 왜냐하면 이 희망은 항상 불안정한 개인의 이랬다저랬다 하는 행위가 아닌 존재 자체의 본질에 기초를 두고 있기 때문이다. 이 점에 대해서 나와 함께 좀 더 생각해보자. 그러면 이 문제와 이 문제에 대한 답이 분명해질 것이다.

그래도 우선은 개인 차원의 희망의 미덕을 알아보기 위해 어린이들의 예를 한번 들어 보자. 왜냐하면 이 사안에 대해 살펴보려면 우리의 인간성 자체로부터 시작해야하기 때문이다. 마케팅 전문가들은 아이들(그리고 개들)을 이용하는 것이 섹스보다도 훨씬 더 효과적이라고 말한다. 왜 그럴까. 어린이들과 개들은 미소를 지을 때 그만한 답이 돌아올 거라는 자연스러운 희망과 기대를 잔뜩 갖고 있기 때문이다. 그들은 활짝 웃는 모습으로 순박하게 여러분을 바로 바라보며 직접 눈을 마주치려는 경향이 있다. —물론 이 아이들이 학대를 받지 않았을 때 그렇다.

이것이 바로 순수한 존재다.

이것이 바로 아무 제약을 받지 않는 흐름이다.

분명히 이는 예수님이 우리더러 어린이와 같이 되라고 말씀하신 이유다. 아이나 개의 순수한 흐름을 막을 것은 아무것도 없다. 그래서 에로스—긍정석이고 창조직인 시랑—나 인간성 혹은 사랑이 조금 밖에 없는 우리는 누구라도 그와 같은 무방비한 존재 앞에서 무방비할 수밖에 없다.

1부 긴급요망: 삼위일체 혁명 131

여러분이 눈이 초롱초롱한 아기의 얼굴에 입을 맞추거나 충실하고 사랑스러운 개를 쓰다듬어주지 않으려면 정말로 의식적인 노력을 기울여야만 가능하다. 여러분은 사랑 가득한 마음으로 그 아이나 개를 끌어안아 주고 싶어 할 것이다. 왜냐하면 ―정말 죄송하지만― 그 순간 그들이 바로 "하느님"이기 때문이다.

아니면 그 반대일까. 말하자면 그와 같이 거침없는 흐름 앞에 서 있는 여러분이 "하느님"일까.

물론 둘 다 맞는 말이다. 우리는 아름다움에 매료되는 모든 순간, 모든 감탄의 순간, 모든 무아지경의 순간, 고통받는 이와 함께하는 모든 순간에 이런 흐름을 감지하는 것이다. 이런 흐름을 온전하게 허용하는 사람은 누구나 심지어 추하거나 흐트러진 상황에서도 신적 이미지를 볼 것이다. 이것이 바로 삼위일체를 바라보는 보편적 방식이다.

> "사랑 안에서 사랑하는 사람은 누구나 하느님 안에서 살고, 하느님은 그 사람 안에 사십니다."(1요한 4,16)[75]

만일 내가 사도 성 요한의 말과는 별개로 이런 말을 했다면 많은 이가 나를 캘리포니아 출신의 실없는 뉴에이지 추종자라고 말했을 것이다. 하지만 나는 그저 요한의 심오한 삼위일체 영성을 그 모든 함축적 내용과 더불어 여러분과 나누었을 뿐이다. 이것이 바로 진정한 전통주의다.

자매 형제 여러분, 내가 앞서 표현했듯이 삼위일체가 말하는 바는 하느님이 실제로 관계적 존재(inter-being)라는 것이다. 이런 말을 하는 데에는 우리보다 많은 불교 신자가 더 자유롭다. 이 얼마나 묘한 일인가! 그렇지만 우리는 진리가 하나이기에, 이런 사실에 놀라거나 실망하지 말아야 한다. 사실 우리는 삼위일체를 통해 하느님이 그냥 존재가 아니라, 즉 고립된 어떤 존재가 아니라, 모든 피조물이 그 존재의 원천(Source)으로부터 생겨나는 그런 관계적 존재라는 것을 배워야 했을 사람들이다.

이것이 성적 특질과 아름다운 모든 것, 자연, 동물, 음악 그리고 예술에 대해 우리가 가지는 특별한 관심에 빛을 비추어 준다. 우리는 자연적으로 우리 바깥쪽과 우리를 넘어서는 쪽의 사랑스러운 것들에 끌려서 그것들과 어떤 식으로든 일치하고자 안간힘을 쓴다. 그런데 어떤 방식은 그것들과 일치를 이루게 해주고, 어떤 것들은 솔직히 그렇지 않다. 우리는 이것을 중독적인 행위 혹은 "죄"라고 부른다.

그러므로 여러분은 적어도 세 가지의 각기 다른 차원에서 하느님을 알고 사랑한다. 개인의 이해를 초월한 차원 "성부", 개인의 인격적 차원 "성자" 그리고 개인의 내면적 차원 "성령". 여러분이 관심이 있다면 이것은 오히려 켄 윌버와 다른 여러 사람이 말하는 "하느님의 하나 둘 셋"이라는 개념에 더 잘 어울린다고 생각할 것이다.[76]

여러분이 삼위일체 내부로부터 현실을 보게 되면 여러분은 여러분이 하는 모든 것 안에서 하느님을 알고 사랑하고 섬기게 될 것이다. 비유들과 의식들 그리고 다른 종교들의 교리들이 이제는 여러분에게 위협이 되지 않고, 오히려 매우 자주 도움이 되기까지 한다. 삼위일체로서의 하느님은 종교의 경쟁적인 사고를 모두 싸잡아 시간 낭비 정도로 일축해 버리신다. 그러나 오직 신비주의자들만이 하느님에 대해 말할 수 있는 언어가 비유의 언어뿐이라는 것을 아는 모양이다.

구별되는 일치

셋에 대해 좀 더 얘기해 보자. 삼위일체에는 개인의 정체성과 전체적 하나 됨을 동시에 보호해주는 완벽한 균형이 있다. 우리는 —다시 고전적 이름들을 사용하자면— 성부, 성자, 성령이 각각 고유함을 지니고 있으면서도 서로에 대해 하나 됨을 사랑으로 둘러쌈으로써 더 심오하고 견고한 일치를 창조해낸다. 여기서 참되고 진정한 성적 접촉과 비슷한 점이 눈에 띈다. 그래서 단도직입적으로 말하려 하니, 이 셋의 성별에 대해 논쟁하는데 너무 많은 시간을 허비하지 않길 바란다. 근본적인 신비에 대해 말하면서, 두 위에 대해서는 남성으로 표현하고, 성령에 대해 공통의 여성성을 부여하는 것은 정말로 독단적이다. 초기 신학자들은 이 세 위에 있어 중요한 것은 그들 간의 관계성 —전문용어로 하면 "본질적인 관계"— 이지 셋의 이름이나 성별이 아니었다. 성경에서 창조주는 바위[77]와 젖을 먹이는 어머니로[78] 묘사되며, 예수님은 지혜[79]와 암탉[80]으로 묘사되고, 성령은 숨, 즉 히브리어로는 루아(ruah)[81]로 묘사되는데 이것 역시도 여성형이다.[82] 다른 곳에서는 위로자, 즉 그리스어로는 파라클리트(Paraclete)[83]로 표현된다. 이 모든 것은 성별을 넘어서는 표현들이다.[84] 이 모든 이미지를 숙고해보라. 이뿐만 아니라 타오르는 불꽃과 같은 이미지[85]와 심지어는 "들개"와 같은 이미지[86]도 생각해 보라. 이는 남성성과 여성성이 하느님의 신적 이미지와 유사함에 있어 뭔가 순수한 것을 반영해 주리라고 여기는 우리에게는 뜻밖이다. 명확히 볼 때 삼위일체의 하느님은 어떤 가능한 표식을 초월하기도 하고 포함하기도 하는 표현의 혁명이라고 할 수 있다.

중요한 모든 것은 세 위가 막힘없이 분출하는 흐름 그 자체를 형성하며, 그 흐름 자체가 바로 그 세 위의 정체성이라는 것이다. 그 흐름은 세 위를 형성하며 보호해주는 역할을 하고, 세 위는 그 흐름을 가능하도록 흘려보내는 역할을 한다. 이것이 바로 건강한 사회의 역동적 힘과 같지 않은가.

그러나 우리는 극단에 머물려는 경향이 있다. 오늘날 서구사회 대부분은 극심한 개인주의 ―진보와 보수의 형태를 둘 다 지닌 채― 의 모습을 보이거나, 이런 상황에서 사람들은 공동선을 잃어버려서 그것을 찾기 불가능한 이상으로 만들어 버리기도 한다. 사람들이 생각 없는 집단, 부족주의, 집단사고 안에서 살아가는 모습을 보이기도 하고, 너무도 많은 사람이 건강한 자율성 혹은 개인의 인격에 대한 존중이나 의식 없이 살아가기도 한다. 여기서도 진보와 보수의 형태가 다 드러나며, 이 일반적인 형태가 우리에게 진리에 대한 두 가지 가짜 기준을 제시해준다.

그렇다면 우리는 어떻게 이런 전체적인 분위기 안에서 심오하고 진정한 가치를 보존할 수 있을까. 이 질문은 변함이 없다. 솔직히 말해서 삼위일체는 우리가 소수만이 이해할 수 있는 비전祕傳으로 몰아가지 않는다면 오히려 그 자체로 이상적 패러다임(인식체계)이며, 모델이고, 초대 그 자체가 된다. 그리고 이것은 수많은 정치적 문제들을 풀어가는 데 적용할 수 있는 방법이다.[87] 이것을 다시 시도해보자.

분리된 인간 개인을 의미하는 것으로서 오늘날 우리가 사용하고 있는 인격(혹은 위격, person)이라는 단어는 히브리어 성경에서 찾아볼 수 없다. 그러나 "얼굴"이라는 개념은 나온다. 히브리인 저자들은 자기들과 친밀하게 통교하고자 하신 자신들의 야훼 YHWH 하느님을 갖고 "연결된 얼굴(interface-공유하는 존재)"의 실질적인 모습을 전달하고 싶어 하였다. "주님께서 그대에게 당신 얼굴을 비추시고 —그대에게 은혜를 베푸시리라.— 주님께서 그대에게 당신 얼굴을 들어 보이시고 —그대에게 평화를 베푸시리라)."[88] 이와 같은 표현이 시편 여러 군데에서 나타난다.[89] 거기서는 얼굴이 현존으로 번역되어 있다. 더 정확한 의미를 말하자면 그 현존은 소통된 현존이다. 이것은 한 존재로부터 다른 존재로 자아의 '전이'이다.

우리가 가지고 있는 그리스어 성경 번역본들에는 "얼굴"에 해당하는 명사가 프로스폰prospon이었다. 이를 글자 그대로 보면 당시 그리스 배우들이 썼던 무대 가면이다. 결국 이 단어는 확장된 정체성과 확성기 같은 이미지를 지닌다. 테르툴리아누스와 카파도키아 교부들과 같은 선생들도 이와 비슷한 언어, 즉 라틴어의 페르소나persona를 사용했다. 이 단어를 통해 그들은 결국 삼위일체의 "위격들(persons)"이라고 하는 것의 완전한 자유와 정체성을 보존하면서 동시에 이 위격들 혹은 인격들 서로가 완벽하고 전적인 통교를 이룬다는 것을 말하고자 했다.

삼위일체의 각 위는 하느님의 위격 혹은 "얼굴"로 간주되었다. 삼위일체의 각 위격은 자신 내부의 본래의 정체성(facial identity)을 완전히 유지하면서 자신의 얼굴과 선을 다른 위격에 전달해주는 것이다. 삼위일체의 각 위격은 다른 위격으로 전해지는 소리(sounded through - per sonare)이다.

묘하게도 위격이 지금은 자주적인 인간 존재라는 의미이지만, 본래는 정반대의 의미를 지녔다. 각각 세 위는 다른 두 위로부터 전해지는 소리라는 것을 안다. 각 위의 정체성이 스스로 안에 온전히 보존되면서도 완전히 공유되는 것, 이것이 바로 성숙한 사랑을 가능케 하는 것이다. 선한 심리학자들은 모두 이에 동의한다.

그렇기에 우리는 각자 그 무언가로부터 '전해지는 소리'이다. 실제로는 그보다 훨씬 더 위대한 다른 누군가로부터 '전해지는 소리'이고, 그것이 바로 우리 자신이 된다. 그렇더라도 우리는 여전히 우리가 공유하는 DNA와 우리의 조상들 그리고 우리의 과거 문화를 드러내주는 무대의 가면, 즉 얼굴인 셈이다. 이것은 우리가 지금 "인격"이라고 하는 것에 대한 이해를 제대로 하게 해준다. 다시 말하지만 묘하게도 모든 정체성이 공유되고 있다고 하는 인격에 대한 첫 번째 이해가 이제는 완전히 정반대의 의미를 갖게 된 것이다. 즉 분리된 개인이 이제 "인격"이라 불리고, 우리는 우리가 모두 "전해지는 소리"라는 사실을 일반적으로 존중하지 않는다. 이런 단순한 왜곡은 "공동선"이라는 가톨릭의 윤리 원칙을 거의 불가능한 이상으로 만들어 버리고 말았다.

여러분 자신의 경험을 생각해보라. 자기-사랑과 자기-내어줌이 적절하게 균형을 맞춘 상태에서 이 신성한 춤에 참으로 힘께 하는 사람이 여러분 자신을 포함해서 얼마나 되는가. 이것이 바로 심리적 성숙의 정의이다. 그리고 이 춤은 우리가 모두 그렇게도 많이 잘못된 스텝을 밟는 춤이기도 하다.

적절한 정도의 자기-사랑을 받고 간직하고 누리고 신뢰하고 또 거기에 참여하는 한, 우리는 같은 정도로 세상에 그 모든 것을 내어줄 수 있게 된다. 여러분은 이때 비로소 "여러분 자신처럼 여러분의 이웃을 사랑할" 수 있고, 또 그렇게 해야 한다. ─여러분과 다른 모든 이들의 온전함을 위해!

황금률은 또한 모든 성장과 발전을 위한 귀중한 기준이 된다. 우리는 이것을 삼위일체로부터 배웠다. 이것은 절대로 끝나지 않는 춤이다. 이 춤은 드나듦과 받아들이고 내어줌의 영원한 움직임이다.

그리고 만일 사랑이 여러분에게서 흘러나오지 않는다면 필시 그 사랑이 여러분에게 흘러들어오지 않게 했기 때문이라는 것을 기억하라. 그리고 사랑은 흐르는 물이나 모래알, 구름 한 조각, 여러분이 원해서 여러분을 즐겁게 해주는 어떤 사람의 이미지로 매 순간 여러분 안으로 흘러들어올 수 있다. 그래서 여러분은 어떤 뚜렷한 이유 없이 모든 것에 미소를 짓는 여러분 자신을 발견하기 시작하는 것이다.

마트의 세제 상자들

언젠가 한 번 나는 앨버커키의 지역 케이마트Kmart에 가서 세제류를 파는 통로에 서 있었던 적이 있었다. 이 이야기는 어떤 증거가 될 것이니, 이 이야기를 잘 들어보라.

그 통로에는 나 혼자만 있었는데, ─감사하게도─ 나는 내가 거기에 있는 세제 상자들을 보고 미소를 짓고 있다는 것을 알게 되었다. 내가 얼마나 그러고 있었는지는 알 수 없지만, 내 생각에 족히 몇 분은 되었을 거다. 얼마 후 정신을 차리고 보니 내 바보 같은 미소가 좀 당황스러워서, 통로 앞뒤를 살펴보았는데, 다행히도 쳐다보는 사람이 아무도 없었다. 이유 없이 웃음을 짓는 사람들은 대개 감정이 불안정한 사람들이 아닐까. 정상적으로 생각해보면 그 세제 상자들 자체로 그런 기쁨의 동기가 되지는 않았다는 것을 알았다. 아니면 정말 그랬던 걸까. 그렇다면 세제 회사가 나를 고용해야 할까.

영적 기쁨은 "일이 제대로 되는 것"과는 아무런 상관이 없다. 그것은 그냥 진행되는 것과 전적으로 관련이 있다. 즉 여러분 안에서 진행되는 것과 상관이 있는 것이다. 그것은 내면에 내재되어 있는 살아있음이다. 기쁨은 거의 전적으로 내면의 일이다. 기쁨은 기쁨을 주는 대상에 의해서가 아니라 기뻐하는 이의 준비된 눈에 의해 우선으로 결정되는 것이다.

그리고 그 흐름이 진행될 때, 여러분이 무엇을 하는가는 중요하지 않다. 여러분이 제대 위의 사제가 아니어도 되고, 강론대의 설교자가 되지 않아도 된다. 정말이다. 컴퓨터 자판을 두드리고 있는 나는 지금 이 키보드에서 계속해서 나오는 분명한 안도의 소리를 들을 수 있다. 여러분도 이 안도감을 느껴보길 바란다.

여러분은 식료품 가게에 있는 주부主婦여도 되고, 일터의 노동자여도 된다. 그런 것은 중요하지 않다. 모든 것이 본질적으로 거룩하고 참으로 만족스러운 것이다. 19세기 시인 엘리자베스 배럿 브라우닝이 표현하듯이, "땅이 하늘로 가득 차 있고, 흔히 널려 있는 모든 수풀이 하느님으로 불타오른다."[90]

모든 것은 잘 바라보면 온전하고 거룩하다. 왜냐하면 여러분이 그렇게 바라볼 때 여러분은 의구심이라는 부정적인 반작용 없이 사랑의 하나 된 흐름 안에 서 있는 것이기 때문이다.[91]

이것이 바로 있는 모든 것의 진정한 모습이다. 이것을 의식이라고 해도 되고, 하느님이라고 해도 되며, 사랑이라고 해도 된다. 이것은 모든 것이 —특별히 모든 선한 것이— 나오는 모든 존재의 토대이다.[92]

이는 그렇게 되도록 허용하는 것이다. 이것은 깊이 바라보는 것이다. 이것은 즐기는 것이다. 이것이 우주의 창조적 힘이다. 이 강은 이미 흐르고 있고 여러분은 그것을 즐기든 그렇지 못하든 이미 그 안에 있다.

그렇다면 바로 지금 여러분의 "흐름"은 무엇인가.

여러분은 끌어들이고 있는가. 아니면 흘러나가고 있는가.

여러분은 자신을 방어하고 있는가. 아니면 온전히 열어 놓고 있는가.

오늘을 지배하는 것이 부정적 에너지인가. 아니면 생명의 에너지인가.

여러분은 과도하게 방어적인가. 아니면 다음의 움직임 앞에서 흘러나가기 위해 연약할 수 있는가.

이 둘은 완전히 다른 방향이고 에너지인데, 여러분은 여러분 안에서 그 다름이 무엇인지를 말하는 법을 배워야만 한다. 그렇지 않으면 여러분은 무엇을 위해 기도해야 할지, 무엇이 필요한지 그리고 어떤 움직임 안에서도 여러분이 누구인지를 알지 못할 것이다.[93]

바르게 보기 위해 여러분이 가진 근본적인 힘은 여러분 안에 있다.—왜냐하면 성령 안에서 여러분에게는 내면의 "보호자

(Advocate)"요 "변호자(Defense Attorney)"가 있기 때문이다.[94] 영(성령)은 여러분이 어떻게 기도할지, 어떻게 희망할지 그리고 어떻게 사랑할지를 가르쳐주는 선생으로서 여러분을 대신해주는 여러분과 같은 존재이며 이미 여러분 안에 주어져 있는 존재이다. 바오로 사도가 아주 솔직하게 말하듯이, "우리는 기도할 줄 모른다."[95]

여러분은 여러분 안에서 이 흐름에 대해 '아니야'라고 말하는 것은 무엇이든 내려놓아야 한다. 이 반대급부는 이 흐름이 불가능하다고 판단하거나 여러분 내면의 영이 여러분을 인도하지 못하게 그것을 수치스러운 것으로 판단한다. 왜 그런지 생각해 보라. 심지어는 여러분의 죄가 종종 여러분의 가장 훌륭한 선생이 되기도 한다. 이 위대한 흐름은 모든 것, 절대적으로 모든 것을 활용한다. 여러분의 실수들도 여러분이 그렇게 되도록 허용한다면 여러분을 위해 활용되기도 한다. 하느님이 얼마나 좋으신지 여기서 드러난다.

모든 그릇된 이를 사랑하기

"오직 우리에게만 성령이 있어."

이는 내가 교회와 더불어 자라면서 배운 것이다. 그런데 나는 모든 종교가 이와 같은 것을 가르친다는 것을 알았다. 흥미롭지 않은가. 이런 걸 표현하는 말이 있다. 그것은 집단 자기도취증이다. 이는 하느님에 대한 사랑과는 아무런 상관이 없다. 그리고 그것은 진리나 사랑을 추구하는 것이 아니다. 그것은 통제를 장악하는 것이고, 성숙하지 못한 단계에 있는 모든 집단은 하느님을 자기 사람들의 호주머니에 넣으려고 안간힘을 쓸 것이다. 내가 왜 이렇게도 뻔한 말을 하는 것일까. 왜냐하면 나는 여러분에게 이렇게 하지 않는 종교를 세상에서 찾아보라고 하고 싶기 때문이다. 그러나 우리는 우리 구약성경만 봐도 그것을 알 수 있다. 다른 곳을 더 찾아보지 않아도 된다. 이것이 예수님 시대의 세상에까지 내려온 그 당시의 대중적 사고방식이고, 예수님은 이런 사고방식에 어떤 식으로든 응답하신다.

"하느님은 사마리아인들을 무시하신다." (유다인들의 생각)

유다인들과 가까이에 살고 있던 사마리아인들은 여러 종교와 인종이 혼합되어 있던 민족으로 간주하였으므로 요한복음이 실제로 전하는 바로는 함께하지 말아야 할 사람들이었다. "사실 유다인들은 사마리아인들과 상종하지 않았다."(요한 4,9) 그러나 그 상황에서도 예수님은 어떤 사마리아인의 놀라운 친절을 칭찬하는 비유를 말씀하시고(루카 10,25-37 참조), 또 예수님이 사마리아 지역을 지나실 때 어떤 사마리아 여인과 영적으로 심오한 사안들에 대해 마주 보고 대화를 나눔으로써 ㅡ제자들뿐 아니라ㅡ 그 사마리아 여인을 놀라게 하신다(요한 4,4-42 참조). 예수님은 또한 다른 여러 방법으로 사마리아인들에 대한 하느님의 호의를 드러내 주신다(루카 9,52-56; 17,11-19 참조).

"하느님은 시로-페니키아인들이 있다는 것조차 모르신다."(또 하나의 유다인들의 생각)

이스라엘 북쪽에 살던 시로-페니키아인들은 외부인이요 이방인으로 간주되었다. 그러나 어떤 시로-페니키아 여인은 자기 딸이 치유되기를 간절히 바랐기에 예수님께 딸의 치유를 호소한다. 그리고 예수님은 그 여인의 믿음이 대단하다고 칭찬하시면서 그의 딸을 치유해주신다(마르 7,24; 마태 15,22-28 참조).

"우리는 ㅡ다른 모든 민족과는 달리ㅡ 유일하게 선택된 민족이다."(또 하나의 유다인들의 생각)

하느님의 이스라엘과의 고유한 관계성에 대해 인정하긴 하시지만, 예수님은 모든 민족을 포용하시면서 다른 모든 민족을 향한 하느님의 은총을 보여주신다. 이는 그분의 제자들과 군중이 생각지도 못했던 것이다. 예수님의 제자들이 마침내 그분의 목적을 이해하게 되었을 때, 그들도 같은 삶을 살게 되었다. 그들은 모든 사람이 —유다인이건, 개종한 유다인이건 "이교도들이건" 혹은 "외국인들이건"— 삼위일체의 원무에 참여하고 그들도 성령강림을 체험할 수 있다는 것을 알았다(사도 2,1-11; 10,1-49 참조).

예수님은 모든 것을 뒤엎어 놓으신다. 그분이 하신 일이 무엇인가. 그분은 계속해서 외부 사람들을 당신 비유의 주인공으로 삼으시고, 다양하게 나타나는 하느님 은총의 수혜자가 되게 하신다. 이런 점을 알고도 이것을 인식하지 않으려 하거나 이것이 주는 교훈을 배우려 하지 않는다면 그것은 무지의 죄가 아닐 수 없다.

우리는 대체로 그런 이해에 다다르지 못한다. 가톨릭교회는 유대교의 절차와 의식을 중시하는 율법주의의 잘못을 매우 세세한 부분까지 따라갔고, 개신교도 역시 매우 다른 시안들로 그 문제를 덮으려고 했지만 결국은 율법주의적인 면모에서는 우리를 매우 잘 닮아갔다. 문제는 이것이 에고 게임이라는 것이다.

그리고 혹자는 아브라함의 믿음에서 나온 우리의 동료 이슬람교가 자기 사람들만 챙기는 너무도 터무니없는 행동들을 그대로 따라갔다는 점을 쉽게 얘기할 수 있을 것이다. 이것이 바로 미성숙한 종교의 전형적인 모습이며, 그런 모습은 무엇보다도 거룩한 신비와 사랑하는 법을 추구하는 행위가 아니다. 초기 종교 대부분은 가짜 자아를 추구하고 고도의 도덕적 바탕을 추구하며 다른 사람들보다 윤리적인 측면에서 확실히 더 훌륭해야 한다고 생각한다.

칼 라너가 제안한 말을 인용하자면, 우리는 모두 앞으로 50년간은 하느님이라는 단어를 사용하는 것을 철저히 멈추어야 한다. 그는 말하기를 이렇게 해야 하는 이유는 일반적으로 우리가 무엇을 말하고 있는지에 대해 우리 스스로가 전혀 감도 잡지 못하기 때문이라고 한다. 이는 우리에게 가시적이고 엄연한 현현으로서 주어진 예수님을 갖고 우리가 무슨 일을 했는지를 보면 증명이 된다. 사실 우리는 그런 예수님을 우리의 자그만 문화전쟁을 위해 이용했기 때문이다. 우리는 여전히 그분을 우리의 자그만 정신세계로 끌어들이려 하고 우리를 지켜주는 삼위일체의 침묵에서 그분을 빼내려 한다. 우리는 우리가 하는 전쟁과 편견, 그리고 폭력적 지배를 위해 그분을 설명할 수 있다고 하면서 우리가 그분을 완벽하게 이해한 척했다. 참으로 불쌍한 예수님이시다.

그러니 우리가 정말 겸손해져서 우리 문화와 우리 자신에게 입힌 상처를 아물게 하려고 앞으로 50년간은 하느님을 "거룩한 신비"라고 불러 보자. 그리고 혹시라도 라너가 제시하는 대로 반세기 이후 우리는 우리가 많은 것에 책임이 없고 우리가 알고 있는 것은 정말 거의 없다는 것을 감사하는 마음으로 인정하며, 이 거룩한 신비를 따라 살면서 명확하고 좀 더 겸허한 표현인 이 말을 이해하게 될 것이다.

하나의 비움이 모든 것의 충만함을 위해 준비된다. 위의 소주제를 현실적으로 설명하기 위해 교회의 애초의 찬가들 중 하나를 인용해 보겠다.

> 그분께서는 하느님의 모습을 지니셨지만
> 하느님과 같음을
> 당연한 것으로 여기지 않으시고
> 오히려 당신 자신을 비우셨습니다.(필립 2,6)

필립비서 앞부분에 나오는 이 위대한 찬가는 그 충만함에 있어 예수님뿐 아니라 삼위일체 전체에 적용될 수 있지 않을까. 나는 그렇다고 믿는다. 세 위는 모두 그리스어의 케노시스kenosis(자기-비움), 즉 영원하고 너그러운 자기 비움의 상태를 살아간다. 여러분이 여러분을 보호하고자 한다면, 즉 여러분이 여러분의 이미지와 정체성을 안전하게 보전하고자 한다면, 여러분은 계속 여러분 자신을 꼭 붙들고 있어야 한다. 여러분의 에고는 그대로의 상태를 유지하고자 하기 때문이다. 이는 케노시스의 정반대 모습이다. 삼위일체의 상호성과 관련하여 흥미로운 점은 명칭들, 역할들, 에너지들이 실제로 서로에게 다 적용된다는 것이다.

우리는 성부는 유일하게 무한한 존재요, 성자는 유일하게 내재하는 존재이며, 성령은 유일하게 친밀한 존재로 못 박아 두고 싶어 하지 않는다! 이 모든 존재는 완전하게 서로에게 주어져 있고, 서로에게 내어주는 존재들이다. 그러나 우리 정신이 각각을 더 잘 이해하려면, 세 위를 구분하는 것이 도움이 될 뿐이다.

위 세 신적 특성들이 모두 여러분을 끌어들이기 시작한다면, 그리고 이 세 위의 무한성과 내재성 그리고 친밀성 —세 위 모두— 에 편안함을 느낀다면 여러분은 결국 충만한 삼위일체 영성의 내부에서 사는 것일 것이다. 이것이 하느님이 여러분 안에서 평생에 걸쳐서 하시는 일이다.

나는 여러분이 이것에 대해 놀라거나 실망하지 않길 바라지만, 나는 종종 이런 신적 특성들을 다른 많은 사람보다는 오히려 내쳐진 이들이나, 억압받는 이들, "가난한 이들" 혹은 "지적 장애인들"에게서 훨씬 더 많이 느끼게 된다.

그들은 사랑을 신뢰해야 한다. 그들은 친교를 필요로 한다. 그들은 오직 유약한 이들만이 자신들을 이해한다는 것을 안다. 그들은 상호 관계성에서 도움을 받는다. 그들은 늘 관계성에 있는 이들이다. 그들은 자기들의 공동체에서 봉사하거나 아픈 이들을 돌보거나, 자기들보다 더 가난한 이들에게 봉사할 방법이 거의 없다. 그들은 오직 고통받는 하느님만이 자기들을 구원해주실 수 있다는 것을 안다.

여러분은 이런 패턴이 '어떤 사람이 하느님 안에 사는지를 아는 틀림없는 표시'라는 것을 알 수 있다. 이 흐름으로 가득 차 있는 사람들은 늘 자신들의 힘을 보호할 필요를 느끼지 않고 힘없는 이들, 가장자리에 있는 이들, 바닥을 사는 이들, 낮은 이들 그리고 단순한 이들에게로 이끌린다. 그들은 그들이 필요로 하는 모든 힘을 지니고 있기에 그 힘이 늘 넘쳐흘러, 물처럼 채워야 할 가장 낮은 틈새를 찾는 이들이다.

위격들 사이의 공간

때때로 사람들은 삼위일체를 과도하게 정의하고자 한다. "이것은 성부의 일"이라고 그들은 자신 있게 말한다. "이것은 성자의 역할이고, 이것은 성령의 모습인 것 같다"고 말한다. 삼위일체의 위격들을 분석하고 도표처럼 설명하려 시도한다면, 우리는 매우 생명력 있는 그 무언가를 잃게 될 것이다. 그들 사이의 공간이 바로 그것이다.

하느님(Godhead)의 내적 생명, 이것은 언어를 한계점까지 펼쳐가는 신비이다. 각 위격의 독특한 기능 혹은 역할은 숙고할 만큼 흥미롭지만, 솔직히 말해서 나는 그것이 중요한 것은 아니라고 생각한다. 세 위의 명칭마저도 전반적인 면에서의 이름일 뿐이고, 하느님에 대한 수천 가지의 아름다운 이름이 각 위에 서로에게 번갈아 가며 주어질 수 있다. 이 책의 부록에다 내가 성령의 이름들을 수록해 놓은 것도 그 예이며, 우리 또한 항상 그리스도와 예수라는 이름을 번갈아 가며 사용하는 것도 그 예이다.

가장 중요한 것은 세 위격 사이의 관계성 안에 있는 에너지와 특성을 이해하는 것이다. 그것이 바로 우리를 변모시켜주는 핵심적인 신비이다.

결과적으로 그것은 여러분이 관계성 사이에서 쉼 —기도— 으로써만 경험할 수 있는 것이다. 그래서 제자들이 예수님께 어디에 머무시냐고 여쭈었을 때, 그분은 그들에게 이 친밀한 초대를 해주셨다. "와서 보라."(요한 1,39) 하느님의 환대가 작용하는 것이다.

몇 년 동안 이에 관련하여 내가 사용해 온 비유는 부모들 대부분이 쉽게 공감할 수 있는 내용이다. 여러분의 아기들이 잠들려고 할 때, 여러분은 아기들을 위한 가장 편안한 침대와 잠자리를 마련해 주지만, 아기들이 거기서 잠을 자는가. 아기들은 어떤 핑계를 대서라도 엄마와 아빠 사이에 끼어 자고 싶어 할 것이다. 그렇지 않은가.

여러분도 그런 것을 좋아할 것이라고 나는 확신한다. 물론 매일 밤은 아니더라도 가끔은 그럴 것이다. 특히 아이들이 여러분의 머리 사이를 발로 비집고 기어들어 올 때 말이다.

왜 아이들은 여러분의 침대에 들어오고 싶어 할까. 왜냐하면 그곳이 바로 모든 에너지가 있는 곳이기 때문이다.

그곳이 바로 그들이 원하는 안전과 온화함이 전부 모여 있는 곳이기 때문이다. 부부, 즉 엄마와 아빠 사이가 바로 그곳이다.

아이들은 엄마와 아빠 두 사람에게서 가장 좋은 것을 얻는다.

그들은 그야말로 두 사람 사이의 공간, 즉 관계성 안에서 쉬는 것이다. 엄마 아빠 사이에서 잠자려고 애쓰지 않는 아이들이 어디 있겠는가.

그곳이 바로 열반(nirvana)이다! 그곳이 바로 하늘나라다! 그곳이 바로 완전히 안전한 곳이다. 아이들은 그곳에서 밤새도록 여러분 두 사람의 기운을 느낄 수 있다. 엄마와 아빠는 어떤 특별한 에너지라고 할 수 있다. 여기에 아이가 없다면 그 에너지는 그냥 그 둘 사이에 파묻히고 만다. 이 세 번째 에너지 ─ 아이 ─ 가 이 둘의 결합에 참으로 숭고한 그 무엇을 보태준다. 영성을 배우는 학생 가운데 어떤 이들은 이것을 "셋의 법칙(the Law of Three)"이라고 부르며, 이것이 바로 모든 참된 변화가 생겨나는 방식이라고 말한다.

셋의 법칙이 어떻게 모든 것을 변화시키는가?

이에 대해 생각해 보자. 선거철이 오면 여러분은 여러분이 가장 좋아하는 후보자에 대해 열정을 느낀다. 여러분은 셋의 법칙에서 "첫 번째 힘"을 대표하는데, ―여러분은 여러분의 후보자 쪽에 있게 된다. 그런데 여러분의 직장 동료나 여러분의 부모가 같은 열정으로 다른 당의 다른 후보자를 지지한다고 하자. 이들이 바로 "두 번째 힘"을 대표한다.

우리 삶의 방식 대부분은 그저 여기에서 멈추어 버린다. 어떤 사람이 A의 위치를 점하고, 다른 어떤 사람이 B의 위치에서 A쪽의 사람들을 반대한다고 하자. 그들은 세상 끝까지 경쟁과 반대의 상황에서 살아간다. 이것이 바로 이중의 ―이분법적― 체제에서 우리가 기대하는 바다. 서로 반대의 상황에 있는 "이중성"이 그것이다. 그래서 이런 상황에서는 기껏해야 서로 소리를 지르고 싸우는 정도로 그치고 만다. 그때 비로소 우리는 타협을 하고자 시도하고, 어떤 논리 ―변증법― 로써 일종의 "종합"의 입장을 만들고자 할 것이다. 이것이 바로 철학자 헤겔이 세상을 바라본 관점이다. 이것이 양자 대결 구도의 이원론 중 하나다.

그러나 셋의 법칙은 지금까지 우리가 해온 질문을 던진다. 만일 우리가 이분법적 우주가 아닌 세 겹의 우주에서 산다면 어떻게 될까.

삼중성이 이중성보다 더 우주의 핵심을 차지하고 있다면, 우리가 첫 번째나 두 번째 힘의 관점을 견지하면서도 우리 모두를 놀라게 할 세 번째 힘이 우리의 자그맣고 잘 정돈된 상자들에서 나올 것이라는 점을 온 마음으로 기다릴 수 있을 것이다. 그렇다고 해서 이것이 여러분과 여러분 직장 동료들의 반대의견을 단순히 종합하는 것이 아니라 제 삼의 대안, 즉 A도 B도 아닌 새로운 C안을 도출해내는 것이다.

이것은 긍정적인 사고를 가져다줄 생명력 있는 제삼의 영역이 될 수 있다. 이것은 어쩌면 여러분의 정당 내부가 뒤집을 수 있는 것이 될 수도 있다. 그리고 이것은 선례가 없는 방식으로 여러분의 공동체를 한데 모아주는 것으로써 폭풍이나 자연재해와 같은 외부로부터 오는 "나쁜" 어떤 것이 될 수도 있다. 또한 이것은 ―단지 한때일지라도― 자신들이 잊고 있었던 논쟁의 사안을 긴급하고도 생생하게 떠오르게 해줄 전적으로 비-정치적인 해결책이 될 수도 있다.

제삼의 힘이 취하는 정확한 형태는 논점보다는 화해에 초점을 맞추고 있기도 하고, 더 새롭고도 반짝이는 대안의 출현 앞에서 첫 번째와 두 번째 힘이 별안간 타당성이 없다고 말하는 것도 아니다. 그 대신에 이 제삼의 힘은 각각의 입장을 구원해주고 참으로 새로운 무언가를 창조하는 데 있어 모든 이가 담당할 역할을 준다는 것이 여기에서의 핵심이다. ―이것은 어찌 보면 우리가 함께 만들어가는 새로운 영역, 즉 네 번째 가능성이기도 하다.

내가 일전에 이와 관련하여 들을 귀가 있는 이들을 위해 책 한 권을 썼는데, 그 제목은 '모든 것이 속한다'이다. 이것은 우리가 그저 개념으로만 믿을 수 있는 그런 것이 아니라, 실질적으로 체험해야 한다. 우리가 모든 피조물 안에서 일하는 삼위일체의 생명을 끌어안는다면 우리는 루블료프의 아름다운 식탁에 초대받아 앉아있는 것이다. 셋의 마술은 우리의 이분법적 자가당착에서 우리를 헤어나게 해주고 언제나 우리를 네 번째 세상으로 들어서게 해준다.[96]

삼위일체는 남성인가? 여성인가?

"성부"와 "성자"는 분명히 삼위일체의 위격 가운데 뚜렷하게 매우 남성성을 띠고, 심지어는 "성령"마저도 종종 남성적인 용어로 묘사되기까지 한다. 지난 200년 동안 전 세계적인 문화에서는 물론이고 교회 내에서도 여성의 온전한 품위와 가치를 회복시켜 왔고, 많은 이들이 하느님에 대한 언어가 너무도 남성적으로 사용된다는 점을 의아해하기 시작하였다.

나 자신의 내면적 신심 생활에서 내가 나름대로 이 문제를 해결하고자 했던 방법은 다음과 같다. 수천 년간 농경시대와 구석기시대의 문화 그리고 비옥한 초승달 지대의 사회와 가부장적 사회의 분위기가 하느님에 대한 남성적 이름이 더 넓게 드러나게 하는 데 영향을 주었다는 것을 나는 인정한다.[97]

그러나 여러분은 내가 믿는 것을 알겠는가. 나는 삼위일체 위격들 간의 공간이 틀림없이 여성이라고 생각한다는 것이다. 그러나 드러나는 모습이 남성 차원이라는 것이 나에게는 충격적이지만, 전반적으로 감지되는 사이로서의 신비적이고 놀라운 무의식의 공간(in-between)은 여성적인 모습을 띤다. 그리고 바로 그곳이 핵심적인 힘이 있는 곳이다. ㅡ그곳은 위격 하나하나라기보다는 위격들 사이의 공간이다.

그렇긴 해도 내 생각에 최근 몇 년간 우리는 성경 연구와 신학 그리고 경배 의식에 있어 하느님의 여성적 본성을 잘 부여해 주었다고 본다. 경배 의식에 있어 신적 여성성을 우리가 증거 한다는 것은 특별히 중요하다. 그렇게 해서 사람들이 더는 단순화할 수 없는 하느님의 남성적 이미지를 마음에 품지 않을 수 있기

때문이다.[98]

그러나 삼위일체의 신비가 나에게 있어 특별한 것은 하느님 안의 여성성에 대한 두 개의 증거가 다 진실이라는 것을 분명하게 해주기 때문이다. 여러분이 하느님의 위격들을 전통적인 남성 언어로 표현한다 해도 괜찮다. ― 사실 그럴 필요가 없기 때문이다. 하지만 여러분이 사이의 공간과 관계성, 세 위격들 사이의 춤사위 자체를 풀어가고 선포하며 가르치고 이해하는 것에서 시작한다면 거기서부터 실마리가 나온다. 나에게 있어 이런 것이 하느님의 여성성을 강조해주는 부분들이다.

이것이 바로 생식 욕구가 생겨나는 곳이고, ―힐데가르드가 말하는 베리디타스veriditas, 즉 새로운 생명이 생겨나는 곳이다. 윌리엄 오컴William Ockham(이 사람은 우리에게 잘 알려지지 않은 프란치스칸 전문가 중 한 사람임)의 "면도날 같은" 학문 원리가 제시하는 대로, 가장 진실한 대답은 대개가 단순할 뿐 아니라 우아하기까지 하다. 나는 이런 설명에서 단순성과 우아함을 발견한다. 그러니 이것을 기도할 때 활용해보라. 이 남성/여성 양극의 상황으로 들어가 걸어가며 춤을 추면서 여러분이 새로워지는지를 한번 보라. 지금까지의 역사는 이 양극 사이의 균형을 거의 찾지 못했다.

동심원의 힘

우리가 만일 실제로 이 흐름 한가운데로 내려가 있으면서 그 흐름을 우리 선생이 되게 한다면 어떻게 되겠는가. 사회와 정치, 권위에 대한 우리의 개념이 완전히 변화할 것이다. 왜냐하면 그것은 우리의 방식과는 달리 아래위가 바뀌어 있고 안팎이 뒤집혀 있기 때문이다.

왕들이 신적 권리를 지니고 있다는 정치적 생각이 오랜 세기 동안 이어져 왔다는 것은 전혀 놀라운 일이 아니다. 여전히 사람들 대부분이 운동선수이건, 정치가이건, 영적 지도자이건, 연예인이건 "중요하고", "힘 있는" 사람들에게 전적으로 매력을 느낀다. 이는 마치 그들이 우주의 초자연적인 힘, 즉 —여기에서가 아니라— "저 바깥쪽"으로부터이거나 "저 위"로부터 흘러나오는 특별한 힘이나 에너지를 지닌 듯한 느낌을 준다. 사람들 대부분은 나름대로 종말을 주장하는 사이비 종교(cargo cult-화물 신앙)와 건강치 못한 상호의존(codependency) 관계 속에서 살아간다. 권력은 늘 저 바깥이나 저 위에 있다고 보는 것이다. 나는 우리가 삼위일체, 즉 내재하는 성령과의 생명력 있는 연결 안에 있다면 이런 식의 육신을 벗어난 초자연적인 힘에 의존하는 삶을 살아가지 않으리라 생각한다.

삼위일체 신학은 진정한 힘이 위계적인 것이 아닌 둥글게 돌거나 나선형으로 도는 질서 속에 있다고 말한다.

그 힘은 여기에 있고 우리 안에 있다. 그 힘은 공유되는 것이고, 공유될 수 있는 것이다. 그 힘은 이미 전적으로 여러분에게 주어져 있다.(로마 5,5를 참조하고, 성경의 이와 비슷한 모든 문구를 보라) 하느님의 성령은 여러분에 심어져서 여러분으로서 일하고 계신다. 그러니 계속해서 피라미드의 꼭대기를 보지 마시라. 소위 "최상위 사람 1퍼센트"를 우상화하지 마시라. 이 밑에서 가치 없는 것이 절대 그 위에서라고 가치 있을 수 없기 때문이다. 설상가상으로 이런 상황이 세상의 99퍼센트 사람들을 불필요하고도 비극적인 열등한 존재가 되게 하였다.

삼위일체는 하느님의 힘이 지배나 위협 혹은 강제하는 것이 아니라 오히려 완전히 다른 본질을 지니고 있다고 말한다. 그것은 예수님의 제자들마저도 제대로 받아들이지 못했다. 성부가 성자를 지배하지 않고, 성자가 성령을 지배하지 않으며, 성령이 성부와 성령을 지배하지 않는다면 하느님 안에는 절대 지배라는 것은 없는 것이다. 신적인 힘 전체는 공유되는 힘으로서 그리스도교의 정치와 관계성을 완전하게 뒤집어 놓았다.

삼위일체 안에는 지배하는 힘의 추구는 없고, 오직 함께 하는 힘의 추구만 있다. 이것은 내어줌이고, 나눔이며, 내려놓음이다. 그래서 결국 이것은 신뢰와 상호성의 친밀함이다. 이 힘은 모든 관계성을 변화시켜 주는 힘이다. 혼인의 관계성, 문화의 관계성 그리고 심지어는 나라들의 국제적 관계성마저도 변화시켜 준다. 야훼YHWH는 이미 "모든 민족에게 빛"이 되라고 이스라엘 사람들을 가르치기 위해 쓰인 "고통받는 야훼의 종의 노래" 네 개에서 종의 신분을 취해야 한다고 가르치려 했음이 잘 드러난다.[99] 그러나 그들의 역사는 그리스도교가 반복한 바를 이미 보여주었다. 우리는 둘 다 고통받는 종 대신에 왕들과 왕국들을 선호하였다.

삼위일체 안에 계신 예수님에 의하면 힘 —권력— 은 "취할" 것이 아니다.[100] 나 리처드는 내 직분이나 내 제복, 저작권 혹은 그 어느 것이든 나를 중요하고 힘 있게 해줄 수 있었던 다른 장식적인 것들에 매달릴 필요가 없다. 삼위일체의 춤 안에서 깨어남으로써 나는 이 모든 것이 전혀 중요하지 않을 뿐 아니라 사실상 나의 참 자아를 가로막는 가장假將된 모습이요 전시적 효과라는 것을 깨닫는다. 이런 것은 진솔함과 유약함 그리고 공동체의 길에 방해가 될 뿐이다. 우리는 모두 우리 안에 그리고 우리 사이에 우리의 힘(dynamis)을 갖고 있으며, 실제로 예수님은 우리가 그 힘으로 "옷 입었다"라는 사실을 확언해주셨다.[101]

나에게는 힘을 다룰 수 있는 유일한 사람들은 그 힘을 별로 필요로 하지 않는 이들이고, 또한 그 힘을 내려놓을 수 있고 나눌 수 있는 이들이라고 여겨진다. 사실 나는 역사 안에서 지금처럼 힘겨운 순간에 힘을 다룰 수 있는 유일한 사람들이란 힘없음의 여정을 걸어온 사람들이 아닐까 하는 생각을 한다. 과거에 전 세계적으로 이루어졌던 남성 입문 예식에서 오는 지혜를 빌리자면, 이외의 사람들 대부분은 자신들에게 주어진 힘을 남용한 것이 아닌가 한다.[102]

너무 쉽게 힘을 갖게 된, 즉 "입문에 이르지 못한" 남성들은 틀림없이 그 힘을 자신들의 상승을 위해 사용하고, 공동선을 위해서는 거의 사용하지 않는다. 이런 사실에는 증명이 거의 필요 없다. ─오직 사랑만이 힘을 잘 다룰 수 있다. 가장 근원적이면서도 최후의 제공자인 삼위일체는 다른 모든 것에 힘을 실어주는 바를 내어줌으로써 창조를 시작하였다. "빛이 생겨라!"(창세 1,3)

빛은 여러분이 실제로 보는 것이 아니다. 그것은 오히려 그것에 의해 여러분이 다른 모든 것을 보는 것이다. 하느님은 본래 모든 존재에게 부여해주신 은총과 계속되는 진화의 형태를 취하시면서 모든 존재에게 힘을 실어주는 위대한 존재다. 삼위일체는 너무도 겸손하시어 누가 그 혜택을 받는지조차 상관하지 않으신다. 빛과 같이 여러분은 하느님을 볼 수 없다. 그러나 하느님은 여러분이 참으로 선한 눈을 통해 다른 모든 것을 보게 해주신다. 이 힘은 그렇다고 해서 홀로 있는 것도 아니라 공유되고 반사해주는 삼위일체다. 크로아티아의 신학자 미로슬라프 볼프 Miroslav Volf는 이를 다음과 같이 설명한다.

> 그리스도교의 하느님은 홀로 계신 하느님이 아니라 오히려 세 위격들의 친교이기 때문에, 믿음은 인간을 신적 친교로 이끌어준다. 하지만 우리는 삼위일체 하느님과 자기만의 배타적인 친교를 나눌 수 없고, —이를테면 "4인조"의 친교만 할 수 있다. 왜냐하면 그리스도교의 하느님은 개인의 신이 아니기 때문이다. 이런 하느님과의 친교는 같은 하느님과의 친교에 자신들을 내맡긴 이들과의 친교도 곧바로 갖게 된다. 그러므로 이 하나의 같은 신앙 행위를 통해 한 사람은 하느님과 새로운 관계는 물론이고 하느님과 친교에 들어선 다른 이들과의 친교에도 이르게 되는 것이다.[103]

하지만 여러분이 이렇게 함께 시작하는 것은 기업과도 같은 미국이라는 국가나 여러 문화에서 쓰는 언어가 아니라는 것을 알아야 한다. 이것은 세상의 나머지 사람들이 어떻게 되어야 할지 그리고 무엇을 원해야 하는지와 관련하여 이 사람들을 길들이는 상위층 1퍼센트의 언어도 아니다. 우리는 바로 지금 이 더 심오한 지혜를 배워야만 한다. 그렇지 않다면 우리의 문화는 계속해서 급속도로 하강하는 소용돌이 속으로 빠져들고 말 것이다. 내어 맡김(surrender)과 양보함, 신뢰함 그리고 내어줌은 에고에게는 전혀 먹혀들지 않는 얘기다. 그렇지만 우리는 우리가 당면한 위험 앞에서도 우리 안에 이미 들어있는 이 지혜를 무시하고 있다.

믿음의 삶은 "사실이기에는 불가능한 것들을 믿는 것"이 절대 아니다. 실제로 궁극의 사랑 안에서 쉬는 법과 무한한 원천 안에서 쉬는 법을 배우기 위해 훨씬 더 깨어 있는 것이다. 이렇게 될 때 아주 실제적인 차원에서, 여러분은 여러분이 보호받고 인도된다는 것을 신뢰할 수 있게 된다.

사실상 여러분이 어느 정도의 시간이 지난 후에는 모든 것이 일종의 안내를 받고 있다는 것을 신뢰할 수 있을 것이다.—절대적으로 모든 것이!

그런 안내가 정말로 있어서 참으로 모든 것을 이끌어주는 것임을 드러나게 해주는 것은 여러분의 신뢰할 능력에 달려 있다. 나는 이것이 놀라운 환원의 논리임을 알고 있다. 하지만 여러분 자신이 그것을 신뢰하는 마음으로 시도해보기 전까지는 그 안내를 무시하지 않기를 바란다. 나는 여러분이 하느님의 구원 경륜 안에서 이것이 사실이라는 것을 알게 될 것이라고 확신한다.

그렇더라도 나는 여러분에게 계산적 정신이 생겨날 때 여러분은 스스로 이 심오한 판단의 순간을 이렇게 평가하는 것을 듣게 될 것이다. "오, 그건 그저 우연의 일치일 뿐이야. 그건 단순한 우연이야. 그냥 생겨났어. 아니면, 이것 정말 신나는 일이네. 왜 그런 일이 일어났지? 혹은 심지어는 난 그대로가 아니라 바뀌길 원해"라고 말하기도 할 것이다. 그러나 삼위일체적 삶 안에서만 여러분은 요즘 물리학자들이 말하는 "양자 얽힘(quantum entanglement)"과 또 다른 물리학자들이 말하는 공시성(synchronicity)이나 우연의 일치(coincidence) 혹은 우연성(accident)이라는 것을 누릴 수 있을 것이다.

여러분이 그러한 것들의 가능성마저도 의심하게 된다면 여러분은 그 흐름을 중지시키는 셈이 된다. 그러나 만일 여러분이 그 흐름을 신뢰하고 그 흐름 속에 있고자 한다면 여러분 내부의 성령은 여러분이 확신 있게 모든 것을 내려놓도록 해줄 것이다. 여기에는 이성적 논리가 존재한다. 나는 성령의/ 나의 펼쳐짐에 의해 계속해서 흐르는 강물로 살아가는 것이다. 나는 인도되는 것이다. 진정하라. 이 모든 것은 괜찮으니까!

   그러나 여러분은 내가 마치 우리의 상황을 바꾸거나 나아지게 할 수 없다고 하는 운명론적인 접근법을 가져다가 얘기하고 있다고 생각하지 마시라. 사실 나는 그와는 정반대의 말을 하고 있다. 여러분은 여러분의 상황을 바꿀 수도, 또 향상할 수도 있다. 그러나 나는 여러분의 마음과 영혼에 먼저 다가오는 것에 대해 여러분이 아니요보다는 예라고 말해야 하고 이에 저항하는 대신 신뢰해야 한다고 말하고 있는 것이다. 그리고 여러분이 '예'를 계속 말하며 모든 순간에 하느님을 볼 수 있도록 할 때 여러분은 그런 에너지가 절대 쓸모없는 것이 아니라 항상 생명과 빛을 생산해준다는 것을 인식하게 될 것이다.

성聖 빅토르의 리처드와 지고至高의 기쁨

나는 삼위일체에 대해 많은 글을 쓴 우리 프란치스칸 성 보나벤투라(1221-1274)가 별로 알려지지 않은 성 빅토르의 리처드(Richard of St. Victor, +1173)로부터 많은 영향을 받았다는 것을 알게 되었다. 성 빅토르는 중세 초기 파리에 있었던 매우 영향력 있는 수도원이었다. 그래서 그곳에서 거물급 학자들이 많이 나왔다. 그들을 통틀어서 "빅토르 학파"(Victorines)라고 부른다. 이름이 같았기 때문에 우리 반 신학생들이 나에게 "리처드, 리처드를 읽어!"라고 놀리곤 했다. 그래서 나는 실제로 그의 글을 읽었다. 그것이 얼마나 좋았는지 모른다. 다음의 글은 그가 두 개의 장에서 엄청 아름답게 전개해 놓은 것을 요약해 놓은 것이다.

하느님이 선하기 위해서라면 하느님은 한 분이실 수 있다. 그런데 하느님이 사랑하는 존재이기 위해서는 하느님은 두 분이셔야 한다. 왜냐하면 사랑은 언제나 관계성이기 때문이다. 그렇지 않은가. 그러나 하느님이 "최고의 기쁨"과 "즐거움"을 나누기 위해서라면 —여기가 바로 그의 진정한 돌파구가 있는 곳임! — 하느님은 세 분이셔야 한다. 왜냐하면 지고至高의 행복은 두 위격이 공통의 즐거움을 세 번째 그 무언가 안에서 —함께— 나눌 때 존재하기 때문이다.[104] 여러분은 그저 새로운 아기의 탄생을 기뻐하는 부부를 보기만 해도 이 말이 무슨 뜻인지를 알 것이다.

나는 성 빅토르의 리처드를 처음 읽고 나서, 내가 언제 나의 가르침과 강연, 저술 그리고 피정 강의 등을 통해 더 잘 알려지기 시작했는지를 사람들에게 말했던 것을 기억한다. 그즈음에 나하고 가까워지고 싶어 하거나 나의 친한 친구가 되고 싶어 하는 사람들이 많이 있었다. 내가 이 새로운 친구 지망자들 가운데서 어떤 선택을 해야 했을까.

나는 내가 진정으로 자유롭게 나름대로 사랑했던 사람들은 나를 그저 사랑했던 사람들이 아니라 내가 사랑하는 것을 사랑하는 사람들이었다는 것을 깨달았다. 공동체와 복음, 가난한 이들, 정의, 진솔함에 신경을 쓰는 사람들이 바로 그런 사람들이었다. 이곳이 바로 그 사랑의 흐름이 쉽고 자연스러우며 생명을 내어주는 곳이다. 그러나 선물로 주어지는 사랑보다는 필요한 사랑을 원하기에 그런 잘못된 이유로 나를 사랑하는 듯한 많은 이들은 창조적인 관계성을 나누기보다는 불건전한 의존적 관계성 속에 있었던 이들이었다.

같은 것에 흥미를 지닌 두 사람은 우리 세상에서 거의 모든 것을 새롭게 하고 창조적이며 흥미진진하게 하는 시작점이다.

단언컨대 이것이 바로 예수님이 말씀하신 "둘이나 셋이 모인" 모습으로서 교회의 첫째가고 근본이 되는 정의일 것이다.[105]

그래서 우리가 말해온 대로 우리는 이제 양방향 지도에서 세 방향 지도로 움직여가고 있는 것이다. 이것이야말로 자연법칙의 패턴, 즉 셋의 패턴을 반영해주는 현실이다.[106]

나는 우리 모든 이가 이 세 방향 지도를 어떻게든 거부한다고 생각한다. 왜냐하면 우리 삶 전체가 여태까지 양방향 지도에 익숙하게 형성되어 왔기 때문이다. 그리고 우리는 그런 식의 사고를 한다. 내 책, 『The Naked Now(벌거벗은 지금)』에서 나는 이것을 "이원론적 정신"이라고 칭했다. 사람들 대부분은 이것 아니면 저것 식의 양방향 사이에서 밀고 당기는 싸움을 한다. 이는 우리의 정당들을 보면 알 수 있다. 목소리가 가장 큰 쪽이 이기는 것처럼 보이지만, 그렇기에 우리는 늘 속았다는 느낌으로 실망한 채 떠나가게 된다. 그리고 실제로 여러분은 속은 것이고.

활동과 관상을 위한 센터(Center for Action and Contemplation)에서 우리는 갈등과 문제 해결은 물론이고 창조적 삶의 방안으로써 우리가 제삼의 길(Third Way)이라고 하는 것을 훈련하고 있다. 여러분은 모르긴 몰라도 "두 개의 길"을 통해 실패를 맛보아야만 할 것이다. 여러분은 이원론적 사고에 대해 죽어야만 한다. 여러분은 어떻게든 두 개의 길이 다 여러분을 실망하게 할 것이라는 사실을 기꺼이 받아들여야 한다. 그러나 사람들 대부분이 하는 일은 어느 한쪽의 입장을 강하게 취하여 자신들의 이념(ideology)과 종교 혹은 부분적 진리를 하느님으로 삼는 것이다. ―내가 이 사람들의 에고를 편안하게 해주고 자신들이 옳다는 것을 인정해주는 셈일지 모른다.― 그러나 여기에는 그만한 대가가 따른다. 지성과 지혜, 심원함 그리고 진리에 있어서는 참으로 실패하는 것이기 때문이다.

양방향 체제에서 갑작스럽게 한쪽을 택하는 것은 진리와는 아무런 관계가 없다. 복음 자체는 진보도 보수도 아닐 뿐 아니라 이런 거짓된 선택을 하는 것을 혹독하게 비판하기까지 한다. 예수님의 참된 기쁜 소식은 절대로 큰 경기장을 가득 채울 수 없다. 왜냐하면 이원주의적 집단들은 절대로 깨달음으로 이르게 해주는 제삼의 길을 공동으로 끌어안을 수 없기 때문이다. 이 제삼의 길은 관상적 차원에서 말할 때 늘 아무것도 아닌 것처럼 느껴지는데, 이 견해를 고수하게 되면 여러분은 정말로 예수님처럼 되기 때문이다. ―예수님처럼 여러분도 "미리 둘 곳조차 없게 되는 것이다."[107]

마치 성부의 신비처럼.
마치 성자의 십자가처럼.
마치 성령의 익명성처럼.

대개 인류 안에는 두 가지 종류의 사람들이 있다. 한쪽은 확실성을 원하는 사람들이고, 다른 한쪽은 이해를 원하는 사람들이다. 그리고 이 두 부류는 서로를 정말로 이해할 수 없다.

삶에 대해 확실성을 원하는 사람들은 실제로 그 확실성이 사실에 맞지 않더라도 그 확실성을 고수한다. 그것은 논리와는 아무런 관계가 없다. 진리 역시도 그것과 아무런 관계가 없다. "진리 따위로 나를 괴롭히지 마! —나는 이미 나름의 결론에 이르렀어!" 만일 여러분에게 확실성이 필요하다면 여러분은 나름의 결론에 도달하게 될 것이다. 그리고 여러분은 여러분이 내린 결론으로 포위되어 버릴 것이다.

믿음의 의미는 바로 이런 사고방식과는 전적인 대조를 이루는 것이다. 여러분은 내가 왜 예수님(세 위 중 어느 위라도)을 삼위일체 바깥으로 떼어 내면 그것이 그렇게도 위험하다고 생각하는지를 아는가. 왜냐하면 그렇게 할 때 우리는 믿음을 역동적이고 끊임없이 흐르는 개념이 아니라 정체된 개념으로 잘못 정의하기 때문이다.

실제로는 이 삼위일체 신비가 정반대의 진리를 우리에게 속삭여주는데도 우리는 '믿음이라는 것'을 확실성을 취할 권리로 바꾸어놓았다. 우리는 현실 앞에서 끔찍이도 놀라운 겸손으로 살아가야 한다. 이 공간 안에서 하느님은 우리에게 추구하는 영을 주시고 이해하고자 하는 열망을 주신다. 내 생각에 동정심의 사람들 ―그리고 지혜로운 사람들― 을 창조해내는 것은 이런 계속된 이해 추구에서만 가능한 듯하다.

만일 여러분이 확실성을 취할 권리를 갖고 있다면 복음에서 그런 확실성을 여러분에게 약속해주는 데가 어디인지를 말해보라. 신약성경은 그 자체로 예수님이 전혀 사용하지 않았던 언어로 쓰였다. 만일 하느님께서 우리에게 증거와 이성적 증명 그리고 완벽한 명료함을 원하셨다면 예수님의 육화는 녹음기와 영상촬영기가 발명될 때까지 지연되었을 것이다.

분명하게 말하자면 이성적 확실성은 성경이 우리에게 제공해주지 않는다. 성경은 오히려 훨씬 더 나은 것, 즉 앎에 있어 완전히 다른 방식을 우리에게 제공해준다. ―늘 그리고 영원히 불확실한 세상에서 살아가는― 우리에게는 은총과 사랑과 자비와 용서가 생존을 위해 꼭 필요한 것이다. 여러분은 오직 확실성 없이도 살아가는 법을 알기 위해 충분할 만큼의 명료함과 토대가 필요할 뿐이다. 그렇다. 우리는 참으로 믿음에 의해 구원된다. 이렇게 살아가는 사람들은 절대 성장이 멈추지 않고, 쉽사리 패배하지도 않으며, 다른 이들에게 진솔한 즐거움을 주는 이들이다.

오스트레일리아의 선생이자 신학자요, 활동가이며 공동체 창설자인 데이브 앤드류스는 성 빅토르의 리처드가 해준 명료하고 통찰력 있는 금언을 현시대가 이해할 수 있게끔 다음과 같이 설명해 주고 있다.

한 개인이 되기 위해서는 한 사람의 인격이 필요하다. 그리고 한 쌍이 되기 위해서는 두 사람이 필요하다. 그런데 공동체를 이루기 위해서는 적어도 세 사람이 필요하다. 나는 "셋"을 의미하는 프랑스어 "trei"에서 온 영어 단어 "trey"로 이것을 설명하고자 한다. "삼인조"를 의미하는 이 단어는 더 짧고 기억하기 쉬운 단어인데, ―양뿐 아니라 질까지― 관계성의 잠재성에 들어있는 기하급수적인 폭발력을 만들어준다. 이 삼인조(trey)가 사람들에게는 개인적인 관심사를 넘어서는 가능성을 창조해준다. 사람들은 말하기를 이것이 바로 개인의 관심사를 넘어서는 공동의 동기 ―공동의 목적― 를 견지할 마음 자세의 시작이라는 것이다. 삼

> 인조는 공동체를 위해 핵심적인 안정과 안전을 조성해준다. … 삼위일체 안에서 표현되는 우주의 궁극적 현실이 위격들 서로 간의 관계성 속에 현존하는 공동체이기에, 우리는 이 삼인조가 사람들에게 하나의 개인성과 둘의 상호성 그리고 셋의 안정성, 종속성, 객관성과 더불어 서로에게 관계를 맺게 하는 유일한 방식이라는 것을 안다.[108]

쉼 없는 갈망과 만족의 역설

참된 그리스도인 삶과 삼위일체의 흐름 안에서 살아가는 것은 같은 것이다. ―그리고 이 흐름은 언제나 두 가지의 모순되는 것 같은 것들로 특징을 이룰 것이다. 첫째로, 세 위격이 자신들을 내어주고 바깥쪽을 향해 나아가려고 끝없이 갈망하는 것과 같이 계속해서 여러분은 더 많은 것을 열망하고 그리워하게 될 것이다. 이것은 일종의 신성한 불만족이고, 거룩한 불충분이며, 더 큰 생명과 사랑, 출산에 대한 거룩한 갈망이다.

하지만 이것은 공허나 부족을 느끼기에 오는 것이 아니라, 정확하게 말하면 여러분이 깊은 만족과 충만함을 건드려보았기 때문에 오는 것이다. 여기에는 늘 내가 할 수 있는 것이 더 있고, 내가 끌어안고 경험할 것이 더 있게 마련이다. 내가 섬기고 보살펴줄 사람들이 더 있다. 하느님이 나에게 주시고자 하는 것이 더 있고, 하느님이 나에게 바라시는 것이 더 있다. 성숙한 그리스도인 삶에는 여러 다른 시기에 이런 갈망이 드러나게 되어 있다. 이런 시기에는 절대로 "나는 온전히 거기에 다다랐다거나, 나는 모든 것을 갖고 있어"라고 말할 수 없다. 자만하여 우쭐하는 사람은 삼위일체의 흐름 안에 들어있는 것이 아니다. 그렇다면 어떻게 충만함과 여전히 더 많은 것에 대한 열망이 그렇게 아름답게 공존할 수 있을까. 나는 그것에 대한 답을 갖고 있지는 않지만, 그것이 사실이라는 것은 안다.

    삼위일체의 생명 안에서 여러분은 늘 일종의 깊은 만족을 느끼며 쉴 수 있다. 이것은 정말로 진정 좋고 훌륭한 것이다. 이 순간은 할 수 있는 가장 완벽한 순간이며, 이 순간에 나는 내가 선호하는 것들을 하나하나 열거할 필요도 없고, 어떤 판단이나 요구도 할 필요가 없으며, 모든 것에 대해 내 의견을 피력할 필요조차 없다. 판단하는 정신은 나를 계속해서 갈라지게 하고 일치를 깬다. 이것은 분명히 사도 바오로가 그리스도에 대해서 다음과 같이 말할 때 표현하고자 했던 것일 것이다. "하느님의 그 많은 약속이 그분에게서 예!가 됩니다."(2코린 1,20) 이것이 바로 세상이 주거나 앗아갈 수 없는 평화인 것이다.[109] 어떤 사람이 영원한 안식(Eternal Sabbath)을 근본적으로 누릴 수 없다면 그런 사람은 아직 삼위일체의 흐름 내부에서 사는 것이 아니다.

여기에 기쁜 소식이 있다. 그 모든 감정적 난제들과 유혹들, 정신적 혼란들은 이 평화에 있어서는 부정적인 힘이 된다. 이럴 때 이런 것들은 여러분을 다시 한 번 그 흐름 속에서의 평화로 초대하는 힘이 되기도 하기에, 그때마다 여러분의 자유는 증대된다. 이 점에 대해서는 나를 신뢰해보시라.

그러므로 삼위일체의 생명은 이 세상에서 일종의 아름다운 창조적 긴장을 견지하게 해줄 수 있다. 이때 우리는 의존하는 것에 대해 두려워하지 않을 뿐 아니라 자기-충족에 대해서도 두려워하지 않게 된다. 자신이 될 수도 있고, 다른 이들이 될 수도 있다. —이 모든 것은 삼위일체의 지속적인 교훈에서 찾을 수 있다. 13세기의 우리 프란치스칸 철학자이자 신학자인 요한 둔스 스코투스로 다시 놀아가 보면, 그는 이것을 선의 조화(the harmony of goodness)라고 말했다. 자신에 대한 진정한 사랑은 늘 다른 이들을 위한 사랑으로 넘쳐흐른다. 이것은 하나의 같은 흐름이다. 그리고 다른 이들에게로 사랑을 펼치고자 하는 여러분의 자유는 여러분에게 품격을 주고 자기 자신에 대한 힘을 부여해준다. 이것은 역설이 아닐 수 없다.

사실상 여러분은 다른 것들이 없다면 하나도 가질 수 없다. 여러분 자신에 대한 근본적인 존경심 없이 다른 이들을 사랑하고자 하는 것은 결국에 가서 그 자체로 상호의존이라는 끝없는 싸움만을 일으키면서 궁핍과 조작 그리고 지속 불가능한 열광으로 그치고 말 것이다. 자기 자신만을 사랑하고 다른 이들을 사랑하지 않으려 하는 것은 이른바 자기애自己愛(narcissism)라고 하는 것이다. 이것이 종교의 색채를 띠게 될 때 가장 위험해진다. 여기서는 하느님마저도 자기 출세를 위해 사용된다.[110]

여러분은 다른 무엇보다 먼저 모든 것에 대한 근본적인 존경심을 보이지 않는다면 그리고 여러분이 여러분의 정신으로 그 모든 것을 이해하기 전에 그 모든 것을 사랑하지 않는다면 그 어느 것도 알 수 없을 것이다. 이것이 바로 창세기가 전형적 낙원인 에덴동산에서 애초부터 우리에게 경고하는 바이다.[111] 여러분은 여러분이 먹는 것을 존경하고 존중하는 법을 알기 전에 금기된 지식의 나무 열매를 게걸스럽게 먹을 것인데, 그렇게 되면 자기 권리만을 주장하는 오만한 사람들이 될 것이다. 이때 모든 생명은 우리가 먹어 치워버릴 것들이 되고 말 것이다.

바오로 사도는 이런 패턴을 잘 요약해준다. "'우리 모두 지식이 있다'라는 것을 우리도 압니다. 그러나 지식은 교만하게 하고 사랑은 성장하게 합니다. 자기가 무엇을 (제대로) 안다고 생각하는 사람은 마땅히 알아야 할 것을 아직 알지 못합니다."(1코린 8,1-2) 신적인 앎은 겸손한 앎이고 알기 위해 욕심을 내는 앎이 아니다. 이는 다른 이들을 지배할 무기나 권력이 아닌 공동체를 건설하는 아름다운 과정이 된다. 여기에는 근본적인 존중이 있다. 사랑 없이 아는 것은 솔직히 한 영혼을 위해서나 사회 전체를 위해 참으로 위험한 것이다. 그렇게 되면 여러분은 여러분이 대하게 될 모든 것을 비판할 것이고 이런 반사적 냉소주의 상태를 "사고하는 것"이라고 할 만큼 자만심으로 가득 찰 것이다. 물론 이것은 그야말로 순간의 상황에 대한 에고의 자기애적 반응일 뿐이다. 여러분은 어떤 것에 대해서 너무도 재빨리 "나에게" 혹은 "나보다" 열등하거나 우등한 것으로 판단해 버린다. 여러분의 그런 판단이 대부분은 그르다는 것을 발견하게 될 것이다.

선과 악을 알게 해줄 것이라고 약속해주는 신적 지식의 나무 열매를 먹는 것이 바로 죽음의 나무가 된다.[112] 인간의 모든 앎은 "불완전하고", "거울을 통해 보듯이 어둡게 보이며"[113] 반드시 겸손과 인내로써 견지해야 하는 것이다.

그러나 하느님은 "동산의 모든 나무 열매를 먹는 것을" 허락하시는 자유를 사용하셔서 엄청난 위험을 무릅쓰신다.(창세 2,16) 우리는 또한 "생명의 나무에서마저도 열매를 따 먹고, 영원히 살 수 있도록" 허락되기까지 했다.(창세 3,22) 그런데 성경 내용을 자세히 살펴보면 "이 생명나무 열매를 따 먹으면 안 되는" 유일한 이들은 자신들이 오만하게 "선과 악을 알아서 하느님과 같다"고 생각하는 이들이라는 것을 알 수 있다.[114] 이것이 바로 인간의 근본적인 자만심이다. 대단한 통찰이다. 창세기 본문은 그러한 인간의 앎이 인간을 생명으로 이끌어주지 않고, 오직 죽음으로만 이끌어준다는 것을 알았던 것 같다. ―그래서 창세기의 창조 이야기가 참으로 깊이 있는 영감 속에서 쓰이지 않았다고 말하는 사람이 없어야 한다. 야훼YHWH께서 당신 자신을 복수형(우리 가운데 하나)으로 말씀하신다는 것에 주목해 보자. 이것은 유일신 종교의 관점에서 볼 때 매우 놀라운 일이다.

우리는 사실에 대한 지식이 있을 때 모든 지배권과 모든 발언권을 가질 수 있는 세상에 살고 있다. 이 세상에는 박사학위를 지닌 지식인과 엄청난 양의 정보를 지닌 권력을 행사하는 기술 분야의 전문가들이 너무도 많다. 그러나 우리는 세상의 선善

을 위해 이 넘쳐나는 지식을 사용할 참으로 소중한 능력이 거의 없다. 그저 우리는 우리 자신의 우월성을 위해서만 그것을 사용한다. 이런 사람들이 어쩌면 나쁜 사람들은 아닐 것이다. 그러나 그들에게 부족한 것이 있다면 그것은 그들이 삼위일체를 본떠 생겨난 모든 것이 "선하고, 진실하며 아름답다"(스콜라 철학에서 이 세 가지를 "존재의 초월적 특징"이라고 함)라는 것과 그 모든 것이 어떤 점에서 언제나 사랑스럽다는 것을 자각하지 못한다는 것이다.

이것이 요한 둔스 스코투스가 말하는 "존재의 일의성(univocity of being)"이고, 이 개념은 프란치스칸 학파에서 계속 견지되어 왔다.[115] 우리는 "하나의 목소리"를 지닌 존재의 모든 차원에 대해 말할 수 있다. ―식물에서부터 시작해서 동물과 인간 그리고 하느님에 이르기까지. 나는 여러분이 시인들과 신비주의자들 그리고 선지자들 모두에게 있어 일종의 깨달음의 빛이었던 것을 인식하기를 희망한다. 그 깨달음이란, 모든 것은 그것을 우리가 완전히 알기 전에도 완전히 사랑스러운 것이라는 사실이다. 이와는 반대로 "도미니코 학파"의 입장에서는 모든 것은 알아야만 사랑할 수 있다고 가르친다.

몸을 기초로 하는 앎

우리는 우리 삶에서 하느님의 사랑을 구체화하도록 불렸다. 그저 그것을 생각하고 말하고 그것에 대해 기도하는 것이 아니다. 우리는 그 사랑을 우리 내장과 우리 근육, 우리 심장, 우리 눈, 우리 귀, 우리 혀로 살아내야만 한다. 우리는 사랑과 동정을 키워 나가기를 추구하는 다른 이들과 더불어 삶의 일상적 리듬을 나눌 때 그 사랑을 드러나게 할 수 있다. 그런 사랑은 하느님 내부에서조차 자연스럽게 공동으로 표현된다. 그리스도인들은 하느님 안에서 전통적으로 성부와 성자와 성령이라고 하는 위격들의 삼위일체를 인식한다. 이것은 서로를 위한 자기 내어줌의 사랑이고, 단테의 말을 빌리자면 이것은 "해와 별들을 움직이게 하는" 사랑이다.[116]

여기서 기본적인 "성사적 원리"는 이것이다. 우리는 영적인 것들을 물리적 세상과 육체적 행위들을 통해 알 수 있다.

나는 1960년대 신학교 시절 성사신학 수업 때에 노인이셨던 루카 신부님이 세례를 주는 법을 가르쳐주었던 것을 기억한다. 그는 꽤 엄격한 타입이었다. 우리가 어떻게 하는 것이 옳은 것이고 그른 것인지를 모두 알려주었지만, 그가 마지막으로 고집한 한 가지는 이것이었다. 물이 흘러야 해! 만일 물이 흐르지 않는다면, 그리고 그 물이 보기에 "생수生水"가 아니라면 그 세례는 제대로 된 것이 아니라는 것이었다. 일반적으로 세례에 있어 중요한 것은 성사 집행에 있어서 '말'이라고들 하는데, 그때는 잘 알지 못했지만, 나는 엄격하셨던 그 루카 신부님이 옳다고 생각한다.

세례는 위험을 감수하는 것, 즉 흐르는 물에 빠지거나 잠겨 죽는 것에 대한 상징이고,[117] 몸에 근거한 상징이며, 대부분의 그리스도교 종파에서 세례성사의 공식 기도문은 여전히 삼위일체에 근거한다는 것이 가장 중요하다. 여러분은 예수님의 이름으로 세례를 받은 것이 아니라, 마태오복음 28장 19절에 근거하여 정확하게 "성부와 성자와 성령의 이름으로" 받은 것이다. 물론 모든 생명은 객관적으로 볼 때 흐르는 것에서부터 시작하지만, 세례는 그 생명에 대한 여러분의 주관적 실현이며 그 생명에 대해 긍정적인 감사를 표하는 의식이다. 대부분의 성사에서처럼 변모의 모습이 정확하게 드러나는 때가 드물지만, 적어도 그러한 변모의 순간이 중요하고도 가능하다는 것을 선포하는 것이 바로 세례성사다.

그렇게 해서 우리는 "성호"라고 하는 교회가 오랫동안 실행해 온 놀라운 몸의 언어(일종의 간단한 "요가")를 갖게 되었다. 이것은 이 책의 뒷부분에 있는 "삼위일체와 춤추기 —일곱 가지 실천"에서 더 잘 다룰 것이다. 나는 여기서 맛보기로 이것에 대해 언급하고 싶다. 우리 대부분은 어렸을 때부터 성호를 긋는 행위를 해왔다. 다른 그리스도교 전통들은 좋게 얘기하자면 이것을 별로 중요하게 여기지 않았거나, 안 좋게 얘기하자면 이것을 미신이라고 여겨 이 실천 행위를 받아들이지 않았다. 여러분이 만일 이 성호를 긋는 행위를 전혀 해보지 않았다면, 그 중요성을 숙고해보시길 바란다. 그리고 만일 여러분이 성호를 긋는 것에 익숙하다면 —아마도 과도할 정도로 익숙할지 모르지만— 나는 여러분이 의식적이고 신뢰심 가득한 자세로 성호를 그어 보길 바란다.

무엇보다 먼저, 이 의식 자체가 우리에게 말해주는 바는 우리 몸에서 뭔가가 일어난다는 것을 우리가 알 수 있다는 것이다. 즉 우리 몸이 누구의 "이름"으로 생명을 지니고 살아가고 움직이며 존재하게 되는지를 상기하게 된다.[118] 어떤 이들은 이것을 "운동감각적 앎(kinesthetic knowing)" 혹은 근육의 기억이라고 부른다. 사람들 대부분이 읽고 쓸 수 있기 전에는 여러 문화와 민족들에게 있어 이 성호를 긋는 행위는 의심의 여지없이 사람들이 몸과 세

포의 차원에서 현실을 아는 방식이었다.

그러나 이제 한번 성호의 동작을 살펴보도록 하자. 우선 머리에서 시작하는데, 내가 생각하기로는 시작하는 위치가 조금 이상하긴 하지만 우리가 거기에서부터 움직여간다는 것을 알아차릴 수 있다고 본다. 성부의 이름으로가 시작점이다.

그런 다음 우리는 손을 우리의 심장과 가슴을 거쳐 배아래쪽까지 내린다. … 성자의 이름으로 모든 피조물, 즉 "더 밑에 쪽"의 세상인 물리적 세상을 끌어안는다.

그리고 나서 성령의 이름으로… 한쪽 어깨에서 다른 쪽 어깨로 손을 옮기면서 온갖 종류의 다름이 존재하는 온 세상과 더불어 선을 긋는다.

이것이 구체화하는 동작의 의미는 실질적으로 매우 명확하고 정확하다. 나는 지금 새로운 이름 아래서 그리고 그 이름 안에서 존재한다는 것이다. 리처드라는 내 이름으로가 아니라 삼위일체의 정체성으로 존재한다는 것이다. 나는 참으로 각인되고 서명된 존재가 될 것이다.

우리는 이 온전한 전체 안에 서 있는 것이다. 이것은 참으로 대단하면서도 짤막한 몸 기도이다. 다시 말하지만, 여러분이 성호를 긋는 전통을 모른다면 한번 시도해보길 바란다. 그리고 여러분이 만일 이것을 별생각 없이 형식적으로 해왔다면 암기된 행위를 내려놓고 내가 말한 의미를 떠올리며 동작 하나하나마다 숨과 더불어 실행해보라. 삼위일체 신학은 여러분을 머리에서부터 흐름 속으로 움직이게 하는 힘을 갖고 있다. 그것은 우리 몸과 가슴에서 더 잘 경험되는 것이다.

이에 대한 또 다른 실례를 들어보겠다. 2000년 즈음 나는 사순시기 40일 은수처 피정을 한 적이 있었다. 피정 거의 마지막 때 내면의 흐름과 행복 그리고 살아있음이 내 온몸에 느껴졌다. 그때 나는 내가 영원히 치유되고 확장된다고 느꼈다. 그리고 19세기의 사제 시인인 제라드 맨리 홉킨스Gerard Manley Hopkins의 잘 알려지지 않은 시를 떠올렸다. 제목은 "금빛 메아리(The Golden Echo)"이다.

> 이른 지금 죽음 훨씬 이전에 그것을 전해주어라.
> 아름다움을 돌려주어라. 아름다움, 아름다움, 아름다움을
> 하느님께, 아름다움 자체이신 분이며 아름다움을 주신 분께.[119]

또 다른 곳에서는 이런 내용이 나온다.

> 이, 이 모든 활짝 피어나는 아름다움을,

이, 이 모든 뿜어져 나오는 신선함을,

소비할 가치가 있는 동안 하느님께 드려라.[120]

나는 홉킨스가 내 체험을 거의 완벽하게 묘사한 것 같이 느껴진다. 이것은 우리가 그런 놀라운 흐름과 더불어 살아간다면 여러분이나 나 똑같이 이 같은 경험을 분명히 하게 될 것으로 나는 안다. 그래서 나는 얼마 남지 않은 그 며칠간 아침저녁으로 가파른 언덕을 오랫동안 오르내리다가, 다시 언덕 위로 올라와서는 기쁜 마음으로 내 앞에 펼쳐진 봄꽃으로 장식된 선인장으로 뒤덮인 드넓은 계곡을 응시할 수 있었다. 나는 그 시의 말들 하나하나를 떠올리며 숨을 쉬는 법을 배웠다. 시 전체를 외는 것을 멈추고 숨을 내쉬면서 "아름다움"을, 숨을 들이쉬면서 "돌려드림"을 떠올렸다. 그 피정 기간에 나는 성체성사에 거의 참여하지 않았다. 그 대신 나는 거의 온종일 시간과의 친교 안에서 사는 법을 배웠다. 나는 이것이 바로 어떤 성사나 의식이든 그것이 지닌 참된 목적이라고 생각한다.

여기에는 많은 시간이 필요한 것은 아니다. 그리고 대단한 신학적 지식이 필요한 것도 아니다. 또한 많은 교육이 필요한 것도 아니다. 게다가 엄청난 도덕성이 필요한 것도 아니다.

여러분은 그저 걷고 숨 쉬고 주고받기만 하면 된다. 짜잔! 이 때 여러분은 흐름 속에 있는 것이다. 그리고 이것은 그저 생각만 한다고 되는 것이 아니다.

이것은 여러분이 우주의 비밀을 아는 것과 같다. 그렇지만 여러분은 이것을 누구에게도 증명해 보일 수 없다. 마치 내가 여러분에게 지금 어느 것도 "증명"할 수 없는 것처럼 말이다. 그렇다 하더라도 이 흐름 속으로 들어서는 것만으로도 여러분이 영원히 행복해지기에 충분하다. 여러분의 여생을 만족하며 살아갈 수 있기에 충분하다. 이것으로 여러분도 문제없고, 세상도 문제없다는 것을 알기에 충분하다. 이것이 바로 삼위일체 하느님의 흐름에 사로잡혔을 때 일어나는 일이다.

십자가의 성 요한도 이와 같은 기쁨으로 깨어나는 것, 이와 같은 존재 안에 사로잡히는 것 그리고 예수님과 한 공간에서 숨을 쉬는 것에 대해 말한다.[121]

우리도 예수님께서 즐기신 것을 즐길 수 있다. 왜 그럴 수 없겠는가.

많은 것이 하나에 속한다

우리가 앞에서 얘기한 고대의 철학적 수수께끼, 즉 "하나이며, 많은 것"을 기억하는가.

우리 대부분은 다수이면서도 하나일 수 있는 법을 알지 못한다. 건강하지 못한 종교에서 우리는 모든 사람이 같아지게 해야 한다는 병적 필요까지 느낀다. 교회는 계속해서 "죄인들"과 버림받은 이들, 내쳐진 이들, 극도로 궁핍한 이들을 초대하시는 예수님의 성대한 향연이 아니라 더더욱 배타적인 기관이 되어왔다.

예수님은 사실상 "고을 어귀로 가서 선한 사람 악한 사람 할 것 없이 만나는 대로 데리고 오너라"라고 말씀하신다.

마태오복음 22장을 보시라. 내가 지어낸 말이 아니다. 예수님이 하신 말씀이다.[122]

그런데 우리는 이런 것을 좋아하지 않는다. 그렇지 않은가.

우리는 여기에 우리와 함께 "그런 사람들"이 있는 것을 원치 않는다. 우리는 아마도 "그곳에" 그들을 위해 돈을 보내거나 선교사들을 보낼 테니, 제발 그런 이들을 우리에게 데려오지 말라고 할 것이다.

하지만 우리의 속 좁은 문화는 그런 다른 이들을 "나쁜 사람들"이라고 규정하였다. 왜냐하면 에고는 획일성에 대해 훨씬 더 편안해하기 때문이다. 그리고 나처럼 생겼고 나처럼 말하는 사람들은 내 경계구역을 위협하지 않기 때문이다.

다른 이들을 위해 그런 경계구역에 대한 자신의 주장을 완전히 다 내려놓는 삼위일체 하느님과는 이 얼마나 대조적인가. 삼위일체의 각 위는 다른 위에 의해 온전히 받아들여지는 것을 받아들인다.

이것은 아마도 우리 모두의 영적 여정에 있어 핵심점일지도 모른다. 우리도 받아들여진다는 것을 받아들이는 것과 가서 그와 같이 사는 것, 이것이 핵심이다. 그러나 그렇게 할 수 없는 것은 많은 경우에 우리는 자기-고발과 자기-학대를 살아가기 때문이다. 우리는 우리가 그리스도의 몸이 아니고, 이 말은 부당하고, 그래서 그분과 연결되어 있지도 않다는 것을 너무도 확신한다. 그래서 우리는 일치의 문제가 단 한 번에 영원히 해결되었다는 기쁜 소식에 대한 감각을 잃은 것이다.

여러분은 하느님과의 일치를 여러분 스스로가 만들어낼 수 없다. 그것은 이미 객관적으로 여러분에게 주어진 것이다. 여기에는 두 부류의 다른 사람들이 있다. 하나는 이러한 일치에 의식적으로 끌려 들어가는 이들이고, 다른 하나는 그렇지 않은 이들이다.

다시 한 번 반복해 보겠다. 두 부류는 하느님께 일치하는 이들과 그렇지 않은 이들로 나뉘는 것이 아니다. 그래서 결국 시편 저자가 이렇게 물었다.

> 당신 얼을 피해 어디로 가겠습니까?
> 　당신 얼굴 피해 어디로 달아나겠습니까?
> 제가 하늘로 올라가도 거기에 당신 계시고
> 　저승에 잠자리를 펴도 거기에 또한 계십니다. (시편 139,7-8)

우리는 모두 하느님과 일치되어 있는데도 우리 중 몇 사람만이 사실을 안다. 우리 대부분은 이를 부정하고 의심한다.

솔직히 말해서 이 사실이 진실이기에는 너무도 좋은 것이다. 그래서 사람들이 이것을 기쁜 소식이라고 말하는 것이다. 그런데 이렇게까지 좋을 수 있어? 그렇다! 그래서 기쁜 소식이라는 이름과 명성이 나오게 된 것이다.

그런데 우리가 이 사실에 그렇게까지 반발하는 데에는 더 깊은 상처가 있기 때문이다. 우리가 받아들여진다는 것을 받아들이는 것은 묘하게도 우리가 힘을 잃는 순간에 ―내 말을 잘 생각해 보라— 처음으로 경험한다는 것이다.

에고는 스스로가 뭔가를 만들어야지 다른 이들이 만들어주는 것을 원하지 않는다. 이것이 바로 우리가 은총과의 관계에서 겪는 문제이다. 사랑하는 독자여, 은총이 사실이라면 그리고 우리가 모두 하느님의 자비에 의해 구원된다면, 왜 그렇게 계속해서 어떤 특정한 한계점을 설정하려고 할까.

우리는 우리 식의 사랑을 하느님에게 투사한다. 우리의 사랑은 수혜자가 참으로 사랑을 받기에 합당하냐 아니냐에 따라 정해진다. "그 여자는 예뻐, 그 남자는 멋져." "나는 네가 아주 예쁘거나 아주 멋져서 넓은 마음으로 너를 사랑하기로 했어."

물론 이것은 사랑과 거의 관련이 없지만, 그것을 우리는 사랑이라고 느낀다. 어쩌면 이것이 사랑으로 나아가는 데 있어 첫걸음인지 모른다. 우리는 그 대상이 그 사랑을 받을 만한 자격이 없는 사랑에 대해서는 상상조차 할 수 없다. —그래서 우리는 가능한 한 우리를 사랑받을 만큼 매력적이고 합당하게 만들려고 하면서 우리 자신을 깨끗하게 손질하려고 한다.

우리는 과연 우리가 생각하는 종교적 아름다움의 기준을 창밖으로 던져 버리고 그 대신에 하느님의 보편적이고 우주적인 참 현실을 과감하게 끌어안겠는가.

하느님은 여러분이 선하기에 여러분을 사랑하시는 것이 아니다. 하느님은 하느님이 선이시기에 여러분을 사랑하신다.

나는 이 시점에서 이것에 대해 더 설명하지 말아야 한다. 그리고 이제 더 할 말도 없다. 사실 이것을 내면화하는 데는 여러분의 여생 전부가 필요할 것이기에 중요한 것은 말이 아니라 여러분의 삶이다.

우리의 자기애적 자아는 이 현실을 이해하는 법을 알지 못한다. 아쉽지만… 사실 지금은 내가 여러분을 위해 할 수 있는 것이 아무것도 없고, 또 여러분을 더 앞쪽으로 데려갈 수 있는 방도도 없다.

여기서 더 얘기하면 에고의 이야기밖에 되지 않는다. 에고는 은총을 애써 얻어낸다는 것을 증명하고 싶어 한다. 바오로 사도가 에페소서 2,4-10에서 말하듯이 이렇게 될 때 문제는 은총이 더 이상 은총이 아니라는 것이다. 이럴 때 여러분은 하느님이 늘, 언제나 선제권을 쥐고 계신다고 하는 이 은총의 상호성에 마침표를 찍어버리는 셈이 된다.

심지어 여러분이 기도하고 싶어 하는 순간까지도 은총이라는 자기장 중심 안에서 하느님이 어떻게든 여러분을 붙들어서 여러분 안에 이미 기도를 계시하셨는데도, 여러분은 이렇게 말한다. "오! 난 기도하고 싶어." 이 순간에도 여러분은 하느님께 감사드려야 한다. 이것은 마치 귀소본능 장치(homing device)와 같은 것이다. 우리 안에 계신 성령은 계속해서 영원한 일치의 즐거움을 향해 우리를 방향 지어 주기 위해 다시 또다시 신호를 보내신다.

여러분이 누군가를 사랑하고 싶어 하거나 용서하고 싶어 할 때는 언제라도 여러분의 귀소본능 장치가 작용하고 있다. 성령이 우리 고향인 친교의 일치로 우리를 부르시는 것이다. 우주는 우리가 생각하는 것만큼 생소할 뿐 아니라 우리가 생각할 수조차 없을 만큼 생소한 것이라는 점을 우리는 지금까지 얘기해 왔다.[123] 우리는 우리 논리가 무너져 내려야만 우주의 본질뿐 아니라 삼위일체의 신비도 이해할 수 있게 된다.

이 우주적 춤의 한 부분이 된다는 것은 오직 경험적으로만 알 수 있다. 그래서 나는 향심기도와 관상을 가르치는 것이고, 또한 지성으로 하는 모든 종교의식과 예절을 가르치는 것이다. 이는 여러분을 연약하고 벌거벗겨진 상태로 이끌려는 것이다. 여기에서 여러분은 우월함이 문제가 되지 않는다는 것을 알게 된다.

여러분은 거기에서 벌거벗겨진 자신의 모습인 채로 앉아있어야만 한다.

하느님이 여러분에게 다다르기를 원하셔서 삼위일체 체험이 여러분 안에서 살아있게 하기를 원하신다면 이 한계 순간이야말로 하느님께는 최선의 기회인 것이다.

하느님의 힘 영역에 들어서기

우리가 더 위대한 통찰력에 "우리의 마음을 맞출"[124] 때, 물리학의 비유(중력과 전자기장, 빛 등 이 모두가 가능함)를 빌리자면 우리는 하느님을 힘의 영역처럼 경험하기 시작할 것이다. 그리고 우리가 그것을 알든 알지 못하든, 힌두인이든, 불자든 모든 민족과 국적을 막론하고 우리는 모두 이미 이 힘의 영역 안에 있는 것이다. 하느님은 멕시코와 미국 국경이나 이스라엘과 팔레스타인 국경, 남한과 북한의 국경 혹은 사막의 어떤 국경에서도 멈추시지도 않고, 또 거기서부터 시작하시지도 않으시고 그저 계속해서 움직이신다. 이렇게 사람들이 만든 "힘의 영역들"은 모든 것을 감싸 안는 하느님의 힘의 영역에 비하면 그 에너지의 힘이 한

없이 무색할 뿐이다.

여러분이 자신들의 자그마한 자기집단과 자기가 구축한 정체성이 마치 영원히 지속되고 본래 의미가 있는 것처럼 생각하며 그것들을 보호하기 위해 애쓰는 사람들을 본다면, 여러분은 그들이 순전한 현실을 아직 경험하지 않았음을 알 것이다. 여러분이 여러분의 생명을 통해 순수한 현실의 흐름을 흐르게 할 때 여러분은 가장 참된 의미에서 가톨릭적인 사람이다. 왜냐하면 가톨릭이라는 단어는 우주적이라는 의미를 지니기 때문이고, 그런 사람은 인간들이 만들고 싶어 하는 자그마한 경계구역을 넘어서 사는 사람이기 때문이다. 사도 바오로는 다음과 같은 창조적인 말을 한다. "우리는 하늘의 시민입니다."(필립 3,20)

나이가 들어감에 따라 나에게 있어 '믿음'이란 것은 그 힘의 영역을 받아들이고 신뢰하는 매일의 마음 자세라고 여겨진다. 그 힘의 영역이 선하고 전적으로 내 편이며 내가 이미 그 안에 있다는 것을 알기에 이런 신뢰와 받아들임이 가능하다. 이것 외에 내가 어떻게 평화 안에 있을 방법이 있겠는가. 이밖에 달리 오래 지속되는 대안은 내 일생에서 찾아보지 못했다. 오직 이런 신뢰와 받아들임 안에서만이 정신 안에서 뭔가를 정리하고자 하는 것과 처리해야 할 정신적 문제들을 만들어내는 것을 멈출 수 있다. 인간 정신은 그와 같은 다람쥐 쳇바퀴 안에서 살아간다. 20세기 초반의 선생 우스펜스키P. D. Ouspensky는 우리 의식으로부터 "기계적인 형태의 마음 자세를 분리해내어 의식적인 것이 얼마나 적은지, 그것이 얼마나 작용을 하지 못하는지 그리고 이 기계적인 형태가 얼마나 강한지를 보도록 초대하였다. 기계적인 태도, 기계적인 의도, 기계적인 사고, 기계적인 열망." 우리에게 가장 깊숙이 주어진 선물과 상처는 무의식 속에 놓여있다. 이 의식 안에서 우리를 움직여주는 기도의 형태들만이 큰일을 할 수 있다.

삼위일체를 통해 이 초대에 들어서기 위한 길은 그리스도 마음 안의 상향 조정된 의식을 내려 주시는 성부께 의탁하면서 여러분 내면에 있는 자동조타장치가 어떻게 작동하는지를 보기 위해 "거룩한 도우미"(성령)를 깨어 바라봄으로써 여러분의 마음을 새롭게 하는 것이다.[125] 이것을 풀어가 보자.

이런 자각과 내려놓음, 흐름 안으로 들어서는 길은 이미 우리 존재 안에 놓여있으며, 이 현실을 묘사하는 많은 방식이 있다. 오늘날 여러 가지 다른 단어들을 사용하여 이에 대해 가르쳐주는 훌륭한 선생들이 많이 있다. 이들은 모두 우리 마음 안에 몰려왔다가 사라져가는 생각들을 관찰할 수 있는 이 조용한 장소

에서 쉬는 법을 우리에게 가르쳐 준다.[126]

　이렇게 쉬는 상태를 마치 하느님 백성과 더불어 여정을 하는 하느님 현존의 표지인 계약의 궤 위에 있는 "속죄 판(mercy seat)"과 같다고 생각해보라. 이 계약의 궤는 양쪽으로 탁 트인 쪽에서 금으로 만든 커룹들이 보호하고 지켜주는 궤이다.[127] 그렇게 현존을 지켜주는 것은 어떤 사람이 그러한 힘의 영역이 존재한다는 것을 자각하게 되는 것과 정확하게 같은 것이다. 여러분은 여러분 내면의 영역을 지키고 보호해야 한다. 이것이 바로 야훼가 이스라엘 백성에게 "내가 그곳에서 너를 만나러 오는 곳"[128]이라고 말한 장소다. 그러나 사람들 대부분 자기 내면의 증거 하는 현존, 고요한 내면의 선지자가 거하는 그 장소가 텅 빈 것 같아서 그곳을 지키고 보호하는 훈련이나 인내를 배우지 못한 것 같다. 여러분은 여러분을 위해 이것을 배워야만 한다. 성령은 여러분 안에서, 여러분과 더불어, 여러분을 위해 행하고 사랑하는 일을 한다.[129] 이것이 참으로 그리스도교적이고 관상적인 인식론의 핵심점이다. 그렇지만 너무도 적은 사람들만이 이미 주어진 이 선물에 대해 알고 있을 뿐만 아니라 심지어 그 몇 사람도 종종 공식적인 직무를 통해서만 알게 되는 것 같다.

　그리스도인 대부분은 관상에 대해 배워보지 않았다. 관상은 여러분 안에 심겨 있는 증거 하는 현존 안에서, 그 현존과 더불어 거하는 법을 배우는 것이다. 물론 이 증거 하는 현존이란 성령[130]이고, 계약의 궤가 이를 거의 완벽하게 상징해준다. 여러분이 두 커룹처럼 여러분의 위험스럽고도 양쪽으로 탁 트인 일시적인 느낌과 생각들[131]의 공간을 잘 "지킨다면" 여러분은 실제로 속죄 판 위에 자리를 잡을 수 있을 것이다. 그리고 그곳이 바로 하느님이 성령 안에 거하시는 장소다. 그렇다면 의식이라고 하는 물 위를 떠다니는 부표들이나 폐기물들이 여러분을 함정에 빠지게 하거나 감옥에 가두는 힘을 거의 갖지 못할 것이다.

사람들 사이의 중요한 차이점은 이 공간을 그런 흐름으로 차게 하는 이들과 그렇지 못한 이들 사이에 있다. 관상하는 이들의 모범인 마리아처럼 "그것이 여러분에게 이루어질 것이며"[132] 여러분은 그저 그것을 받아들일 수 있을 뿐이다.

항상.

여러분 내면의 금 커룹들로 여러분의 의식이 자리 잡는 영역을 잘 지켜라. 양쪽은 대개 어떤 주장이든 간에 늘 반대되는 두 개의 의견들을 말한다. 어느 한쪽을 택하는 대신 그들 사이의 공간에 있고자 한다면 그 현존이 늘 자신을 드러내 보일 것이다. 그렇게 되면 참으로 이 커룹들은 에이브러햄 링컨이 미국 내전

동안 도움을 청했던 것처럼 "여러분 본성의 더 나은 천사들"이 될 것이다. 그렇다면 이 커룹들은 흔히들 말하는 "세 번째 힘"의 출현을 가능케 할 것이다. 이 힘은 양극단의 힘들보다 더 넓고 깊다.

비둘기나 불, 물 혹은 불어오는 바람이든 성령의 이 세 번째 힘이 당신 자신을 드러내 보일 것이다.

여러분은 이때 이동하는 계약의 궤가 될 것이다. 그리고 여러분은 그 현존이 당신을 드러내는 공간을 지키고 떠받치게 될 것이다. 그러나 이 현존, 힘의 영역은 이미 여러분 안에 내재되어 있다.[133] 이 힘은 그저 받아들여지고 인정되기만 하면 된다.

다름을 항상 창조하신다

우리가 잘 관찰해보면 성령의 일은 항상 다름을 창조해내고, 그것을 충만하게 받아들이는 것이다. 다른 많은 형태와 끝없는 다양성을 창조해내는 것이 성령의 계획인 모양이다.

존재 안에서 다름(otherness)을 창조해내고 보전하는 것.

하느님은 분명히 다양성을 사랑하신다. 여러분이 이 세상 안에서 존재의 다른 형태나 모양 혹은 방식을 상상도 하지 못할 때라도, 한번 자연을 주제로 하는 텔레비전 채널을 보면 ―아니 그냥 밖으로 나가 보라!― 바다나 창공 혹은 땅에 여러분이 상상하거나 그려보지도 못한 것이 있다는 것을 알게 될 것이다.

그런데 여러분은 하느님이 무수한 형태들을 창조하신 후에 무엇을 하시는지 아는가?

하느님은 그들 안으로 들어가셔서 거기에서 거하시고, 또 창조의 모든 놀라운 행위 안에서 하느님의 내면의 자아를 드러내 주신다. ―그곳에서 흐르시고, 사랑하시고, 누리시면서 말이다. 우리는 이 내면에 거하는 창조적 사랑의 흐름을 성령이라고 말한다. 그분은 모든 것 안의 하느님 현존이시다. 이것이 바로 그리스도인들이 "육화(Incarnation-enfleshment)"라고 부르는 패턴으로서, 맨 처음에 이루어졌고 영원히 계속해서 이루어지는 패턴이다. 요즘 과학에 의하면 이런 패턴은 130억 년이나 140억 년 전에 시작되어 아직도 확장하고 있는 것으로 보인다. 우리는 이제 그것을 종종 "빛이 생겨라"라고 하는 순간 혹은 "빅뱅"이라고 부른다. 그들은 같은 것에 대해 말하고 있다. 종교에서 쓰는 단어가 과학으로 스며든 것이고, 현대 과학에서 말하는 바가 종교로 스며들고 있다.

그래서 육화는 단순히 예수님에 관한 것이 아니라 하느님 모상으로 창조된 여러분과 나에게도 어떻게든 확장되는 것이다. 창세기는 심지어 하느님이 모든 짐승을 아담에게 데려가 그들에게 일일이 이름과 그 품위를 주게 한 후[134] "모든 것이 이루어진 것으로"[135] 창조에 대해서 말한다. 놀랍게도 이것이 하와의 창조보다 앞선다는 것인데,[136] 나는 이것을 암수 한 쌍보다 존재의 다수가 더 앞서는 것이라고 해석한다. 한번 보자. 아담은 처음에 모든 인류의 전형이자 대표이지 남성성의 상징이나 역사적 남성이 절대 아니다. 성의 분리(sectare = sex)는 태초의 하나 됨(oneness)을 앞서지 않는다. 그리고 성경은 여성이 남성으로부터 파생되었다고 가르치지 않는다. 물론 성경이 그렇게 말하는 것같이 보이기는 하지만 실제로는 그렇지 않다.

지금까지 그렇게 많이 인식되지는 않았던 중요한 점은 "피조물(전체)도 멸망의 종살이에서 해방되어, 하느님의 자녀들이 누리는 영광의 자유를 얻을 것이고"(로마 8,21). "다 함께 탄식하며 진통을 겪고 있음을 알고 있다"(로마 8,22)는 것이다.

"다시 태어나고" "또다시!" 태어나는 것은 개별존재에게 먼저 적용되는 것이 아니라 우선 피조물 전체에 적용된다. 물론 여기에는 심오하고 엄청난 의미가 함축되어 있다. 여기서 그만큼 중요한 것은 유대-그리스도교 전통을 살아가는 이들이 진화를 인지하고 존중했어야 할 첫 번째 사람들이라는 점이다. 많은 그리스도인이 진화의 개념 자체와 싸웠다는 사실은 성령에 대한 우리의 개념이 얼마나 부족했으며, 그것이 마음으로 이해한 것이 아닌 외부로부터 들어와 알게 된 지식이었는지를 말해준다. 하느님은 우리 대부분에게 있어 여전히 "저 멀리" 계신 분이시다.[137]

묘한 것은 "하늘의 새와 모든 들짐승"(창세 2,20)은 인간들처럼 이 흐름을 저항하고 부정하거나 멈추게 하지 않는다는 것이다. 그들은 이렇게 말하지 않는다. "오, 난 개인데, 난 고양이가 되고 싶어." "씨를 맺는 풀과 씨 있는 과일나무들"(창세 1,11)도 자신의 운명에 대해 불평하지 않는다. 그들은 기꺼이 가뭄과 홍수, 산불 그리고 우주 전체가 참여하고 있는 끝없는 형태의 순환 과정을 받아들인다. 자연스럽게 내재하는 은총을 인간들은 단순한 "본능"으로 치부해 버리는 반면 다른 모든 존재는 생명의 흐름으로 받아들인다.

우리가 보기에 모든 피조물은 그들이 그들인 바를 좋아하고 다름을 받아들인다. 그러나 우리 인간들의 이야기는 다르다. 그렇지 않은가. 우리는 우리인 바를 좋아하지 않고, 설상가상으로 우리는 늘 다른 누군가가 되기를 바란다. 우리는 흉내 내고 부러워하는 것을 좋아한다. 우리는 우리가 더 날씬하고 싶어 하거나, 더 키가 크고 싶어 하거나, 더 잘 생기기를 바라기도 하고, 때로는 이 멋진 순간에 알맞게 우리가 창조된 것을 원치 않고 이 작은 육화보다는 그것이 무엇이든 간에 다른 그 무엇을 원하면서 우리의 본질을 그런 열망과 맞바꾸고자 하였다. 우리는 "바로 이것"에 들어있는 은총을 발견하기가 참 어렵다.

하느님에게 돌려드릴 수 있는 모든 것과 하느님이 원하시는 모든 것은 하느님이 우리에게 이미 주신 것이다. 육화의 이 자그만 순간과 감사의 정으로 위대하고 영원하신 "나다!(I AM)"를 메아리쳐 주는 이 자그마한 "나인 바"가 바로 그것이다.

하느님이 위대한 나(I AM)라면, 우리는 악/사탄이 "내가 아니야!"의 존재라고 말해야 할 것이다. 사탄은 언제나 다른 이들을 고발하고(사탄=고발하는 자) 인간들의 실체를 부정하는 자("거짓의 아버지")이며, 거부하고 반대하며 피조물을 갈라놓는 일을 자신의 첫째가는 임무로 삼는 자이기 때문이다.[138]

요즘 신경과학에서는 두려움과 부정 그리고 미움은 찍찍이처럼 신경계통에 잘 들러붙는 반면 긍정과 감사, 이해와 인정은 신경계통에 테플론처럼 떨어져 나간다고 말한다는 것을 상기해보자. 그러나 적어도 15초 이상, 이 긍정적 사고들을 음미하고 견지하게 되면 그때 비로소 이 긍정적 감정들도 신경계통에 잘 각인된다고 한다.[139] 이것에 대해 숙고해보라. 긍정적이고 사랑 가득하며 논쟁하지 않은 채 그 긍정의 마음을 음미하는 순간 속에 머무는 것을 관상이라고 한다.

브라질의 해방신학자 레오나르두 보프Leonardo Boff는 —삼위일체뿐 아니라 피조물 전체의— 위대한 춤으로 우리를 다시금 초대해준다.

창조된 세상은 자신 안으로 삼위일체를 맞아들이기 위해 존재한다. 삼위일체는 당신 안으로 창조된 세상을 맞아들이고자 하신다. … 남녀들은 자신들의 신적인 본성을 알아차리는 가운데 친교 안에서 하느님의 자모적이고 자부적인 얼굴을 계시해줄 것이다. 이렇게 해서 창조된 세상 안에 삼위일체가 포함되고, 삼위일체 안에 창조된 세상이 포함된다.

이것이 바로 구원된 이들의 축제다. 이것이 바로 해방된 이들이 추는 천상의 춤이다. 이것이 성부와 성자와 성령 삼위일체의 본향이며 고향에서 아들과 딸들이 나누는 생명이다. …

이 우주 전체, 우리 머리 위의 이 별들, 이 숲들, 이 새들, 이

곤충들, 이 강들, 이 돌들, 모든 것, 이 모든 것이 … 보전되고 변모되어 복된 성삼위의 성전이 되리니. 우리는 … 하나의 가족으로서 무기물들과 식물들, 동물들, 인간들이 성부와 성자와 성령과 더불어 대저택에서 사노라. 아멘.[140]

그러니 형제자매들이여, 이제부터 여러분의 여생 전체에 걸쳐 이 생명의 긍정적 흐름을 받아들여 여러분 안에서 이미 일어나고 있는 바를 의식적으로 서서히 여러분의 몸에 깊이 뿌리 내리고 축복하는 삶에 함께하자.

"성부와 성자와 성령의 이름으로." 아멘.

다음 삼위일체에 관한 탐구를 더 해가기 전에 잠시 여기에 머물자. 아마 이곳은 머물기에 가장 힘든 곳임을 여러분은 알고 있을 것이다.

지금의 순간에 잠깐 현존할 수 있는가.

호기심을 가져보라. 그리고 여러분이 다음의 글들을 읽으면서 하루의 사건들과 기억들, 상처들, 실망들을 여러분이 마음에 품고 있다는 것을 알아차린 채 긍정적으로 지금의 순간에 현존할 수 있는지를 살펴보라. 우리가 다른 종류의 앎으로 자리를 옮겨갈 것이기 때문에 일상의 걱정을 품고 있는 평소의 정신이 단순히 여기에 함께하지 못한다는 것을 인식한다면 이 모든 것을 우리는 지금 떠나보낼 수 있다.

이 침묵을 두려워하지 마라.

처음에 지루하고 아무것도 아니라고 느껴지는 것을 두려워하지 마라.

하느님이 계실법한 이 침묵을 두려워하지 마라.

지금과 모든 것이 제공해줄 이 홀로 있음을 두려워하지 마라.

이 침묵으로부터 그리고 바라건대 더욱 넓은 공간인 이곳으로부터 여러분 내면에서 다음의 기도가 울려 퍼지게 하라.

저희를 위하시는 하느님, 우리는 당신을 아버지라 부르나이다.
저희 곁에 계시는 하느님, 우리는 당신을 예수님이라 부르나이다.
저희 내면에 계시는 하느님, 우리는 당신을 성령이라 부르나이다.
당신은 모든 것을 가능케 하시고, 펼쳐주시며, 생동감 있게 해주시는 영원한 신비이시나이다.
저희도, 저도 여기에 포함되나이다.
어떤 이름도 당신의 선과 위대함을 표현할 수 없나이다.
저희는 당신이 존재인 바 안에 계신 당신이신 바를 알 수 있을 뿐이나이다.
저희는 당신께 그렇게 완벽한 시각을 청하나이다.
처음과 같이 이제와 항상 영원히. 아멘. (그대로 이루어지소서.)[141]

미주

1. The Structure of Scientific Revolution, 4thed. (Chicago: University of Chicago Press, 2012) 참조.
2. Meister Eckhart: The Essential Sermons, Commentaries, Treaties and Defense (Classics of Western Spirituality), rev. ed. (New York: Paulist Press, 1981), 37 참조.
3. 창세 1,26 참조.
4. 창세 2,1 참조.
5. 요한 14,18 참조.
6. 로마 8,14-17; 갈라 1,5-7; 에페 1,15; 14 참조.
7. 1코린 15,51-58 참조.
8. 로마 8,28 참조.
9. Clark Pinnock, Most Moved Mover: A Theology of God's Openness (Grand Rapids, MI: Baker Academic, 2001).
10. Harper, San Francisco, 1991.
11. 신명 6,4 참조.
12. Cynthia Bourgeault, The Holy Trinity and the Law of Three: Discovering the radical Truth at the Heart of Christianity (Boston: Shambhala, 2013) 참조.
13. 사도 17,28 참조.
14. 성경의 여러 구절 중에서도 요한복음 17장을 보라.
15. Saint Catherine of Genoa, in Life and Doctrine of Saint Catherine of Genoa, ed. Paul A. Boar Sr. (Veritas Splendor Publications, 2012), 59. 이 책은 1907년 Christian Press Association Publishing Company가 같은 제목을 출판한 작품을 재편집한 것이다.

16 성경에 바로 그렇게 되어 있다. 요한 4,8.16 참조.

17 요한 3,8 참조.

18 Donald Braun, The Journey from Ennuied (Victoria, BC, Canada: Friesen Press, 2015), v.

19 한 가지 예로 요한 20,21-22 참조.

20 St. John of the Cross, "The Spiritual Canticle," stanza 39, commentary, no. 4, in The Collected Works of St. John of the Cross, trans. Kieran Kavanaugh, O.C.D. and Otilio Rodriguez, O.C.D. (Washington, DC: ICS [Institute of Carmelite Studies] Publications, 1973), 538. Translation of Obras de San Juan de la Cruz. Reprint; previously published in 1964 by Doubleday.

21 이사 11,2; 1코린 12,8 참조.

22 Marin Buber, I and Thou (New York: Scribner, 1958) 참조.

23 2코린 3,18; 로마 1,20 참조.

24 한 가지 예로, Heina Kohut, Self Psychology and the Humanities (New York: W. W. Norton & Co., Inc., 1985) 참조.

25 2코린 3,18 참조.

26 St. Augustine, "Ten Homilies on the First Epistle of John," trans. H. Brown, in Nicene and Post-Nicene Fathers of the Christian Church, vol. 7, ed. Philip Schaff, rev. Joseph H. Myers (New York: The Christian Literature Company, 1888), 521.

27 감사하게도 부분적이긴 하지만 나는 이미 그 책을 썼다. 내가 쓴 책, Eager to Love (Cincinnati, OH: Franciscan Media, 2014), app. I, 209를 보라.

28 야고 1,25 참소.

29 요한 14,3; 18-20 참조.

30 탈출 34,29-35 참조.

31 탈출 33,11; 민수 12,8; 신명 34,10.

32 요한 14,26 참조.

33 Heinz Kohut, The Restoration of the Self (Madison, CT: International Universities Press, 1977) 참조. 이 저술(물론 코허트의 다른 책들을 포함하여)은 거울에 비춰봄의 개념을 긍정적인 측면에서와 부정적인 측면에서 다 자기 양성에 있어 기초가 되는 것으로 발전시켜 간다. 우리는 우리 자신을 자기애적으로 거울에 비춰봄으로써 "자기 대상화"가 필요하다. 그렇지 아니하면 우리는 우리가 누구인지를 알 수 없다. 이것을 "반사전이(mirror transference)"라고 한다. 우리는 처음에는 반드시 다른 이들을 "이용"하게 된다. 이는 묘하게도 다른 이들을 이용하는 것을 멈추고, 그렇게 해서 다른 이들에게 이 거울에 비춰봄을 자유롭게 전해줄 수 있게 하기 위함이다. 겉보기에는 모순이 아닐 수 없다. 조현병 환자들은 종종 자신들에게 자신들을 보여주기 위해 거울을 정상인보다 더 오랫동안 바라본다. 아마도 이는 그들이 다른 이들로부터 제대로 된 거울에 비춰봄을 전달받지 못했기 때문일 것이다. 그래서 이런 행위는 그들을 치유해주는 역할을 하지 못한다. 올바르고 완전한 거울에 비춰봄이 이루어지는 곳이 바로 삼위일체이다.

34 예로, David Benner, Surrender to Love (Downers Grove, IL: Inter Varsity Press, 2003), 29 참조.

35 Bourgeault, Law of Three, 208.

36 역주] 인간은 신을 인식할 수 없다는 종교적 인식론

37 http://www.robertlanza.com/the-bicentric-universe-theory-life-creates-time-space-and-the-cosmos-itself/.

38 창세 1,26 참조.

39 이 표현을 주목해 보면 이것이 감사기도 끝에 바치는 기도의 전치사들과 같다는 것을 알 수 있다.—"그리스도를 통하여, 그리스도와 함께, 그리스도 안에서. 이 기도 후에 회중은 결연히 '아멘'이라고 답한다.

40 C. S. Lewis, The Great Divorce (New York: HarperCollins, 2001), 59.

41 마태 12,31-32; 루카 12,10 참조.

42 에페 5,1 참조.

43 John O'Donohue, "Fluent," Conamara Blues (New York: Cliff Street Books, 2001), 23.

44 1코린 1,25.

45 만일 여러분이 브레네 브라운의 놀라운 연구와 가르침에 대해서 읽어보거나 비디오를 본 적이 없다면, 바로 brenebrown.com을 찾아보길 바란다.

46 13-17세의 젊은 남성들의 입문은 지난 200년 전에 이런 전통이 허물어질 때까지 거의 모든 대륙의 원주민 문화에서 절대적인 규범이었다. 다음은 보편적으로 받아들여지는 생각이다. 만일 남성이 힘없음의 여정을 걷도록 내밀려지지 않는다면 그는 거의 언제나 자신에게 주어진 모든 힘을 남용할 것으로 생각할 수 있다. 그러한 개인주의와 힘을 추구하는 행위는 어떤 부족이나 공동체에서도 맹독성을 지닌다. 이처럼 "건너감의 의식"은 남성에게 있어 적어도 어느 정도의 겸손과 유약함, 내면화, 영성을 보장해준다. 그런데 대개 남성은 자신이 할 수 있는 한, 이 모든 것을 회피하고자 한다. 오늘날 내가 다른 이들과 공동으로 창설한 남성 입문 공동체는 Illuman(Illuman.org)이라는 이름으로 계속 성장하고 있다. 이외에도 전 세계에 퍼져 있는 Man Kind Project(ManKindPorject.org)와 여성 운동인 Woman Within(WomanWithin.org)에 대해서도 알아보면 좋을 것이다.

47 Ilia Delio, The Emergent Christ (Maryknoll, NY: Orbis Books, 2011), 4-5.

48 Carl McColman, The Big Book of Christian Mysticism: The Essential guide to Contemplative Spirituality (Charlottesville, VA: Hampton Roads Publishing Company, 2010), 165-166. 여기서 강조하는 바가 원문에 들어 있음.

49 루카 12,32 참조.

50 역주] 1. 임계질량(핵분열을 일으키는 물질이 연쇄 반응을 유지할 수 있는 최소의 질량. 2. (어떤 결과를 가져오기 위해) 필요한 양.

51 마르 9,35 예를 참조.

52 마태 13,33 예를 참조.

53 마태 13,33 예를 참조.

54 Mother Teresa, In the Heart of the World: Thoughts, Stories, and Prayers (Novato, CA: New Would Library, 2010), 33.

55 묵시 1,8; 21,6; 22,13 참조.

56 Immortal Diamond (San Francisco: Jossey-Bass, 2013); Eager to Love (Cincinnati, OH: Franciscan Media, 2014).

57 요한 14,1-3 참조.

58 C. Baxter Kruger, The Shack Revised (New York: FaithWords, 2012), 62.

59 Bourgeault, Law of Three, 89.

60 스펜서 브룩(Spencer Bruke)과 배리 테일러(Barry Taylor)의 A Heretic's Guide to Eternity에서 진지하지만 희롱조로 파헤쳐진 현실이 바로 이런 것이다.

61 Hans Urs Von Balthasar, Dare We Hope "That All Men Be Saved?" (San Francisco: Ignatius Press, 1988)와 David Burnfield, Patristic Universalism, 2nd ed. (privately published; printed by CreatSpace, Charleston, SC. 2016)를 참조하라. 이 책들은 많은 그리스도인이 멸시하는 마음으로 "보편주의(universalism)"라고 부르는 이단이 동방의 교회와 심지어는 성경에서마저도 일반적인 믿음이었다는 것을 증명해주는 많은 저술 가운데 들어 있다.

62 http://www.poetryfoundation.org/poems-and-poets/poems/detail/44106 참조.

63 샌프란시스코 과학관. "Oppenheimer, the Poems, and Trinity," exploratorium.edu/doctoratomic/2_1R.swf를 보라.

64 Alex Wellerstein, "The First Light of Trinity," New Yorker (July 16, 2015), newyorker.com/tech/elements/the-first-light-of-the-trinity-atomic-test 참조.

65 오펜하이머의 실제 발언을, 잔잔하면서도 귀에 맴도는 뮤지컬로 들으려면 2010년 Linkin Park의 네 번째 앨범 A Thousand Suns에 나오는 "The Radiance"를 들어보라. 이 앨범은 오펜하이머와 그의 협력자들이 불러일으킨 핵의 두려움

을 묵상한 것이다.

66   잠언 18,21을 보라. "혀에 죽음과 삶이 달려 있으니 혀를 사랑하는 자는 그 열매를 먹는다."

67   "우주는 우리가 생각하는 것보다 더 이상할 뿐 아니라 심지어 우리가 생각할 수 있는 것보다 더 이상하다"는 말은 독일의 물리학자 베르너 하이센베르그 Werner Heisenberg가 한 말이다. 영국의 유전학자(geneticist)요 생체통계학자(biometrician)이며 물리학자요 생리학자인 할덴스 J.B.S.Haldance도 다음과 같은 비슷한 이야기를 했다. "이제는 우주가 우리가 추정하는 것보다 더 희한할 뿐 아니라 심지어는 우리가 추정할 수 있는 것보다 더 희한하다." J.B.S.Haldance, "Possible Worlds," Possible Worlds and Other Papers, 1927를 참조하라.

68   Ken Wilber, "From the Great Chain of Being to Postmodernism in Three Easy Steps"(2006), 2, 4, www.kenwilber.com/Writings/PDF/FromGC2PM_GENERAL_2005_NN.pdf. 참조.

69   이는 2베드 1,4과는 대조되는 것이다. "그분(하느님)께서는 그 영광과 능력으로 귀중하고 위대한 약속을 우리에게 내려 주시어, 여러분이 그 약속 덕분에, 욕망으로 이 세상에 빚어진 멸망에서 벗어나 하느님의 본성에 참여하게 하셨습니다."

70   Daniel Walsh, unpublished notes from his teaching at the Gethesmani monastery. 월시는 1950년대 말부터 1960년 초반까지 이 수도원에서 정기적으로 가르쳤다.

71   에페 1,4 참조.

72   Julian of Norwich, Revelations of Divine Love, trans. Elizabeth Spearing (New York: Penguin Classics, 1998), 46.

73   Von Baltharsar, Dare We Hope 참조.

74   1코린 13,13 참조.

75   예루살렘 성경. 한글 '새 성경'에서는 다음과 같이 번역되어 있다. "사랑 안에 머무르는 사람은 하느님 안에 머무르고 하느님께서도 그 사람 안에 머무르십니다."

76 Ken Wilber, The One Two Three of God (Boulder. Colorado: Sounds True, 2006) 참조.

77 예를 들어, 신명 32,4와 시편 18,2 참조.

78 예를 들어, 이사 49,14-15 참조.

79 예를 들어, 1코린 1,30 참조.

80 예를 들어, 마태 23,37 참조.

81 예를 들어, 요한 20,22 참조.

82 예를 들어, 시편 104,29-30 참조.

83 요한 14,26 참조. 다른 번역본에서는 "도움을 주는 이", "조언자" 그리고 "변호자"로 나온다.

84 성경에 나오는 하느님(창조주, 구세주, 영)의 여성적 이미지의 종합적인 —물론 철저하지는 않지만— 면모를 살펴보려면, 다음의 사이트를 보라. http://mikemorrell.org/2012/05/biblical-proofs-for-the-feminine-face-of-god-in-scripture/ 그리고 성경의 하느님에 관한 인간의 면모를 벗어난 이미지를 면밀하게 연구하려면, Lauren Winner의 Wearing God: Clothing, Laughter, Fire, and Other Overlooked Ways of Meeting God (San Francisco: HarperOne, 2015)를 보라.

85 이사 4,5 참조.

86 B. doyle, "God as a Dog: Metaphorical Allusion in Psalm 59," in Metapor in the Hebrew Bible, ed. P. Van Hecke (Leuven, Belgium: Leuven University Press, 2005), 41-54 참조.

87 오스트레일리아의 선생이며 신학자요 사회활동가며 공동체 창설자인 데이브 앤드류스Dave Andrews는 삼위일체적 관계성에 대한 이해를 바탕으로 참으로 가치 있는 공동체 형성의 원칙에 대해 글을 썼다. 북미에서 이 책을 구하기는 힘들겠지만, 다음의 웹사이트에서 Compassionate Community Work Courses를 보라. www.daveandrews.com.au/ccwc.html.

88 민수 6,25-26 참조.

89 시편 42,2; 89,15; 95,2 참조.

90 시 Aurora Leigh에서 시 전문을 읽으려면 다음의 사이트를 보라. http://www.bartleby.com/236/86.html.

91 의심하는 토마스에게 하신 예수님의 말씀에 주목해 보자. 요한 20,24-29.

92 야고 1,17 참조.

93 야고 1,19-24를 숙고해보라. 신약성경의 가장 오래된 이 편지는 이론보다는 실천에 그 강조점을 둔다는 점에서 때로는 거의 불교의 가르침 같은 느낌을 준다. 불행히도 루터는 야고보서를 조금도 좋아하지 않았다.

94 요한 14 참조.

95 로마 8,26 참조.

96 Living School에서 나와 함께 일하는 친구이자 동료요 선생인 Cynthia Bourgeault는 이 주제를 아주 잘 연구한 The Trinity and the Law of Three: Discovering the Radical Truth at the Heart of Christianity (Boston: Shamblhala, 2013)라는 책을 저술하였다. 이에 대해서는 이전에 내가 언급한 바 있다. 20세기를 넘기면서 터키계 러시아인 선생인 G.I. Gurdjieff가 쓴 수수께끼 같은 가르침과 삼위일체 교리를 잘 탐구해준 책과 더불어, 이 책은 나의 셋의 법칙의 예를 매우 고유한 방식으로 이해하기 쉽게 설명해 줄 것이다. 그렇긴 하더라도 여러분이 셋의 법칙에서 함축하고 있는 삼위일체에 대해 연구해보고 싶다면, 나는 여러분이 그 책을 잘 읽어보길 전적으로 추천한다. 그리고 만일 여러분이 우리 Living School에서 제공하는 바에 관심이 있다면, 다음의 웹사이트를 참조하라. http://cac.org/living-school.

97 농업 활동이 하느님에 대한 남성적 관점의 언어가 발전하게 된 상황을 훌륭하게 설명한 내용을 읽으려면 Leonard Shlain의 The Alphabet Versus the Goddess: The Conflict Between Word and Image(New York: Penguin Books, 1999)를 참조하라.

98 성경에 나오는 수백 개나 되는 하느님의 여성적 이미지들 목록을 보려면 다음의 사이트를 참조하라. http://mikemorell.org/2012/05/biblical-broofs-for-the-feminine-face-of-God-scripture.

99 이사 42,1-9; 49,1-13; 50,4-9; 52,13-53,12 참조.

100 필립 2,6-7. 위대한 자기-비움(kenotic)의 찬가 참조.

101 루카 24,49 참조.

102 Richard Rohr, Adam's Return (Chestnut Ridge, NY: Crossroad Publishing Company, 2004) 참조.

103 Miroslav Volf, After Our Likeness: The Church as the Image of the Trinity (Grand Rapids, MI: Eerdmans Publishing Co., 1997), 173.

104 Richard of St. Victor: The Book of the Patriarchs, The Mystical Ark, Book Three of the Trinity (Classics of Western Spirituality) (Mahwah, NJ: Paulist Press, 1979), 387-389 참조.

105 마태 18,20 참조.

106 Bourgeault, The Holy Trinity and the Law of Three 참조.

107 루카 9,58 참조.

108 Dave Andrews, A Divine Society: The Trinity, Community, and Society (Eugene, OR: Wipf and Stock Publishers, 2012), 18-19. 원래 먼저 2008년에 Frank Communications of Queensland, Australia에서 발간된 원본에 더 강조된 내용이 나온다.

109 요한 14,27; 16,33 참조.

110 1요한 2,9-11 참조.

111 창세 2,17 참조.

112 창세 2,17 참조.

113 1코린 13,12 참조.

114 창세 3,22 참조.

115 Rohr, Eager to Love, chapter 13, "John Duns Scotus: Anything but a Dunce." 참조.

116 Carl McColman, Befriending Silence: Discovering the Gifts of Cistercian Spirituality (Notre Dame, IN: Ave Maria Press, 2015), 83-84.

117 예를 들어, 로마 6,3-5; 콜로 2,12-13 참조.

118 사도 17,28 참조.

119 http://www.barldyby.com/122/36.html.

120 http://www.barldyby.com/122/24.html.

121 St. John of the Cross, "The Living Flame of Love," stanza 4, in The Collected Works of St. John of the Cross, trans. Kieran Kavanqugh, O.C.D. and Otilio Rodriguez, O.C.D. (Washington, DC: ICS [Intstitute of Carmelite Studies] Publications, 1973), 579 참조.
Obras de San Juan de la Cruz.의 번역, Doubleday에 의해 1964년에 이미 출간한 것을 재출판한 것. "당신은 내 가슴 안에서 얼마나 부드럽고 사랑스럽게 깨어나는가. 내 가슴 안에서 당신은 비밀스럽게 홀로 거하신다. 그리고 당신은 선과 영광으로 가득 찬 달콤한 숨을 불어 넣으면서 얼마나 다정하게 내 가슴을 사랑으로 부풀어 오르게 하시는가!"

122 마태 9,9-13; 루카 14,15-24도 참조.

123 Haldane, "Possible Worlds."

124 로버트 로빈슨의 "Come Thou Fount of Every Blessing"이라는 고전 성가에 나오는 가사.

125 예를 들어, 로마 12,2; 요한 16,3; 필립 2,5 참조.

126 이에 대해 잘 가르쳐 주는 현시대의 선생이 여럿 있다. 물론 다양한 이름으로 색다른 접근법을 사용하여 가르치기는 하지만 그들 중 몇몇은 존 메인John Main, 토마스 키팅Thomas Keating, 페마 초드론Pema Chodron, 마이클 싱어Michael Singer, 에크하르트 톨레Echhart Tolle, 마이클 브라운(Michael Brown-자신의 책 The Presence Process에서) 등이 있다. 이들 한 사람 한 사람은 여러분의 삶을 변모시켜 줄 수 있다. 그런데 이 변모를 위해서는 여러분이 이들을 통해 알게 된 것들을 수양해야지, 그냥 어떤 사상이나 생각을 배운다고 되는 것이 아니다.

127 탈출 25,10-22 참조.

128 탈출 25,22.

129 로마 8,26-27 참조.

130 예를 들어, 로마 8,16을 보라.

131 필립 4,6-7 참조.

132 루카 1,38 참조.

133 요한 14,17과 이와 관련한 다른 모든 성경 구절들을 보라.

134 창세 2,19 참조.

135 창세 2,1 참조.

136 창세 2,22 참조.

137 만일 진화에 대해 견고하고 완전하게 받아들이고 그 진가를 이해한 그리스도교의 입장에 관심이 있거나, 그런 것이 민감하게 느껴진다면 내가 여러분에게 추천하고 싶은 책이 있다. 일리아 델리오(Illia Dellio)의 저술들이다. 특히 The Emergent Christ (Maryknoll, NY: Orbis Books, 2011)과 The Unbearable Wholeness of Being: God, Evolution and the Power of Love (Maryknoll, NY: Orbis Books, 2013)을 보라.

138 예를 들어, 묵시 12,10; 요한 8,44 참조.

139 Rick Hanson, Handwriting Happiness: The New Brain Science of Contentment, Calm and Confidence (New York: Harmony Crown Publishing Group [Penguin Random House], 2013) 참조.

140 Leonardo Boff, Holy Trinity, Perfect Community, trans. Phillip Berryman (Maryknoll, NY: Orbis Books, 2000), 109-110.

141 Richard Rohr, "삼위일체 기도(Trinity Prayer)", 2005.

2부

왜 삼위일체인가?
왜 하필 지금인가?

회복해야 할 세 가지 이유

지금 이 시점에서 시기적절하게 삼위일체의 의미와 실제를 다시 회복하고 가치를 인정하는 것이 그토록 중요한 데에는 세 가지 이유가 있다. 하지만 삼위일체의 관계성과 관련한 의제를 술집 싸움과 같이 만들었던 4세기의 경우와는 사뭇 다르다.

① 초월의 겸손

인간의 개인화 과정은 매우 세련된 내면의 감각과 내적 체험, 심리적 정교함 그리고 진정한 종교가 실제로 말하는 것과의 접점에 다다랐다. 지금까지 삼위일체에 관한 주장 대부분은 우연히 그렇게 되었기에 외부적인 설명을 하려는 것이었다. 이것이 바로 칼 융이 열매를 맺지 못하는 것처럼 보이는 그리스도교와 관련하여 비판한 것이다. 이러한 경험은 다른 많은 이들에게서도 비슷하게 나타난다. 삼위일체는 초월자에 대한 우리 내면의 경험을 현상학적으로 훨씬 더 깊이 연구하게 해주었다. 이것은 지난 500년간 했던 따지기식의 논쟁과는 매우 다른 영역이다. 삼위일체는 여러분의 기도 생활에 변화를 주었고, 실제로 기도가 무엇인지를 소개해준 셈이다.

② 확장된 신학 용어

지식의 세계화와 세계의 다른 종교들과의 접촉 증가는 (특히 전반적으로 볼 때 동방의 그리스도교와 동양의 종교들이 보여주듯, 다른 쪽 뇌를 통한 종교체험과의 만남) 과학과의 접점에 이르게 되면서 우리에게 신학 용어들을 더 넓히게끔 해주었다. 묘하게도 이런 현상이 우리를 삼위일체에 대한 가장 오래된 믿음으로 이끌어주었다. 이런 상황은 우리가 이 새로운 접촉들을 진지하게 받아들이게 하면서 동시에 이들과 온전하게 인간적으로 대화를 하는 데 있어 완전함을 유지하게 해주었다.

③ 예수님과 "그리스도"에 대한 확장된 이해

본질적 의미를 찾기 위해 삼위일체에서 예수를 끄집어내어, 우주적 그리스도와는 별개의 예수를 이해하고자 하면서, 우리는 이 지구에 한정되는 대속-그리스도론을 만들어냈다. 이는 우리가 다른 행성들에서 생명체를 발견하게 되면 결딴이 날 교리다. 우리는 그리스도를 사랑하지 않은 채 —혹은 알지 않은 채— 예수님을 사랑하고자 했다. 이렇게 해서 우리는 바오로 사도의 "그리스도만이 모든 것이며 모든 것 안에 계십니다"(콜로 3,11)라는 신념 대신에 자기집단 중심의 경쟁적 종교를 만들어냈다. "그리스도"는 종교적인 의미 이전에 우주적이고 형이상학적인 의미를 지닌다. 예수는 인격적이고 역사적인 의미를 표현하는 것이다. 그리스도인 대부분은 그리스도는 염두에 두지 않은 채 예수만을 믿는다. 이렇게 해서 예수와 그리스도교를 둘 다 너무도 왜소하게 만들었다.

무엇이 우리로 하여금 순수한 영적 체험을 하지 못하게 하는가. 우리가 첫 번째 이유, 초월을 시작으로 살펴본다면, 나는 여기서 여러분에게 다음의 전제를 신뢰하라고 부탁하고자 한다.

여러분의 기억 안에 각인된 혹은 어떻게든 여러분을 깊이 있게 변화시켜 줄 경험은 여러분이 무엇을 경험했느냐(그 내용)에 기초를 둔 것이 아니라 어떻게, 어떤 중대성의 차원에서 여러분이 그 내용을 받아들였느냐에 기초를 둔 것이다.

세 사람이 같은 자극으로 영향을 받아도, 이것이 세 가지 다른 "경험들"로 나타날 수 있다. 여러분이 존재의 저편에 있는 것마저도 그것이 원하는 대로 자신을 드러내게 하면서 사건들과 순간들, 관계성들 그리고 생각들을 있는 그대로 저항 없이 받아들일 때 그 존재를 경험할 공산은 상당히 증가한다. 양자 물리학과 생물학에서도 관찰자가 반드시 실험의 내용과 결과를 필연적으로 바꾼다고 주장한다. 우리의 이성적 정신은 이것이 맞지 않는 것이라고 단언하지만, 우리가 그런 것을 보는 법을 훈련하지 못해서 그런 것이지 그것은 명백한 진리이다. 관상은 모든 것 안에서 간과된 전체를 바라보도록 여러분을 훈련시켜 준다.

예수님도 부자와 라자로의 비유에서 이와 같은 원리를 말씀하신다. 이 비유의 마지막 부분에서 부자가 라자로로 하여금 되살아나서 살아있는 자신의 형제들에게 경고해주기를 원했을 때 예수님은 아브라함 할아버지의 입을 빌려 깜짝 놀랄만한 대답을 하신다. "그들이 모세와 예언자들의 말을 듣지 않으면, 죽은 이들 가운데에서 누가 다시 살아나도 믿지 않을 것이다."(루카 16,31) 여러분이 모든 것을 넘어선 존재에 마음을 열지 않는다면 여러분은 여러분 앞에서 벌어지는 기적적인 사건들을 경험하지 못할 것이다. 기적을 믿지 않는 사람들은 절대 기적을 체험하지 못한다. 그렇다고 해서 "기적이다!"라고 외치는 사람들이 언제나 존재의 저편을 가리키는 것이라고 결론 내리지 마라. 너무도 자주 그런 사람들은 자신들을 가리키기 때문이다. 물론 이것도 괜찮은 것이기는 하다.

이 통찰력을 우리가 앞서 얘기한 바에다 근거를 두고 살펴보자. 우리가 살펴보는 것들은 일상적인 정신으로 이해될 수 없다는 것 말이다. 오히려 그것들은 우리가 관상적 정신이라고 말하는 것에 의해 가장 잘 이해될 수 있다. 이것은 대안적 체계 안에서 보는 것이다. 시편 작가는 "너울이 너울을 부릅니다 (Deep calls unto deep.)"(시편 42,8. NKJV)라고 말한다.

20세기 스위스 가톨릭 물리학자이자 신학자인 애드리엔느 폰 슈파이어Adrienne von Spyer는 이것을 아주 아름답게 다음과 같이 표현한다.

> 성부께서는 우리의 믿음이 성자의 현현과 성령의 파견을 통해 삼위일체적으로 살아있기를 바라신다. 성부께서는 삼위일체에 대한 우리의 믿음이 이차원적이고 이론적인 차원에 남아있길 바라시지 않을 뿐 아니라, 당신을 드러내실 때, 멀리서 보이는 대상인 것처럼, 우리가 오직 하나의 위격만을 보기를 원치 않으신다. 오히려 우리는 다른 위격들과의 일치 안에서 당신을 드러내시는 각각의 위격을 감지할 수 있어야 하고, 그래서 결과적으로, 위격들의 무한함과 신적 넓이를 고려하여 각각의 위격을 감지할 수 있어야 한다. 이 일치는 … 사랑의 표현이다.[1]

참으로 하느님의 일에 대해서 이해하는 존재는 우리 안에 계신 하느님이시다.[2] 우리는 이를 반드시 진지하게 받아들여야 하고, 이것이 우리 안에서, 우리와 더불어, 우리를 위해서 그리고 우리로서 어떻게 이루어지는지를 알아야 한다. 우리 내면에서 작용하는 체계를 접하지 못했기에 우리는 그리스도교 정신 대부분을 그저 현실을 차분하고 명료하며 즉각적으로 경험하게 하는 것이라기보다는 이미 낡아버린 것들로 가득 찬 미성숙하고 표면적인 경험으로 만들어버렸다. 이렇게 해서 우리는 감사하고 그 가치를 인정하는 사람들이 아니라 논쟁적인 사람들이 되어버렸다.

우리가 경험이라고 말하는 것들 대부분은 실제로 그저 부가적이거나 지나가는 자극일 뿐이다. 설상가상으로 우리는 우리가 이미 한 경험들 안에 그것들을 가두어버리기까지 한다. 그래서 사람들 대부분은 제대로 성장하지 못하는 것이다. 그래서 우리 대부분은 그 모든 경험의 몇 안 되는 원형이요 여과기 중 하나에 맞추어지게 되었다. 이렇게 될 때 모든 것은 이미 내 자그만 정신이 동의한 것 안으로 빨려들어 가게 된다. 그러면 이런 상황이 절대 여러분을 아주 멀리까지 데려다줄 수 없을 것이다.

비극적이게도, 우리 문화의 기본 설정은 우리 내면의 생명이 우리의 생명 활동을 비추어 주게 되어 있다. 비록 내가 들은 바로는 20대 초반에 뇌가 급격하게 증가하는 때가 있다고는 하지만, 열일곱이나 열여덟 이후에는 생리적 성장이 대부분 멈추어 버리고 만다.

그래서 신비의 영역에 있는 것은 무엇이든 그저 교리나 교의의 정지된 형태로 남아, 참으로 추상적이고 극도로 형이상학적이며 대개는 현실과 아무 관계가 없는 것이 되고 만다. 물론 성숙한 종교는 모두 삼위일체의 개념을 포함하여 이런 신비들이 생기게 마련이다. 우리가 뭔가가 교차하게 하고 뇌 용량이 급격히 증가하게 하며 인식체계 전환이 이루어지게 하지 않는 한, 우리 삶의 변화는 분명히 이루어지지 않을 것이다. 그러나 내가 듣기로는 인간들 대부분은, 그것도 아주 기분 좋은 때에, 자기들의 의견 중 단 5%만을 문제 삼는다고 한다. 나는 이것이 사실이 아니길 바란다.

여러분은 왜 서구 무신론이 떠오르게 되었는지에 대해 의문을 가져본 적이 있는가. 서구 그리스도인이 왜 훨씬 더 많은 무신론자를 생산해 냈겠는가. 내가 믿기로 그 이유는 우리가 교리나 교의를 내적인 체험의 차원으로 가져가지 못했기 때문이다. 그리고 나는 이런 현상을 바꾸는 데 헌신해왔다. "받아들인 가르침"이 경험적 지식이 되지 않는 한, 우리는 처음에는 믿었지만, 어느 시기에 가서 환멸을 느끼고 믿음을 버리는 사람들을 계속해서 많이 만들어낼 것이다. 혹은 이런 이들과는 반대로 우리는 또한 내면에서는 아무것도 일어나지 않는 매우 메마르고 죽은 것 같은 교의를 그저 고수하는 너무도 융통성 없는 사람들을 만들어내기도 할 것이다.

그래서 오늘날 전체적인 모습을 볼 때 두 개의 커다란 그룹이 있다. 목욕물과 함께 아기를 내버리는 사람들(다수의 자유주의자와 학자들) 그리고 목욕물에 빠져 죽어가는 것처럼 보이는 사람들(다수의 보수주의자와 근본주의자들).

그 목욕물이 여러분 위쪽으로 그리고 여러분을 거쳐 흘러가도록 하면 어떻겠는가.

어쨌든 그렇긴 하지만, 우리는 ―뜨거운 물과 차가운 물이 다 있는― 수도꼭지를 서서히 열게 될 때 이런 흐름이 잘 진행되도록 상당한 도움을 줄 수 있을 것이다.

이 어려움을 뚫고 나가기 위한 두 가지 길

내가 과도하게 단순화하는 것인지 모르겠지만, 나는 사람들이 정말로 새로운 경험을 하기 위해서는 근본적으로 두 가지 길이 있다고 생각한다. 경이로움의 길과 고통의 길.

여러분이 경외와 경이로움으로 인도되도록 여러분을 내맡길 때, 여러분이 스스로가 '아하!'의 순간에 있다는 것을 깨닫고, 그것을 의식적으로 음미할 때, 여러분은 정말로 새로운 경험을 할 수 있을 것이다. 여기서, 기쁨과 행복과 같은 것은 여러분이 적어도 15초 이상 마음에 품을 때 여러분의 신경계에 각인된다는 것을 꼭 기억하라! 그렇지 않다면 여러분은 여러분의 구닥다리 인식체계에 모든 것을 맞출 것이고, 그렇게 되면 그것은 절대 경험이 되지 못할 것이다. 그러면 그것은 그저 여러분의 사고와 느낌들을 "정속주행"에 맞추어 놓은 데에서 잠깐 빠져나오는 정도 혹은 지나가는 우회로 정도로 그치고 말 것이다.

이게 전부다.

경외와 경이로움은 종종 신비와 상관관계에 있는 용어들이다. 모든 근본주의 종교는 신비에 대해 지독할 정도로 불편해한다. 이런 종교는 자료를 갖고 완전한 통제를 하기 좋아하고, 신비는 그 정의대로 여러분을 통제 밖에 둔다. 연약함을 느끼는 순간들은 하느님이 가장 쉽사리 들어오실 수 있는 바로 그 공간이기에 아주 새롭게 경험되는 공간이다. 사실상, 하느님이 이외에 다른 방식으로 우리의 경험 세계를 뚫고 들어오실 수 있을지에 대해서는 의문이 든다. 다시 말하지만, 영적인 세계에서 여러분은 결정적으로 "나는 그것을 알아!" 혹은 "나는 그 모든 것을 파악했어!"라는 식의 말을 절대 할 수 없다. 내가 제1부에서 썼듯이, 여러분이 이 책을 거의 다 읽을 무렵에는 여러분은 복된 삼위일체에 대해 그렇게 말할 수 없게 될 것이다. 내가 할 수 있는 한 희망하는 것은 오직 여러분 역시 이 춤에 초대하여 이 신비 주변을 돌게 하는 것이다.

우리에게 참으로 새로운 경험을 하도록 설정된 다른 길은 — 비록 영혼이 완전히 쓰러지는 위험까지도 포함한 엄청난 대가가 따르지만 … — 고통이다.

그것은 분명히 위험을 감수할 만한 가치가 있음이 틀림없다. 왜냐하면 고통은 모든 생명에 필연적으로 있기 마련이고, 정기적으로 오는 것이기 때문이다. 물론 여기에는 우리가 그 고통을 막기 위해 많은 보험증권에 투자하지 않는다는 조건이 있다. 그러므로 예수님이 "부유한" 사람들이 당신의 메시지를 이해하지 못할 만큼 과장된 말씀을 하시는 것이다.

고통은 유일하게 여러분의 통제 체계, 즉 설명하고자 하는 정신구조와 논리적 인식체계, 자기가 책임을 지려는 열망 그리고 조심스럽게 통제를 유지하려는 욕구를 붕괴할 만큼 강력한 것이다. 하느님과 하느님으로부터 인도되는 영혼은 둘 다 고통을 신뢰하는 것을 알고 있는 듯하다.

하느님은 정상적으로 여러분을 여러분의 개인 능력 한계점까지 끌고 가셔야 한다. 어떤 사건이나 사람 혹은 도덕적 상황이 여러분에게 '나는 지금의 상황에서 이것을 할 수 없어'라고 인정하게끔 한다. 이것이 바로 우리의 고통이다.

그렇지 않다면, '그 모든 것이 의미하는 것'을 이해하면서 여러분은 아주 개인적인 방식으로 실패를 겪게 될 것이다. 나는 이것을 이해할 수 없어. 나는 오늘 버틸 수가 없어.

이런 상황은 누군가의 죽음이나 결혼 생활 실패, 평판이나 직업에서의 실패 앞에서 종종 생겨난다. 그러나 여러분은 항상 덫에 걸렸다고 느끼거나 두려움을 느낀다. 그러면 여러분은 열 배도 넘는 비통함과 가당지도 않다는 생각에 "어떻게 그럴 수 있어?"라고 소리친다.

훌륭한 영적 지도자는 자신에게 ―고통을 당하는 이에게가 아니라— 조용하게 이렇게 말할 것이다. 알렐루야! 이제 우리는 참된 영적 여정을 시작하게 될 거야.

이때까지만 해도 그런 상황이 그저 단순한 정신 체계 혹은 당사자 자신에게마저도 별 의미가 없다고 느껴질 정도로 떠들어대는 정설 정도밖에 되지 않는다. 그들은 이런 하찮은 믿음들을 비판할 생각조차 해보지 않았다. 왜냐하면 그런 것들은 이미 그들에게 있었던 것이기 때문이다. 그리고 어떤 이들은 자신들의 믿음에 기초가 될 내면의 경험이 없으므로 더 강하게 자신들에게 매달리기도 한다. 과장된 선언과 과도하게 단정하는 믿음 대부분이 종종 이런 모습을 보인다.

여러분이 정말로 알고 있다고 느끼는 사람에게 한 번 물어보라. 그러면 여러분은 그들이 가장 많이 알고 있는 것이란 자신들이 아무것도 모른다는 것임을 알게 될 것이다! 이것이 우리가 두 개의 길 —경외 혹은 고통— 중 적어도 한 가지를 힘들게 겪게 될 때 얻는 공짜 선물이다.

종교가 이와 같은 겸손으로 돌아간다면 서구에서의 무신론은 엄청나게 줄어들 것이고, 행복한 종교는 상당히 증가할 것으로 보인다.

1977년 우주를 향해 발사한 우주탐사선이 겨우 2000년 중반에서야 태양계 밖을 빠져나가 거대하며 심지어는 무한하게 보이기까지 하는 우주 공간을 향해 나아가기 시작했다. 이 우주의 끝은 어디일까? 어딘가에 벽이 있을까? 그렇다면 누가 벽을 만들었을까? 이 우주탐사선은 하루에 백만 마일의 속도로 수십 년 동안 날아갔다. 그런데 이제야 태양계 끝에 도달하였다. 그리고 다른 은하계에 도달하려면 앞으로 4000년을 더 날아가야 한다.

이 하느님은 과연 어떤 존재인가. 이 하느님은 대체 무슨 일을 꾸미고 있는 걸까? 내가 말로 해서 우리 인간 정신에 실제적이고 이해가 될 만한 무언가를 시사해 줄 수 있을까?

다시 말하지만, 현미경으로 세상을 본 사람들과 천체 망원경으로 우주를 본 사람들은 이와 똑같은 패턴을 본다고 한다. 만일 현실이 이런 것이라면, 그것은 반드시 관계적인 세상일 것이다. 우주는 어떻든 간에 궤도를 돌고, 이 우주의 대부분은 공간이며, 게다가 그 대부분은 암흑 물질 혹은 블랙홀들이다. 이 어느 것도 우리의 통제 안에 들어있지 않다. 떼이야르 드 샤르댕과 같은 신비주의자들은 "우주의 물리적 구조 [그 자체]가 사랑"이라는 것에 동의하며 가르친다.[3] 궤도를 돌고 폭발하며 팽창하고 심지어는 수축하기까지 하는 이 모든 것은 여전히 그 역할을 담당해내는 무한한 사랑이다.[4]

여러분의 눈으로 보아 온 모든 것은 수많은 종류의 물리적이고 가시적인 형태로 내려가시는 하느님의 자기-비움이다.

달리 말해서, 무한함이 영원히 유한한 표현들로 자신을 한정짓고 있는 것이고, 이것을 하느님의 "고통"이라고까지 부를 수 있을 것이다. 그리스도는 삼위일체의 영원한 생명으로부터 자기-비움(kenosis)[5]을 배웠다. 여기서 관건은 고통을 당하는 예수가 아니라, 하느님 내부로 계속해서 들어가는 것을 가시적으로 상징해주는 것이 십자가라는 것이다.

이것을 깊이 생각해 보라. 이것이 바로 누군가로 하여금 그리스도교 메시지를 사랑하게 하기에 충분한 상징이 된다.

그런데 누구라도 그런 사랑에서 빠져나오고 싶어 하겠는가. 여러분이라면 그렇게 하겠는가.

그러나 우리 시대의 많은 젊은이와 노인들도 그런 사랑을 지니고 있지 않다. 그들은 자신들의 부모와 조부모가 옳은 것이라고 물려준 신앙 체제를 떼를 지어 떠나고 있다. 이것은 어찌 보면 제도적인 신앙으로부터의 집단 탈출이다. 이것을 인구통계학자들은 "종교가 없는 이들(Nones)의 증가"라고 일컫고 있다. 종교가 없는 이들은 미국인들 중 20%에 이르고, 이들 중 3분의 1이 30대 이하이다.[6] 퓨 리서치 센터(Pew Research Center)의 조사에 따르면

"종교에 소속되어 있지 않은 이들" 중 42%가 자기들을 종교인도 아니고 영성을 사는 사람도 아니라고 말하는 반면, 18% 사람들은 자기들을 종교인이라고 자처하며, 37% 사람들은 자기들이 종교인은 아니지만, 영성을 사는 사람으로 자처한다"라고 한다.[7]

우리 그리스도교는 신비에 대해 거의 인내하지 못하고(혹은 그 가치를 인정하지도 못하고) 우리의 그룹과는 다른 그룹들(인간이 아닌 다른 피조물이라도 상관없음)에 대한 겸손이나 기본적인 사랑이 거의 없으므로 현재의 구조는 죽고 우주적이고 사랑이 중심이 되는 영적인 방향으로 다시 태어나야 한다. 나는 이것이 실현될 것인지 참으로 의아스럽다.

고통의 놀랄 만한 부양 능력

우리는 이 책 전체에 걸쳐 사랑과 경이로움의 길을 찾아내는 노력을 하고 있다. 그러니 이 책의 한 부분을 디 고통에 대해 깊이 있게 살펴보는 데 할애해 보겠다. 여러분은 이 여정에 함께하겠는가? 이 주제가 여러분이 탐탁스러워하지 않는 주제라는 것을 나는 안다. —여러분이 피학대 성애자(masochist)가 아니라면 말이다.— 그러나 여러분이 여러분의 고통(pain)을 숙고해본다면 고통받는 사랑에 대해 이해한다는 것이 여러분에게 참으로 가치 있는 일이 될 것이라고 나는 생각한다. 내가 이에 대해 여러분에게 어떤 약속도 해줄 수는 없지만, 여러분 스스로 여러분이 숙고하고 살펴본 바의 의미 —그리고 구원— 를 발견하게 될 것이다.

삼위일체 영성은 —어떤 예외도 없이— 전체를 두 팔을 벌려 끌어안을 수 있게 해줄 것이다. 이것은 분명히 자유로움의 원圖이기도 하지만, 이것은 또한 고통의 원이기도 하다. 이것의 부정적 측면이라도 감히 제거될 수 없다.[8] 모든 것이 서로에게 속해 있다.

하느님의 벗들에게 보낸 1세기의 편지는 이렇게 설명한다.

> 우리 주 예수 그리스도의 아버지 하느님께서는 찬미 받으시기를 빕니다. 그분은 인자하신 아버지시며 모든 위로의 하느님이십니다. 하느님께서는 우리가 환난을 겪을 때마다 위로해 주시어, 우리도 그분(성령)에게서 받은 위로로, 온갖 환난을 겪는 사람들을 위로할 수 있게 하십니다. 그리하여 그리스도의 고난이 우리에게 넘치듯이, 그리스도를 통하여 내리는 위로도 우리에게 넘칩니다.(2코린 1,3-5)

여러분은 여기에서 삼위일체적 세계관의 전체적 모습을 볼 수 있는가. 이 편지는 서기 58년경에 쓰였다. 그 당시는 아직도 삼위일체 신학이 발전되지 않았던 때이다. 이것이 어느 정도의 모습이 드러나기까지는 3세기가 걸렸다. 그러나 최고의 신비주의자인 바오로는 이 편지에서 이미 그 모든 것을 직관하고 있다. 그는 이미 자신의 체험을 가능케 해주는 자석과 같은 원천으로서 삼위일체의 위격들 셋을 다 언급하고 있다.

바오로 학파에서 콜로새인들에게 보낸 편지는 영원한 위로와 영원한 고통의 원에 그 공로를 돌릴 우리의 힘에 대해서 더 상세하게 말한다.

> 이제 나는 여러분을 위하여 고난을 겪으며 기뻐합니다. 그리스도의 환난에서 모자란 부분을 내가 이렇게 그분의 몸인 교회를 위하여 내 육신으로 채우고 있습니다.(콜로 1,24)

바오로는 여기서 무엇을 말하려는 것일까? 분명히 그는 자신을 끌어들인 참여적 신비에 연루된 것이다. 이전에 신비주의자들의 생애를 읽었을 때 나는 그들이 예수님의 고통을 느끼기 위해 항상 기도했다고 생각했다. 그들은 늘 십자가를 붙들거나 응시하는 이들로 묘사된다. 나는 솔직히 그들이 가학 피학성 변태자들(sadomasochists)이라고 생각했다.

그러나 내가 틀렸다. 나는 이 신비주의자들을 잘못 이해했었다. 그들은 춤을 추고 있는 누군가로만 이해될 수 있다. 내가 두 사람의 예를 제시해보겠다.

첫 번째 사람은 16세기 스페인 가르멜회의 스승인 아빌라의 데레사이다. 그는 수도회 개혁에 필요한 예리한 통찰력과 영을 지녔었기에 1970년에 교황 바오로 6세에 의해 교회의 박사로 선포되었다. 그는 이렇게 말했다.

> 내 영혼은 불붙기 시작했는데, 마치 내가 복된 삼위일체 전체가 현존해 있는 지성적인 모습을 분명하게 보는 것 같았다. … 세 위격들 모두 내 영혼 안에서는 구분되게 보였고, 그분들이 나에게 내가 그날부터 세 가지 점과 관련하여 성장하는 모습을 보게 될 것이고, 세 위격들이 각각 나에게 은혜를 줄 것이라고 말하면서 나에게 말을 건네 왔다. 한 가지는 사랑의 은혜이고, 다른 하나는 기쁘게 고통을 참아 받을 수 있는 은혜이고, 세 번째는 영혼 안에서 타오르는 불과 더불어 이 사랑을 경험하는 은총. … 단 한 분의 하느님이신 그 세 위격들이 내 영혼에 단단히 각인

되었기에 나는 그러한 신적 동반이 계속될 것이고, 또 그로 인해 그 동반을 회상해내지 못한다는 것이 불가능한 일임을 깨달았다.[9]

두 번째 본보기인 에티 힐레숨Etty Hillesum은 신비와의 이 친교의 일치, 참여 그리고 연대는 아주 깊어져서 자신이 사형을 당하게 될 아우슈비츠 강제수용소로 이송되기 전인 웨스터보르크Westerbork 임시수용소에 있을 때 이 신비와의 일치에 대해 다음과 같이 썼다.

하느님, 저는 어떻게든 당신과 함께 고통을 받고 싶습니다. 이 모든 고통은 어떻든 간에 당신의 고통이고, 저는 당신과 더불어 그 고통에 참여하고 싶습니다.[10]

우리는 모두 비극적이게도 위안을 찾고자 하는 우리의 모든 노력에도 불구하고 우리가 충만한 생명을 얻기에는 턱없이 부족하다는 것을 알게 된다. 너무도 실망스럽게도 우리는 우리의 그런 노력에서는 아무것도 얻을 수 없다는 것을 알게 된다. 우리 모두는 결국 우리 마음과 영혼이 스스로 찾고자 하는 곳에 있는 여물통에서는 먹을 것을 구하지 못한다는 것을 발견하게 된다.

하느님은 "옛날 옛적에" 계셨던 분이 아니시다. — 하느님은 "절대 끝나지 않은 이야기"이시고, 우리 이름은 그 이야기에 기록되어 있다.[11]

이것은 놀랍지만 기쁜 소식이고, 여기에서부터 우리는 의식적으로 자유와 의미를 끌어낼 수 있다. 우리는 세상의 심장에서 자유를 위한 공간을 창조해내면서 하느님과 실질적으로 협력할 수 있는 것처럼 보인다. 바오로는 이것을 "함께 일하는 것" 혹은 협력(co-operation)이라고까지 말했다.[12] 에티 힐레숨은 웨스터보르크에서 엄청난 고통을 당하고 있을 때 놀라울 정도의 평화와 사랑 그리고 하느님과의 친교 안에서 살았다. 그녀는 자신과 다른 이들을 위한 자그만 자유의 공간을 창조해내었다. 그녀는 생명의 가장 깊은 의미를 발견하였던 것이다.

이것이 충만한 현실이고, 또 이 현실이 너무도 충만해서 아래쪽까지도 포함할 수 있다. 에티 힐레숨은 하느님 안에서 완전하게 작용하고 있었고, 심지어는 하느님으로서 자신의 고통 안에서 작용하고 있었다. 그녀는 자신의 생명보다 더 큰 생명 안으로 이끌려져서 신비의 순환 안에서 완전히 꽃피웠다. 그녀는 아마도 자신이 왜 내가 하느님 당신과 더불어 어떻게든 고통을 받고 싶다고 한 그 비논리적 상황을 생각하고 말했는지 이해하지 못했을 것이다. 그것은 우리가 가학 피학대성 변태적 성향으로 고통이나 아픔을 찾는 것과는 다른 것이다. 오히려 그것은 우리가 고통에 직면하는 상황에서 사랑의 흐름에 연결되어 있다면 그 고통에 과감히 직면할 수 있는 능력이 향상하는 모습을 발견하는 것이라고 말할 수 있다. 분명히 그런 때마저도 우리는 자신을 보호하기 위해 경험해보지 않은 고통의 정도에 대비해야 한다. 우리가 그 모든 것을 참아낼 수는 없어도 하느님은 엄연히 하실 수 있다. 그것이 바로 십자가를 통해 우리가 보는 바이다. ―하느님은 역사의 모든 고통을 다 받아들이신다. 여러분이 그 모든 것을 받아들이지 않아도 된다. 하지만 그 고통을 완전히 막으려고 하지 마라. 고통이 가져다주는 선물인 연약함을 여러분은 인정하기만 하면 된다. 그리고 그중 어떤 것들이 여러분을 변화하게 하면 된다. 이 고통이 여러분을 편안한 영역에서 끌고 나와 우리 모두 하나가 되는 이 더 큰 곳으로 가게 하라. 어찌 보면 고통은 딱 한 가지, 즉 하나의 우주적 슬픔이고, 그것이 바로 하느님의 고통이다. 그리고 우리는 모두 그것을 공유하는 것이다.

공감으로 인해 하느님과 인간의 연대에 들어서는 것은 단순한 신학적 이론에서 나올 수 없는 것이다. 이것은 오히려 많은 성인에게서 그들의 성소요 초대, 심지어는 특전으로까지 보이기도 한다.

처음에는 이 연대를 성소로써 받아들이지도 않고, 또 분명하게 특전의 자리로서도 받아들이지 않은 사람들, 즉 현금의 지배적 문화가 그들을 무기력하게 하고 심지어는 억압까지 하는 사회에서 살아가는 이들의 목소리를 들을 때 나는 훨씬 더 인상적인 연대의 모습을 보게 된다.

"하층민"에게서 이런 신성한 춤을 표현하는 말을 들어보자.

> 하느님은 사랑 가득한 삼위일체 공동체로서 고통과 미움, 분열로 찢긴 인간 공동체들을 새로 낳기 위해 "춤추신다." 하느님은 "슬픔으로 가득 찬" 경험 속에 있는 억압받는 이들을 공감해주시고, 정의를 위해 그들의 화를 창조적이고 건설적으로 방향을 잡아주신다. 특별히 세상의 시작 때부터 피조물 위에서 맴돌던 성령은 하느님의 창조적이고 "생명을 부여하는 관계"인데, "아무것도 없는 곳에서 무언가를 가능케" 한다. "그녀"는 "추함에서 아름다움을 창조하고 고통 한가운데서 생명을 기념하며, 미움 한가운데서 사랑을 품고 걸어가도록" 파견된 하느님의 관계적 행위이다. 성령은 생명을 주는 관계로서 인간 사회들이 하느님

모상 안에서 실현되도록 예언자적인 노력을 하신다.[13]

삼위일체는 모든 것 안에 있는 모든 것으로서의 하느님이시고, 그래서 예외가 전혀 없이 어디에나 계신다. 그러나 만일 하느님이 좋아하시는 장소가 있다고 가정한다면 그곳은 언제나 "다른 이들" —즉 권력의 가장자리에 있는 이들— 과 연대하는 곳일 것이다. 흑인 해방운동 신학자인 제임스 콘James Cone은 이에 대해 다음과 같이 도발적으로 말한다.

> 하느님은 검다.… 하느님은 어머니시다.… 하느님은 빨갛다. 하느님이 검다고 하는 말에는 하느님의 본성의 핵심이 해방의 개념 안에서 발견된다는 것을 의미한다. 하느님의 삼위일체적 관점을 진지하게 생각해본다면 흑인 신학에서는 하느님이 창조주로서 이스라엘의 억압받는 이들과 당신의 정체성을 함께 하시고, 이 사람들을 낳는 일에 참여하셨다. 하느님은 구원자로서 모든 사람이 억압으로 해방되도록 몸소 억압받는 자가 되셨다. 하느님은 성령으로서 해방의 일을 계속하신다. 성령은 오늘날 우리 사회 안에서 해방의 힘으로 작용하는 창조주요 구원자의 영이시다.[14]

우리 ―특별히 더 특전적 위치에 있는 우리― 는 이 말을 과감히 받아들이는가. 우리가 삼위일체적 관점을 지니고 있다면, 우리가 반드시 이 말을 받아들여야 한다고 나는 말하고 싶다. 하느님의 겸손은 이 받아들임을 요구하신다. 그분이 어디에 계시든 사랑하는 분에게 합류한다는 것은 이 얼마나 절대적 자유인가! 특별히 그분은 당신이 사랑하시는 공동체에서 존엄성과 화합, 창조, 해방이 증가하도록 선의의 투쟁을 하시며 사신다. 우리는 예수님이 이 지상에서 사시는 동안 고통이 있는 곳이면 어디든지 가셨다는 것을 안다. 그리고 그분의 견습생들은 그분을 따를 뿐이다.

하나 됨

때때로 나는 이와 관련하여 논쟁을 불러일으킬 때가 있다. 왜냐하면 우리 프란치스칸들은 하느님의 인간과 하나 됨(at-one-ment)을 속죄 이론의 관점에서 설명해본 적이 전혀 없기 때문이다. 이 속죄 이론은 많은 이들에게 익숙한 것으로, 몇몇 신학자들은 이를 "형벌 대속론"이라고도 말한다. 우리는 이와 관련한 13세기 논쟁 이후로 한 번도 그렇게 설명해본 적이 없다.

부디 내가 예수 그리스도 안에서, 그리고 예수 그리스도를 통하여 하느님이 이루신 구원 업적에 대해 질문을 던지는 것이 아님을 이해해 주기 바란다. 나는 그저 그것에 대한 특별한 해석에 관해 질문을 던지는 것이다. 사실 이 해석은 초대 교회부터 중세 이전까지는 전혀 들어 본 적이 없었던 것인데, 지난 천 년간 차츰차츰 강해진 해석이다.

나는 이 형벌 대속론이 매우 위험한 이론이라고 생각한다. 그 이유는 우선 첫째로, 이 이론에는 당신의 피조물을 사랑하고 용서하고자 하는 성부 하느님의 자유가 결핍되어 있기 때문이다.

사람들이 하느님의 무한한 사랑을 신뢰하도록 하는 것은 이미 참 어려운 일이 되어버렸고, 또 이런 노력을 한다고 해서 아무런 도움도 되지 않는다. 나는 오랫동안 영신 지도를 해오면서 이런 사실을 알게 되었다. 구원에 대한 "상거래식" 설명이 우리가 모두 절실히 필요로 하는 신뢰와 사랑으로 우리 마음을 바꾸지 못하도록 한다. 사실 이 변화가 우리에게 절대적으로 필요한데도 말이다. 인간들은 사랑을 비추어 보는 과정에서 변화하는 것이지, 어떤 대가를 치르거나 빚을 갚아서 이루어지는 것이 아니다. 이 생명 없는 상거래식 접근법은 예수님을 거룩한 삼위일체의 샘처럼 흘러나오는 충만함으로부터 빼낸 데 대한 직접적이고 불행한 필연적 귀결이다.

십자가는 하느님의 고정된 이콘이며 이미지로써, 거부당하는 것이 어떤 느낌인지를 하느님이 아신다는 사실을 드러내 준다. 하느님은 버림받음의 경험 안에서 우리와 연대하신다. 하느님은 멀찍이 안전한 곳에서 고통을 지켜보시는 분이 아니시다. 믿거나 말거나, 하느님은 어떻게든 우리와 더불어 고통 안에 계신다.

하느님은 우리가 생각했던 것보다 더 이상할 뿐만 아니라 우리가 생각할 능력 이상으로 더 이상하신 분이시다! 그러나 우리는 구원이라는 것을 일종의 대가적 논리와 정의의 이론으로 끌어내리려고 하였다. ―설상가상으로 그것은 보복의 정의이다! 예언자들을 통해 드러난 하느님의 정의는 언제나 회복시켜주는 (restorative) 정의이지만, 이를 이해하기 위해서 변모된 의식이 필요하다. 예를 들어, 에제키엘 예언서 16,53-55을 읽어보라. 여기서 에제키엘은 이스라엘 백성에게 고함을 쳐 혼낸 후 연속해서 "회복하다(돌아가다)"라는 단어를 네 번이나 사용하고, 그다음 바로 또 "회복되다"라는 단어를 세 번 더 말한다. 하느님은 그들을 더 깊은 차원에서 더욱더 사랑함으로써 이스라엘을 "벌주신다." 이는 하느님께서 인간의 모든 영혼에 대해 하시는 것과 똑같다. 이것이 바로 성경의 회복하는 정의의 주제이지만, 보복하는 정의에 익숙한 우리 문화에서는 이 문화의 멈추지 않는 보복성 북소리로 인해 '회복하는 정의'라는 것이 심지어 반-문화적인 것으로 들리기까지 한다.

우리가 참으로 하느님과 더불어 나아가기 위해서는 대가식의 보복하는 정신을 부숴버려야 한다. 이것이 바로 은총과 과분한 자비에 대한 고유하고 유일한 설명서이다. 신비주의자들은 이 새로운 셈법을 받아들인 사람들인데, 이 받아들임은 언제나 자기-포기와 떨어짐의 행위로 나타난다. 에제키엘은 하느님이 이스라엘의 모든 잘못을 용서해주실 때 이스라엘은 "수치를 당하고" "혼란스러워지며" "입을 열지 못할" 것이라고 말한다.[15] 은총과 자비는 언제나 에고에게 굴욕처럼 느껴진다. 우리는 하느님이 우리를 알고 사랑해주시는 것을 충만한 최후의 선으로 받아들여야만 한다. 그러나 여러분은 이것을 알아야만 한다. 에고에게는 이것이 언뜻 보기에 뭔가를 잃는 것처럼 느껴진다는 것이고, "계산하는" 정신에는 이것이 부당한 자비라고까지 느껴진다는 것이다. 근본적으로 우리는 계산하고 재고 저울질하는 것을 멈추어야 한다.

요한1서 4,10의 말씀을 다음과 같이 바꾸어 말해보겠다. 그 사랑은 이렇습니다. —우리 인간의 사랑 계산법으로 하느님을 한정 짓지 않고, 오히려 하느님의 무한한 사랑으로 우리의 사랑에 대한 개념을 전적으로 새롭게 정의하는 것입니다.

우리가 사랑할 때마다 우리는 하느님의 고통 그 자체에 어떤 식으로든 참여하는 것이다. 하느님의 고통이란 모든 것으로 채워지게끔 먼저 공간을 만들어 놓는 필수적 자기-비움이다. 그렇다. 희망컨대 우리는 인간의 이 땅에서의 고통을 반대하여 우리의 생명을 내어놓아야만 한다. 그러나 역설적으로 우리는 육화하신 분, 즉 세상을 치유하시는 분의 신비에 참여하는 하나의 생생한 방식으로 고통을 끌어안는 것이다.

우리는 할 수만 있다면 고통을 없애버리고 싶어 하고, 가능한 대로 인간의 아픔을 줄이고 싶어 한다. 우리는 비록 우리 죄와 서로 간의 배척으로 인해 이 세상에 고통을 증가시킨다는 것을 모두 알고 있기는 하지만, 그 고통을 부과시키고 싶어 하지는 않는다. 그러나 어떻든 간에 우리는 우리의 선물이며 소명에 따라 고통을 완화하기 위해 할 수 있는 모든 것을 해보고 난 후에야, 우리가 모든 것을 있는 그대로 끌어안고, 남은 것마저 끌어안는 쪽으로 인도된다는 것을 알게 된다. 그리고 이것이 종종 고통과 아픔 그 자체가 된다. 그렇지 않은가.

아마도 이것은 참으로 위대한 죽음일 것이고, 또한 이것은 내가 싸우거나 도망가던 내 삶의 남은 세월을 더 그렇게 허비하지 않을 제삼의 장소일 것이다. 이곳이 바로 내가 미워하거나 탓을 돌릴 누군가 —나 자신이거나 다른 누군가가 될 수 있음— 를 찾는 것을 포기하는 곳이다. 이때 나는 어떻게든 이 아픔과의 연대로 들어서게 될 것이다. 나는 버리고 배반하고 소외시키는 다른 이들의 일에 참여하지 않을 것이다.

그래서 삼위일체의 신봉자들인 성인들은 우리가 언제나 주변부로 나아가고 바닥으로 내려가며 가장자리로 배척된 이들에게로 나아가야 할 필요가 있다고 보는 이들이다. 예수님은 계속해서 사회가 "죄인들"이라고 낙인찍은 나환우들과 같은 이들에게로 가신다. 당신 손수 이렇게 행하는 것보다 어떻게 이것을 더 분명하게 하실 수 있었을까? 일단 우리가 이것을 참으로 알게 되면, 세상 어디서도 볼 수 있는 오래된 두려움, 즉 하느님께서 고통을 일으키신다는 두려움에 빠진다는 것은 상상도 할 수 없는 일이 되고 말 것이다. 사실 이 두려움은 늘 지적인 측면에서의 걸림돌이 되어 왔다.

십자가 위에서 우리는 스스로가 희생자가 되시고, 스스로 고통을 감수하시면서 고통을 치유하시기 위해 당신의 온 삶을 바치신 한 사람을 만나게 된다. 스스로가 고문하는 자, 살인자, 폭군 혹은 압제자가 되시는 대신에 예수님은 인류의 희생 문화 안에 함께 들어서신다. 그리고 예수님이 당신의 부활을 경험하시는 곳도 바로 여기서이다. 그분은 희생자 역할도 하지 않으시고, 희생자들을 만들지도 않으신다. 이것이 역사와 영원성 이전에 구원하는 고통이라는 제삼의 길을 여는 것이다.

예수님 자신이 이 변모의 장소에서 돌아가시고 다시 태어나신다. 완전한 연약함으로 받고 돌려주는 이 완전한 역동성을 가장 제대로 묘사하는 단어는 묘하게도 용서라는 단어이다.

예수님 가르침 중 3분의 2가 직간접적으로 용서에 관한 것이라는 점이 놀라운 일은 아니다.

용서하기 위해 여러분은 다른 사람들을 온전한 인격체로, 하느님의 신적 모상으로 볼 수 있어야 한다. —적어도 순간만이라도— 이는 거룩함과 공포를 동시에 포함하는 것이다. 달리 말해서, 여러분은 부정적인 면을 제거할 수 없다는 것이다. 여러분은 그 사람들이 여러분에게 상처를 주었다는 것을 안다. 여러분은 그 사람들이 잘못된 뭔가를 저질렀다는 것을 안다.

여러분은 역설과 더불어 사는 법을 배워야 한다. 그렇지 않으면 여러분은 용서할 수 없을 것이다. 관습에 빠진 종교들 대부분이 지닌 문제는 다음과 같은 문화적 태도다. "그래, 그들이 그럴 만할 때, 그들이 용서받을 만한지를 증명할 때 내가 용서해야지."

그건 용서가 아니다. 그건 협상일 뿐이다!

하느님은 여러분의 그 완고하고 부당한 모습마저도 다 포함하여 여러분을 사랑하신다. 즉 여러분이 선과 악으로 뒤섞인 상황에서도, 여러분이 자랑스럽게 변화를 거듭하는 상황에서도 하느님은 여러분을 사랑하신다. 여러분이 완벽하게 사랑스러운 사람이 아닐 때도 하느님은 여러분을 온전히 사랑하신다는 말이다.

여러분이 사랑받는 신비에 참여할 수 있을 때 여러분이 오합지졸인 상태에서마저도 여러분은 용서의 선물을 받을 수 있다. 그리고 내가 아는 한 그곳이야말로 다른 이들을 용서하는 법을 아는 유일한 자기장 중심이다. ―특히 사람들이 정말로 여러분을 괴롭히고, 배반하고, 걷어차고, 모욕할 때 말이다. 그리고 조만간 이것이 우리 모두에게 주어진다.

그래서 우리 프란치스칸들은 대속(atonement)이라는 "수사학적" 개념을 거부했던 것이다. ―이 대속 개념은 하느님의 본질을 해칠 뿐 아니라 혼란한 현실을 과도하게 깨끗이 해놓으려 하는 것이고, 하느님의 직접적인 용서에 어긋나는 추상적 개념이 된다. 송두리째 흔들리는 용서받는 삶의 경험은 우리가 용서라는 것을 단순히 법적인 용서로 전락시키고자 할 때 요원해져 버린다. 가톨릭의 대사나 고해성사 혹은 개신교의 구원에 대한 상거래식 이론이 바로 그런 것들이다. 그러한 접근법은 다음과 같은 마음 자세를 반영해준다. "우리가 뭔가 해보자. 우리가 할 수 있다면 이 관계적 연약함 전체를 피해 보자. 괜찮지 않은가. 확신과 내맡김이란 것들은 집어치우자."

이런 종류의 종교는 삼위일체적이지 않다. 이런 종교는 신성한 춤에 참여하는 것이 아니고, 더욱이 우리를 진정한 목적지에 데려다주지도 못할 것이다. 내가 무한한 자비의 폭포 아래 서 있을 수 있기에 나의 부당함에도 불구하고 온전히 사랑받는다는 것을 알 수 있을 때 나는 쉽사리 여러분에게 그 자비를 전해줄 수 있을 것이다.

여러분이 용서와 관련하여 어떻게 하고 있는지 매일 점검해 보길 바란다. 이것이 바로 여러분이 하느님의 너그러우심이라는 계산할 수 없는 신비 내부에서 살아가고 있는지를 알아볼 수 있는 좋은 점검이라고 나는 생각한다.

여러분은 용서하기가 더 힘든 것이 무엇인지 아는가. 대개는 더 힘든 용서는 사소한 것들, 즉 축적된 억울함과 같은 것들이다.

다른 사람에 대해 여러분이 알고 있는 자그마한 것들이 바로 그런 것이다. 그 사람들이 여러분에게 행한 자그마한 잘못들. 큰 문제도 아니지만, 에고는 그런 것들을 고집하고 싶어 한다. 그런 것들이 반복적 긴장 장애와 같은 병을 만든다. 나는 많은 경우에 우리에게 가해진 정말 사소한 상처들이 그저 너무도 미미하기에 우리가 그것들을 털어내기가 훨씬 더 힘들다고 생각한다. 그래서 우리는 무의식적으로 그런 것들을 축적하여 우리의 숨통을 조이게 한다.

그러나 하느님은 거래하시는 분이 아닐 뿐 아니라, 하느님은 궁핍하신 분도 아니시다. 여러분은 하느님을 신뢰해도 된다. 왜냐하면 그분은 여러분이 바라시는 대로 여러분을 대해주시는 분이시기 때문이다. 그분은 여러분의 사소한 잘못과 어리석음, 판단하는 마음, 사랑을 거부하는 마음, 모두를 나 몰라라 하시는 분이시다. 그러면서도 그분은 여러분을 여전히 온전한 인격체로 바라보신다.[16]

하느님이 여러분 안에서 당신 아들 예수를 알아보실 수 없다는 것은 천부당만부당한 일이다. 여러분은 그리스도의 몸이다. 여러분은 하느님 뼈의 뼈다. 하느님은 여러분을 사랑하는 것을 멈추실 수 없다. 그래서 그 어떤 엄청난 노력도 하느님이 지금 여러분을 사랑하시는 것보다 하느님이 여러분을 더 사랑하게 할 수 없다. 그리고 여러분이 그 어떤 노력을 해서 여러분을 엉망으로 만든다 해도 하느님이 지금 여러분을 사랑하시는 것보다 여러분을 덜 사랑하시게 할 수 없다.

여러분은 전적으로 무력한 위치에 있기에, 여러분의 에고는 그것에서 벗어나려 투쟁을 벌인다. 여러분은 단지 방해받지 않은 대화를 나누는 춤에 자신을 내맡기고 거기에 들어서면 된다. 이곳은 찬미의 강강술래가 이루어지는 곳이고, 이 친교의 순환 고리를 우리는 복된 삼위일체라고 부른다.

삼위일체 신비를 풀어보고자 하는 시도를 시작할 때부터 나는 이 교의가 지닌 능력이 언뜻 보기에는 우리에게 너무도 난해하고 심원하며 심지어 의미가 없어 보이기까지 했지만, 실제로는 우리를 다른 우주로 옮겨줄 만큼의 능력이 있다는 사실에 놀라움을 감출 수 없었다.

이것은 다른 형태의 그리스도교 정신이다. 이것은 다른 형태의 우주론이다. 마치 이것이 모든 것, 즉 하느님뿐 아니라 다른 모든 것의 형태라고 생각할 정도다.

> 그렇다면 하느님의 분노는 무엇인가.

그렇다면 삼위일체 하느님 안에서 분노는 어디에 위치하는가. 여러분은 필시 히브리 성경(그리스도교 구약성경)에서 하느님의 분노에 관한 구절들을 들으며 자랐을 것이다. 그리고 바오로 사도마저도 "하느님의 분노"에 대해서 언급한다.[17] 그래서 여러분은 자명하다는 듯이 이렇게 말할 것이다. "그래. 그러면 성경에 그런 구절들이 왜 있어?"

정말로 왜 그럴까? 특정 성경 예화들에서 하느님은 며칠간 마음이 틀어져 있는 것 같기도 하다. 언뜻 보기에 하느님이 우리를 사랑하시지 않는 것 같다. 물론 이는 우리 가톨릭 계보에서 결국은 "영혼의 어두운 밤"이라고 칭한 것에 대한 적절한 언어를 찾는 가운데 생겨난 것으로서 당연하게도 우리 경험에 대한 해석이라고 보아야 한다. 이 시기에 우리는 존재를 은총과 사랑, 주어지는 것으로 보는 경험을 하지 못한다. 결국, 우리는 이 모든 것을 하느님에게 투사하는 것이다. 명확하지 않은가.

물론 그렇다고 해서 신성한 주어짐이 객관적으로 지금 여기에 존재하지 않는다는 것을 말하려는 것은 아니다. 여기서 말하려는 것은 우리가 그 주어짐에 의지하지 않는다는 것이다. 무슨 이유이건 간에, 우리는 그 주어짐에 다가가려 하지 않고, 누리지도 않으며, 그것에 참여하지도 않는다. 피터 엔스Peter Enns가 이를 예술적으로 설명하는 바에 의하면 성경은 온전히 신적인 기원을 가지면서도 또한 온전히 인간적 기원도 갖는다.[18] 성경은 늘 인간의 전망에서 인간에 의해 쓰인 것이다. 우리는 그것을 "하느님의 말씀"이라고 부르지만, 성경의 내용들 가운데 명백하게 인준한 유일한 하느님의 말씀은 영원한 로고스(말씀)이신 예수님이다. 영감에 의해 쓰인 성경의 말씀들은 우리 사람의 말이다.

내가 쓴 책『Things Hidden』(숨겨진 것들): Scripture and Spirituality(성경과 영성)에서 나는 성경 자체는 계속해서 점진적으로 발전해가는 것이라고 묘사하고 있다.[19] 여러분은 성경 안에서 예수님이 인격화한 은총이 되시기까지 계속해서 발전하는 은총의 신학을 향해 움직여가는 기승전결의 틀을 보게 된다. 그러나 그것은 우리의 정신(psyche)이 완전히 이해하기에는 어려운 개념이다. 우리가 그것을 거부하기 때문에, 여러분은 성경 본문 대부분에서 인류학자인 고故 르네 지라르Rene Girard가 "역경을 겪는 본문(text in travail)", 고통당하는 본문이라고 칭한 내용을 보게 될 것이다. 그리고 우리는 그것이 신약성경에서도 여전히 그런 모습으로 드러난다는 것을 알아야 한다. 예를 들자면, 심지어 하느님의 무조건적 사랑에 대한 요한의 진술도 여전히 조건적 사랑을 내포하는 것 같은 여러 구절과 함께 섞여 나오고 있다. "만일 너희가 내 계명을 지킨다면"이라는 말이 직접 나오거나 여러 차례 함축된 내용으로 나온다. 내 생각에 이것은 사랑을 살아가는 데 있어 성장하는 법을 정말 천재적으로 보여주는 것이다. 심리학적으로 말해서 인간은 실질적으로 무조건적 사랑에 대한 인식과 그 필요에 다가가기 위해 일련의 조건적 사랑이 필요하다. 이것은 내 책 『Falling Upward(위쪽으로 떨어지기)』에서 내가 많이 주장하고 있는 내용이다.[20]

우리는 공짜 사랑(은총)의 약속을 때때로 받는데, 그것은 언제나 우리 정신과 마음이 믿기에는 너무 어마어마한 것이다.

성경 본문은 영혼의 성장과 거부를 다 반영해준다.

그리고 우리 정신은 신비의 차원을 이해할 수 없기에 이렇게 말한다. "그럴 리 없어." 성경은 다양한 음이 합성된 심포니이고, 성경 자신과의 대화인데, 거기에서 화음과 불협화음이 함께 연주된다. ─ 세 걸음 앞으로, 두 걸음 뒤로. 그런데 서서히 이루어지지! 하지만 종국에 가서는 세 걸음이 승리하게 된다. 여러분은 거룩한 책(성경)의 가속도를 알아보게 되고, 바로 그것이 역사를 이끌어간다는 것을 알게 된다. 그리고 본문은 냉혹할 정도로 가

차 없이 끌어안음과 자비, 무조건적 사랑, 용서라는 곳을 향해 움직여간다. 나는 이것을 "예수님의 연금술"이라고 부른다. 예수님은 성경을 당신의 삶의 방식으로 해석하신다. 그분은 성경이 제국주의적이거나 가혹하거나 배타적이거나 혹은 자기집단적인 모습으로 해석될 때 그 성경을 무시하거나 부정하거나, 공개적으로 반대하신다. 이에 대해서는 여러분이 한번 살펴보라.[21]

그래서 성경이 이 세상에서 최고의 책인 것이고, 우리가 솔직하다면, 성경이 이 세상에서 최악의 책이 되기도 한다. 그것은 성경의 내용 때문이 아니라, 그것을 읽는 이들의 영적 성숙도 때문에 그렇게 되는 것이다. 사랑이 전혀 없는 근본주의자들의 손에서 성경은 이 지구상의 어느 책보다도 더 심한 경직성과 극심한 편견, 증오심, 전쟁, 악, 살해를 보장해줄 수 있는 책이 되기도 한다. 여러분은 이것이 사실이라는 것을 알고 있다. 이것을 지금 보지 못하는 사람들은 오직 지배 그룹에서 편안히 지내는 사람들일 것이다.

성 토마스 아퀴나스는 '최선의 타락이 최악이 된다'라고 가르쳤다. 그래서 성경은 엄청난 선의 가능성을 지니고 있지만 우리 모두 우리의 정서적, 영적 발달 단계에서만 그것을 이해할 수 있을 뿐이다. 여러분이 흑백 논리에 여전히 사로잡혀 있고, 발걸음마다 확실성과 통제가 필요한 엄격함의 사람이라면, 글쎄, 삼위일체가 마음에 다가오지 않을 것이다. 은총은 논리가 무너져 내린 곳에서 모습을 드러내기에, 여러분이 할 수 있는 건 많지 않다. 어떤 성경 구절이 여러분에게 주어진다 해도, 여러분은 지독하게 복수하고 통제하는 식으로 그것을 해석할 것이다. 그것이 바로 여러분이 삶을 살아가는 방식이기 때문이다.

여러분 자신이 삶과 죽음의 순환 고리와 그 흐름에 진실하게 들어설 때 삼위일체는 여러분에게 있어 현실이 된다. 이것이 바로 '우리가 예수님의 죽음과 부활 때문에 구원된다'고 할 때 의미하는 바다. 정확하게 바로 그거다! 무엇보다 먼저 우리는 성장해야 하는데, 이 성장은 대개 사랑을 주고받는 물레방아 위에서 살아가는 법을 배우는 것이다. 아주 간결하게 말하자면, 여러분이 여기에서 그 흐름을 발견하게 될 때 여러분은 저 너머에서 그것을 보게 될 것이다. 우리는 이것을 유사함의 원리(Principle of Likeness)라고 부른다.

증오에 차 있는 사람들은 다른 모든 곳에서도 증오를 본다. 여러분은 그것을 의식해본 적이 있는가. 그들은 언제나 누군가가 자기들을 속일 것이고, 자기들에게 상처를 입히리라 생각한다. 그들은 어디를 가든 문제를 일으킨다. 우리는 그런 사람들을

"손이 많이 가는"(high-maintenance) 사람들이라고 부른다.

다른 한 편으로, 나한테 와서 이렇게 말하는 사람들도 있다. "오, 리처드, 당신은 정말 사랑이 많군요." 내가 그런 사람이기를 나도 얼마나 바라는지 모른다. 사실 나는 이따금 사랑한다. 그것도 내가 기분이 좋을 때 말이다. 그렇지만 항상 나에게 이렇게 말하는 사람들은 그들 자신이 정말로 사랑이 많은 사람들이라는 것을 나는 안다. 그들이 나를 그렇게 칭찬해주는 순간 그들은 나에게서 그 사랑을 가져가는 것이나 다름없다.

사람들은 때때로 놀라운 것이건 끔찍한 것이건 간에 온갖 종류의 일로 나를 고발하기도 한다. 물론 그들은 대개 반 정도만 옳다. 그러나 변함없는 것은 그들이 그들 자신에 대해서 말하고 있으면서도 그것을 볼 수 없다는 것이다. 이 유사함의 원리는 긍정과 부정의 모습을 지닌다. 여러분이 저쪽에서 보는 것이 여기에서 보는 것이다. 언제나. 신뢰심이 없는 사람들은 자신들이나 다른 사람들을 신뢰할 줄 모르기 때문에 그것을 여러분에게 투사하는 것이다.

삼위일체는 완전히, 정말 완전히, 참으로 완전히 긍정적인 움직임으로 이 부정을 아름답게 긍정으로 만들어 놓는다. 그리고 그 움직임의 방향은 절대 반대쪽으로 움직이지 않는다.

앞으로 갔다 뒤로 갔다 하는 우리의 패턴은 성경 전체에 걸쳐 잘 묘사되어 있다. 그래서 우리는 종종 그 방향을 바꾸거나 본래의 것을 반대로 만들기도 한다. 어느 정도 시간이 지나면 여러분은 이것을 자연스럽게 알아차리게 될 것이다. 그러나 하느님의 관대하심은 오직 주기만 하시는 삼위일체 안에서 되돌려지지 않는다.

하느님은 항상 주기만 하신다. 심지어는 우리가 그 사랑에 다가갈 수 없는 경험을 하는 순간마저도, 즉 우리가 그 사랑을 마치 거룩한 분노같이 느낄 때마저도 하느님은 주기만 하신다. 여러분이 이런 느낌 속에 있다는 결론에 이르렀을 때, 잠깐 여러분의 영혼에 가까이 있어 보라. 우리는 모두 필시 이런 경험을 하루에 적어도 두 번은 할 것이다. '내가 왜 그랬을까?'라고 하며 우리는 우리 자신을 비난하거나 하느님께 그 탓을 돌릴 것이다. 정말이다!

어떻게 이 악순환에서 벗어날 수 있을까? 다른 사람들에게 향한 것이든, 여러분 자신의 동기로 향한 것이든, 아마도 특히 하느님에게로 향한 것이든, 이런 투사들을 직시하고 그것을 극복하라. 실제로 하느님은 여러분을 이런 부정적 경향의 악순환에서 빼내기 위해 가장 잘 준비된 신성한 미끼이시다. 그러나 여러분이 그 부정적 경향을 하느님 탓으로 돌린다면, 여러분은 정말 영적으로 곤란에 처하게 될 것이다. 왜냐하면 여러분이 퀴블러 로스Kubler-Ross의 슬픔과 사망 단계에서 거부, 분노, 협상 그리고 낙담의 네 단계를 건너지도 않고 다섯 번째 단계인 신적인 수용에 이른다는 것은 당치도 않은 일이기 때문이다. 여러분은 이런 상황에서 빠져나갈 길을 전혀 찾지 못하는 것이다.

현시대의 영적 선생 중 많은 이가 우리 문제 대부분이 겉보기에는 심리학적인 모습을 띠지만, 그 해결책에 가서는 영적인 모습을 띤다고 말하는 이유는 우리가 지금 얘기하고 있는 이 명백한 패턴 때문이다. 중세 그리스도인들 대부분은 지금 우리보다 영적 해결책을 더 쉽게 신뢰했으며 오늘날 우리만큼 심리학적 현상을 묘사하는 어휘를 많이 갖고 있지 않았다. 우리는 심리학적 차원을 다양한 방식으로 분명하고 뚜렷하게 설명하는 법을 잘 알기에 요즘 사람들은 정교하고도 도움이 되는 이런 심리학적 설명에 집착하고 살기는 하지만, 그들에게는 그 모든 어려움을 내어 맡겨 드릴 분이 없다. 우리가 하느님 사랑의 영원한 물레방아와 같은 그 사랑의 춤에서 빠져나왔기 때문에 우리에게는 수신기지(Receiver Station)가 없는 것이다.

지금까지 말한 것을 요약자면, 내 믿음으로는 그것이 무엇이든 간에 하느님 안에 진노나 분노가 없다는 것이다. 하느님이 삼위일체인 이상 그것은 신학적으로 불가능하기 때문이다.

우리의 지평을 넓히기

"왜 삼위일체인가. 왜 하필 지금인가"를 살펴보는 데 있어 우리의 두 번째 요점은 확장된 신학적 어휘를 사용하는 경향이 강해지고 있는 요즈음 분위기와 관련이 있다. 여러분이 개의치 않는다면 나는 그리스도교 바깥에서 삼위일체에 대한 힌트를 좀 이야기해 보겠다. 고도로 극단화한 우리의 종교 풍토 안에서 그리스도인들이 더러는 오랜 세대 동안 "순수하게" "우리의" 원천에서 오지 않는 것에 대해 두려워한다는 것을 나는 알고 있다. 참으로 묘하게도, 우리 성경은 이웃 종족의 믿음에서 온 요소들의 진가를 제대로 인정하는 예들이 풍부하다. 그리스도의 탄생을 정확하게 점쳐 아기 그리스도를 경배하러 오는 동양의 이방 점성가들이든,(마태 2,1-12) 예수님의 비유와 실제 만남에서 주인공으로 등장하는 여러 종교가 혼합된 이교도들인 사마리아인들이든,[22] 말씀(logos)의 개념을 우리에게 제공해준 그리스 철학이든,[23] '모든 것 안에 모든 것'인 하느님의 참된 본질을 알려주는 신-플라톤적 시詩를 긍정적으로 인용한 내용이든,[24] 이 모든 것이 다 그런 예이다.

우리는 두려워한다. 그렇지만 하느님은 명백히 두려움이 없으신 분이시다.

만일 진리가 정말 진리라면 … 만일 하느님 한 분이시라면 … 그렇다면 온 우주에는 하나의 현실이 있고, 하나의 진리가 있는 것이다.[25] 다른 종교들도 이와 거의 같은 결론을 내리게 된다면 우리 모두 행복해질 것 같지 않은가. 여러분도 이에 동의할 것이다. 그러나 오호라, 생각은 그렇지만 우리는 실제로 그런 것을 달가워하지 않는다. 그래서 우리는 벗을 알아볼 줄도 모르고, 그저 아무 이유도 없이 적들만 만들어내는 것이다.

힌두교는 어쩌면 지구상에서 현존하는 종교 중 가장 오래된 종교로서, 그 유래가 이미 5000년 전으로 거슬러 올라간다. 힌두교 신학과 힌두 언어는 하느님의 세 가지 특징을 말한다. 그렇기에 이 세 가지 특징은 다른 모든 현실의 세 가지 특징이 된다. 몇 년 전 인도에서 강의했을 때, 나는 이 세 개의 단어들을 자주 들었다. 삿sat, 칫chit, 아난다ananda.

여러분이 이것만 이해한다면, 내가 여러분에게 삼위일체를 이해시키기 위해 너무 애쓰지 않아도 되리라고 본다. 확신컨대 이것만 보더라도 하느님의 삼위일체가 분명한 사실로 드러나기 때문이다.

삿sat은 "존재"에 해당하는 말이다. 하느님은 존재 그 자체이시다. 이보다 더 자세하게 설명하는 것은 어려운 일이다. 힌두교는 은연중에 이 진리를 인식하고 있었던 모양이다. 이러한 존재는 바오로가 아테네의 아레오파고스(Mars Hill)에서 아테네인들에게 한 거리연설에서 잘 나타난다.[26] 그 존재는 우리가 아버지라고 부르는 우주적 존재, 모든 존재의 원천이다.

칫chit은 의식 혹은 지식에 해당하는 말이다. 하느님은 의식 그 자체이시고, 정신 그 자체이시며, 자각 그 자체이시다. 이 말이 로고스logos와 같은 말로 들리지 않는가. 분명히 그렇다. 물론 로고스에 대한 우리의 성경적 개념은 그리스 철학에서 온 것이다. 요한복음 저자는, 내가 지금 그러는 것처럼, 성경 밖(그리고 유대교 밖)의 지혜에서 이 개념을 가져온 것이다.[27] 지금은 어느 때보다 우리가 우리 믿음을 더 잘 이해하기 위해 우리가 공유하고 있는 세계 종교의 유산을 살펴보아야 할 때이다.

그리고 마지막으로, 아난다ananda가 있다. 나는 인도에서 '아난다'라는 이름을 가진 사람들을 많이 만났다. 그것은 행복을 뜻하는 말이다. 인도 사람들은 이것을 즐거움이라고 번역한다. 이것이 성령의 기쁨과 같다고 여겨지지 않는가. 선천적이고 창조되지 않은 행복, 즉 여러분이 사랑의 흐름 안에서 거부 없이 살아갈 때 경험하는 것이 바로 이것이다. 여러분을 행복하게 해주는 것은 모든 방향으로 움직여가는 것이지, 어떤 한 가지 대상에 의해 결정되는 것이 아니다. 예수님이 성령에 대해 말씀하셨듯이, 여러분은 성령이 어디에서 불어오는지 알지 못한다.[28] 여러분은 그것을 붙들 수도, 예측할 수도, 증명할 수도 없다. 여러분은 비둘기가 내려오거나, 바람이 불어오거나, 불혀가 내려오거나, 물이 흐를 때처럼 그저 그것을 누릴 수만 있다. 은총과 마찬가지로 아난다는 늘 "어디서 오는지 모르게" 갑자기 나타나는 선물이다.

샷-칫-아난다.

존재-지식-행복.

성부-성자-성령.

진리는 하나이고, 보편적이다.

침묵: 성부

성부는 존재 그 자체이고, 사랑의 흐름의 원천이며, 창조주-모든 것이 거기에서 나오는 형체 없으신 분이시다. "무(nothingness)"로서의 하느님, 말로 표현할 수 없는 신비.[29]

우리의 관상적 유산의 관점에서 볼 때, 성부 하느님은 일반적으로 말이나 발설을 넘어서 침묵 안에서 가장 잘 경험되는 분이시다. 이것이 바로 유대인들이 고수하는 바이다.[30] 이는 하느님 앞에서 우리가 겸손을 유지하게 해주는 개념이기에, 우리는 신적인 불가해성을 어떤 말로 파악한다는 것은 생각조차 하지 못한다.[31]

그리스도교 신비주의의 오랜 전통에는 믿는 이를 균형 잡히게 하고, 겸손하게 하며, 개방하게 해주는 데 필요한 두 가지 커다란 계통의 앎이 있다.

앎의 첫 번째 방식은 더 일반적으로 실천된 것으로서 카타파틱katapahtic —빛에 의해 보이는— 이라고 하고, "긍정적" 방식이라고도 하는 것이다. 이것은 정의된 말과 명확한 개념, 그림, 예식 등에 의존하는 앎이다. 로고스와 이미지 그리고 전시展示 —혹은 예술적 표현— 로서의 그리스도는 이 카타파틱 앎 혹은 긍정을 통한 앎을 대표해준다.

그래서 종교가 건강하고 행복하며 신비적일 때 이 빛에 의해 알게 되는 방식은 아포파틱apophatic —빛에 반하여— 혹은 어둠의 "부정을 통한 앎" 방식으로 균형이 맞추어진다. 이는 침묵과 어둠, 개방된 공간, 알 필요를 포기하는 것을 통해 아는 것인데, 말이나 이미지를 뛰어넘는 앎이다. 이 부정을 통한 앎의 방식에 대표적인 것은 존재의 토대 혹은 "성부"다.

부정을 통한 앎은 지난 500년 동안 거의 자취를 감추었다. 모든 수도회와 본당 그리고 일반 그리스도인들은 전반적으로 긍정적 앎에 익숙하다. 그래서 "성부"가 빛을 잃게 되는 결과가 빚어졌다.

위대한 영적 선생들은 늘 아는 것과 알지 못하는 것, 빛과 어둠의 균형을 맞출 줄 안다. 두 가지 방식이 다 필요한 것이고, 또 이 두 가지가 함께 믿음이라는 더 높은 차원의 아름답고 훌륭한 비이원론적 의식을 창조해내는 것이다. 나는 이 사이에서 나오는 에너지가 바로 성령이 당신의 활동을 드러내시는 것이라고 믿는다. —이는 긍정과 부정을 통한 앎이 건강하게 상호작용함으로써 나오는 에너지이다.

불행히도 이 역동적 힘은 자주 드러나지 않는다. 부정을 통한 앎은 늘 상대적으로 미미하게만 존재한다. 이는 우리가 문화적인 측면에서 볼 때 침묵과 경이로움, 알지 못함에 대해 불편해하는 것에서 드러난다. 오직 신비주의자들만이 이 부정을 통한 앎의 길을 성사 전통과 더불어서 잘 지켜 왔다. 그러나 이런 측면마저도 중세 가톨릭의 목욕물과 함께 신비적이고 성사적인 아기를 내던져 버린 개신교인들로 인해 의구심이 들게 되었다. 물론 퀘이커교도들은 모든 생명이 성사적이라는 관점을 견지하여 개신교의 신비주의적인 감각을 특유한 방식으로 회복하고자 하는 노력을 분명히 해왔던 것도 사실이다. 이것이야말로 내적인 신적 현존의 외적 표지이다.

우리 대부분은 말보다 앞선 침묵의 토대, 즉 말을 하고 있을 때의 여백, 말한 후에 느끼는 내면의 휴식, 말할 때 꼭 필요한 겸손 등을 알지 못한다. 이것이 인류의 체계적인 농업과 도시와 문명 도래 전의 우리 고대 조상들에게는 본능적인 것이었다. 그리고 이것이 여전히 아메리카 원주민들과 원주민 문화에서 훨씬 강하게 존재한다. 이런 곳에서는 고대의 본능이 더 잘 유지되고 있다.[37]

이것이 바로 "성부"의 세계다. 그분은 발설될 수도, 명명될 수도 없는 분이시다. 성부라는 이름의 하느님은 정확하게 드러나지 않는 분, 위대한 침묵의 존재, 발설할 수 없는 하느님이시다. 우리는 틀림없고 실수가 없는 말하기를 염원한다. 그럴 만큼 우리는 말 자체가 늘 비유라는 것을 잊은 채 우리를 실수나 오류에서 벗어나게 해줄 말에 우리가 가진 돈 전부를 거는 것이다.

우리는 기본적으로 성부 하느님을 억눌렀다. 그래서 그분의 명성은 이미 일반적으로는 건강치 못한 가부장제와 특별하게는 형벌 대속 이론에 의해 그 빛이 바랬다. 이런 상황에서 성부는 완전히 자유롭지 못한 분이시고, 용서할 수 없는 분이시며, 정의라는 매우 한정된 개념에 묶여 계신 분이시다. 그리고 솔직히 말해서 하찮은 분이요 벌주시는 분으로까지 인식되는 분이시다. 우리는 성부를 사랑하기보다 두려워했다. 이런 손실이 바로 그리스도교가 삼위일체의 세 위를 전부 다 새롭게 재발견해야 할 필요를 갖게 된 이유이다. 여기서 함께 견지해야 할 것은 겸손과 어둠과 침묵이라는 "부정의 방식에 의한 삼위일체" 개념이다.

그렇다고 "성부"라는 은유적 표현이 하느님을 어떤 성性에 속하게 하려는 것으로 생각하지 않기를 바란다. 그것이 초점이 아니다. 아바abba가 예수님이 아버지 안에서의 안전과 애정을 담기 위해 사용하신 단어이기 때문에, 이 성부라는 말은 단순히 우리가 사용하는 고전 용어가 되었을 뿐이다. 이 단어는 사실상 파파

나 아빠에 가장 가까운 말로서 어린이가 사용하는 말이다. 그러나 불행히도 이 단어가 암묵적으로 계층적 세계관을 인정하는 식으로 가부장적 문화 안에서 몇 세기 동안 사용됨으로써 이 단어 사용에 있어 어려움이 있는 것이 사실이다.

대조적으로 예수님의 아빠-아버지는 피라미드의 위쪽으로보다 테두리 내부로 향하는 경향이 훨씬 더 강하다. 이와 관련하여 이제는 고전이 된 샌드라 슈나이더Sandra Schnider의 작은 연구서 『Women and the World(여성과 세계)』를 읽어보라. 그녀는 여기에서 예수님이 하느님의 가부장적 개념을 뒤집어 바로잡기 위해 남성의 몸으로 오셔야 했을 것이라고 말한다.[33]

물론 모든 은유적 표현들이 불완전한 모습을 지니고 있다는 것을 우리가 인정한다면 우리의 정신은 그렇게 이름할 수 없음과 이해할 수 없음 앞에서 겸손해지지 않을 수 없다.

모세에게 주어진 첫 번째 은유적 표현, 야훼YHWH는 우리가 상상할 수 있는 모든 말들을 거부한다. 모세는 신발을 벗은 채 놀라서 여쭈었다. "당신의 이름을 알려주십시오."

명명될 수 없으신 분이 대답하셨다. "나는 곧 나다. (나는 지금 현존하는 나다.-I am Who I am)"[34] 이것을 번역할 수 있는 더 나은 방법은 아마 열 가지는 될 것이다. 나는 이것이 완벽한 번역이라고 생각지 않지만, 기본적으로 이분은 이렇게 말씀하신다고 생각한다. "그건 네가 상관할 일이 아니다. 나를 이름으로 파악하려 하지 마라. 나를 자그만 상자에 꾸겨 넣으려 하지 마라. 나는 앞으로도 나일 것이다(I will be who will be)."

이것은 유대인의 위대한 4자음 문자이다. 이 히브리 단어가 내가 살고 있는 산타 페의 성 프란치스코 대성당에 쓰여 있다.

יהוה

내가 알기로는 대성당 문 바로 위에 그 글자가 쓰인 곳은 여기가 유일하다. 나는 곧 나다. 19세기 대성당을 건축할 당시 장-밥티스트 래미Jean-Baptiste Lamy 대주교가 그곳의 유대 전통과 유대인들을 존중하는 마음으로 그 글자를 거기에 적어 넣었다고 한다.

어떤 면에서는 우리가 이 책 앞부분에서 공감했었고, 또한 이 책 마지막 부분까지 살펴보고자 하는 기도가 여기서 내가 말하고자 하는 모든 것을 축약해서 보여주고 있다.

저희를 위하시는 하느님, 우리는 당신을 아버지라 부르나이다.
저희 곁에 계시는 하느님, 우리는 당신을 예수님이라 부르나이다.

저희 내면에 계시는 하느님, 우리는 당신을 성령이라 부르나이다.

당신은 모든 것을 가능케 하시고, 펼쳐주시며, 생동감 있게 해주시는 영원한 신비이시나이다.

저희도, 저도 여기에 포함되나이다.

어떤 이름도 당신의 선과 위대함을 표현할 수 없나이다.

저희는 당신이 존재인 바 안에 계신 당신이신 바를 알 수 있을 뿐이나이다.

저희는 당신께 그렇게 완벽한 시각을 청하나이다.

처음과 같이 이제와 항상 영원히. 아멘. (그대로 이루어지소서.)

우리를 위하시는 하느님은 성부에 대한 내 암호 용어다. 이 용어가 전해주는 실제적 의미는 근본적으로 내어줌이다. 여러분은 이를 이해할 수 있겠는가. 이분의 현실은 근본적으로 자애로우심이다. 그분이 여러분 편에 계신다는 말이다. 그렇기에 우리는 무서운 우주에 사는 것이 아니다. 여러분에게 좋은 아버지가 계셨다면 성부라는 이 단어가 참으로 좋은 선택이라고 생각할 것이다. 좋은 아버지는 여러분을 보호해 주려 한다. 그리고 다시 말하지만, 이것은 관상적 시각에서 발하는 부정을 통한 앎과 힌두교의 삿sat이 잘 증명해준다.

살아계신 현현: 그리스도

삼위일체의 두 번째 위격 안에서, 우리는 현현되지 않는 분의 가시적 현현을 보게 된다. 먼저는 창조 자체 안에서 —이것이 바로 약칭으로 "그리스도"이고—, 두 번째로는 인격적 형태 안에서 —이것은 약칭으로 "예수"다.— 첫 번째 현현을 존중의 마음으로 알아보는(부정을 통한 앎, 삿sat) 사람은 분명히 두 번째 현현(긍정을 통한 앎, 칫chit)을 올바르게 존중의 마음으로 알아볼 준비가 된 사람이다. 지금까지 우리는 많은 사람을 이끌어 예수님을 사랑하게 해주었지만, 훨씬 적은 사람들만 그리스도를 인식하고 존경하고 사랑하도록 이끌어주었다. 그리스도교 신학과 그 실천에 있어 미래의 주된 임무는 마침내 이 두 가지를 통합하는 일이다.

이 기도에서 예수님은 우리 곁에 계신 하느님, 특별히 죽음과 부활, 즉 내어맡김과 받아들임의 신비를 통해 우리와 함께 걸으며 동반해주시는 분으로 이해되고 있다. 신학자들은 이 패턴을 파스카(건너감)의 신비라고 말한다. 이것이 예수님의 가르침과 경험을 가장 잘 직접적이고 간결하게 요약한 말이다.

삼위일체에서 드러나는 신적인 패턴은 상실과 회복이고 좀 더 확장된 차원에서 보면 자기-비움과 충만한 삶, 온전히 내어줌과 받아들임, "죽음과 부활" 그리고 어둠과 빛이다.

생명에는 참된 의미에서 볼 때 적대자가 없다. 죽음은 그저 단순한 옮겨감일 뿐이고, 이를 통해 우리는 매번 신뢰를 배우게 될 뿐이다.

나는 아마도 몇 안 되는 사람들만이 이 패턴을 믿기 바랐기 때문에 예수님이 종종 심각한 문제를 일으키는 자로서 대대적인 반대를 받으셨다고 생각한다. 그렇지만 이 패턴은 원대하게 모든 것을 감싸 안아 구원하는 패턴이다(나는 내 오디오 책 『Falling Upward(위쪽으로 떨어지기)』에서 현대 사람들과 현대 이후를 사는 사람들에게 이 개념을 가능한 한 잘 설명해 주고자 했다).

인간들이 원하는 것은 대체로 죽음이 없는 부활이고, 의구심이 없는 답이며, 어둠이 없는 빛이고, 과정이 없는 결론이다.

아마도 여러분이 현실을 좋아하지 않는다면 예수님도 좋아하지 않는다고 말할 수 있을 것이다. 우리는 칫chit, 즉 의식을 부정하고, 환상과 따분함 그리고 비현실의 상황으로 도망치고 있는 것이다. 기계적인 사고가 만연해 있고, 우리 삶은 자동조정 장치에 맡겨져 있다. —지니기는 쾌락과 목적 없는 고통이라는 계속되는 악순환이 여기서 생겨난다.

내부와 공간(사이)의 역동성: 성령

그리고 마지막으로, 히브리 예언자들인 예레미야와 이사야에 의해 이미 예언된 우리와 함께하시는 하느님은 내재하는 특성을 지니고 계신다. 이름할 수 없는 "나다"가 이미 시간이 시작될 때부터 우리 마음 안에 큼지막하게 새겨졌다. 이것은 영원으로부터 우리의 "아래쪽과 안쪽에" 신적인 특성이 현존한다는 것을 드러내는 것이다. 이 성령을 우리 마음에 옮겨심긴 희망(Implanted Hope)이라고 부르자.

성령으로서의 하느님이 간과된다면, 나는 이렇게 말하고 싶다. 내면의 가속도는 없다. 즉 생명의 약동(élan vial)이 부재하게 된다. 그래서 내면의 교정자가 없고, 사람들을 죽음과 상처에서 보호해 줄 내면의 생동력이 없게 된다.

성령이 사람들 안에 생동하실 때, 사람들은 자신들의 기계적인 사고에서 깨어나 함께 창조하는 힘의 영역으로 들어선다. 에제키엘의 환시에서처럼, 새로운 땅이 물로 차게 될 때 그 물이 발목에서 허리로 해서 목에까지 흘러들어올 것이다.[35] 우리는 피노키오처럼 나무 인형에서 실제 사람으로 변해 간다. 우리는 다른 사람들에게 상처를 주는 존재에서 다른 이들을 치유해주는 상처받은 치유자로 변모한다. 한 개인이 아니라, 역사 전체가 한없이 흘러나가는 성령의 이 힘찬 움직임을 향해 계속 나아간다.

예전에는 사람들이 말하기를, 우리가 처음에는 성부의 시대에 살았다가, 그다음에 성자의 시대에 살게 되었다고 한다. 12세기 사람인 피오레의 요아킴에 의하면 우리 프란치스칸들은 성령의 시대를 열기로 된 이들이다. 나는 우리가 그렇게 하지 못했다고 생각하지만, 성령의 시대가 도래하고 있다는 희망이 왜 그렇게 자주 있었겠는가. —중세의 이 예언에서부터 시작해서 최근의 대각성 운동(신앙부흥운동-Great Awakenings)과 그 후속 운동들까지 한결같이 성령의 시대 도래를 말하고 있다.

사실 그 시대는 이미 도래했고, 도래하고 있다. 그래서 이미 일어나고 있는 것을 깨어 알아차리고 거기에 충만하게 들어서기 위해 우리의 시각(관점)을 변화시키는 것이 우리에게 가장 필요한 것이라고 본다. 나는 지금까지 우리가 성령의 시대를 살아왔다고 믿는다. —역사는 멈추지 않는다. 창조된 세계는 계속 펼쳐지고 있고[36] 행성들과 별들, 종(種)들의 진화와 인간 의식의 진화는 창조 이래로 한 번도 멈추지 않았지만, 우리의 교계적이고 여성 없는 남성 문화와 하느님에 대한 정지된 개념은 우리가 그 움직임을 보지 못하게 했다. 우리는 이제 분명하게 우주가 여전히 바깥쪽으로 팽창하고 있다는 것을 안다.

    내재하시는 성령은 계속해서 나아가고, 계속해서 상처를 회복하고, 계속해서 희망하고, 다시 또다시 이 회복과 치유를 시도하는 인류의 지속적인 능력이다. 나는 어린아이들에게 있는 특징 하나를 무척이나 사랑한다. 그것은 그들이 지닌 불굴의 희망과 호기심, 성장하고자 하는 열망이다. 그들은 넘어지면서도 금방 다시 활짝 웃을 수 있다. 그래서 다음 세대가 우리 삶을 더욱 더 충만하게 살려고 다시 노력할 것이라는 희망이 있다. 그러나 너무도 자주 그들이 내 나이 즈음 되면 그들의 얼굴에서 그런 웃음이 사라져 버린다. 그래서 우리는 묻는다. "여섯 살과 예순 살 사이에 무슨 일이 있었는가?" 늘 우리는 어떤 형태로든 성령을 잃어 왔다. 왜냐하면 만일 성령이 우리 안에 살아 계신다면, 우리는 그 모든 차질에도 불구하고 항상 웃음을 잃지 않을 것이기 때문이다. 이것이 바로 아난다ananda의 순수한 기쁨이다.

삼위일체 결핍 장애

"왜 삼위일체인가. 왜 하필 지금인가"를 연구하는 데 있어 세 번째 측면은 예수와 "그리스도"에 대한 새로운 이해이다. 우리는 먼저 역사 안에서 하느님에 대한 개념을 잡는 데 있어 삼위일체로부터 예수를 근본적으로 빼내 버린 결과를 되돌려야 한다.

16세기 폴란드와 트란실바니아에서 있었던 운동인 유일신주의(유일신교)는 실제로 18세기 영국과 미국에서 계몽적 합리주의를 촉발하는 계기가 되었다. 그 당시 학식 있는 엘리트들 가운데 유행이 된 이신론理神論(Deism)에 단단히 뿌리를 내린 이 유일신교는 말썽 많고 미신적인 종교의 모습에서 벗어나 하느님을 저 멀리 있는 제일원인으로, 예수를 매우 훌륭한 도덕 선생으로, 교회만이 세상의 유일한 사회적 선으로 보는 쪽으로 나아갈 것을 약속했다. 이 이름에서 알 수 있듯이, 그들 대부분은 삼위일체를 시대착오적이고 이해 불가능한 것으로 치부해버렸다.

이런 운동이 삼위일체를 부정하는 시기에 그 반대편에서는 다른 식으로 삼위일체를 부정하는 다수의 더욱 보수적인 운동과 종파들이 나타나기 시작했다. 이들 가운데는 모르몬교, 여호와의 증인, 그리스도 형제파, 크리스천 사이언스(기독교 교파의 하나.

물질세계는 실재가 아니며 병도 기도만으로 치유할 수 있다고 믿음), Oneness Pentecostals(신교파 중 하나인 오순절 교회의 한 분파로서 '오직 예수 운동'이라고도 하는데, 하느님의 유일성에 강조를 두는 교회) 같은 종파들이 있다. 이 운동들이 강조하는 믿음은 분파마다 매우 다르지만 한 가지 공통적인 것이 있다면, 그것은 그들이 삼위일체를 부정한다는 것과 성경해석에 있어 실질적이고 증거 가능한 구절들을 강조한다는 것이다. 이들은 한결같이 성경 어디에도 삼위일체라는 용어가 나오지 않는다고 주장한다.

삼위일체에 관해 신학과 영성에 있어 자유주의든 보수주의든 간에 다 의심의 여지없이 숙고할 가치가 있는 여러 선의의 시도를 해왔지만, 이런 접근법들이 전반적으로 우리 모두를 굶주리게 하고 있는데도, 우리는 늘 왜 그런지를 확실히 알지 못한다.

하느님의 역동적 행위를 삼위일체적으로 펼쳐보는 일은 핵심적인 차원에서 우리의 결핍된 곳을 채워준다. 그렇기에 우리가 지금 삼위일체 결핍 장애를 겪고 있는 이유는 삼위일체 하느님을 마음에서 잃었기 때문이다. 내가 이렇게 생각하는 이유는 다음과 같다. …

아버지 부재

아버지로서의 하느님이 간과되거나 그분이 대체로 위협적이고 벌을 주시는 분으로 보일 때 우리 인간 여정 전체에는 근본적인 무서움과 불안전이 있게 된다. ─이때 이 세상은 두려움과 경쟁이 사랑보다 더 지배적인 상황 속에 있는 것이다. 우주가 더 이상 안전하지 않고, 우호적이지도 않게 느껴진다. 다른 이들의 저 바위 너머에는 테러주의 신이 있고, 아무도 나를 보호해 주지 않기에 나는 나 자신을 지켜야 한다고 느낀다. 나는 선천적으로 참여하지도 못하고 본능적으로 어디에 속해 있지도 않다. 삶이 승패의 패러다임으로 맞추어져 있어서 우리는 예수라는 존재를 이런 승패의 게임을 위해 사용한다. 그분을 동반자로서가 아니라 초인간 같은 존재로 보면서 말이다. 이에 대해 진솔한 생각과 숙고를 나누어주길 바란다.

만일 하느님이 여러분을 위하시는 분이 아니라면 모든 것에 대해 여러분이 책임져야 한다. 만일 기댈 곳이 든든하지 않다면 여러분은 부모를 잃은 고아처럼 혹은 학대하는 아버지와 함께 있는 아이처럼, 상실감에 빠져 쓰디쓴 삶을 살게 될 것이다. 여러분은 왜 그리도 많은 사람이 오늘날 편집증에 시달리고 집착하면서 무기와 온갖 종류의 보안장치에 의존하며 살아가는지를 알 수 있을 것이다. 그들이 Ancestry.com에서 조상들을 찾게 될 때 왜 그렇게 눈물을 흘릴까? 세상이나 여러분 자신의 삶에 근본적인 '다 괜찮아!'가 없다면 여러분은 여러분 자신을 품위 있게 하고 의미 있게 할 무언가를 믿고 또 그 무언가를 할 것이다. 여러분이 성부(아버지)를 알지 못하면 쓰디쓴 단절감을 맛볼 것이다. 이럴 때 우리는 현실이 더더욱 강하게 인격적 관계성으로 느껴지지 않는다. 실제로 좋은 아버지가 함께하는 이들은, 비록 이들이 그것을 당연하게 여기긴 하겠지만, 이런 안전함을 느낀다.

아버지가 없는 사회에서 여러분은 여러분 자신을 스스로 구해야 한다. 그래서 수많은 그리스도인이 세상과 온갖 종류의 위협에 대항해서 과도한 보상을 바라며 할 수 있는 한 모든 "정신 투쟁(jihads)"을 벌이고 있다. 여러분 삶에 든든한 보호막이 없을 때, 여러분은 거칠고 남자다운 사람이 되어야 하고, 물질주의적이어야 하며, 더 근본적으로는 만사를 자기 뜻대로 하려는 사람(통제광)이 되어야 한다. 이렇게 될 때 여러분에게는 삶을 즐길 시간이 전혀 없게 된다.

나는 현대주의 이후의 서구사회에서 보고 있는 엄청난 냉소주의와 도가 넘는 두려움은 아버지를 모르는 데서 오는 것이라고 말하겠다. 그리고 내가 '아는 것'이라고 할 때 이 말은 우리가 여기서 얘기하는 경험적 앎을 말하는 것이다. 하느님을 안다고 할 때 사용하는 성경적 언어는 우리가 흔히 "육적인 앎"이라고 말하는 것이다. 정직하게 말하면 이 말은 두 사람의 벌거벗은 몸에 대한 앎이기에, 서로에 대해서 아주 친밀하게 아는 것을 말한다. 이것은 교회에서 교육을 제대로 받지 못한 사람들에게는 충격적일 수 있다. 하느님에 대한 앎이 추상적인 앎이 아니라는 것이다. 사실 이런 앎을 서구 사람들은 선호한다. 아마도 여기서 말하고자 하는 것은 참된 앎은 매우 깊이 사랑하는 것과 같은 것이다. 그렇다!

하느님은 신뢰심 깊고 사랑 가득한 관계성을 통한 앎 이외의 앎은 거부하신다. 여러분은 정신만으로 하느님을 사랑할 수 없다. 그래서 기도와 관상의 선생 모두는 여러분의 충분치 않은 정신을 내려놓도록 가르침으로써 여러분이 더 깊으면서도 어디에나 있는 의식에 다다를 수 있게 해준다. 이 의식을 우리는 그리스도의 마음(정신)이라고 일컫는다. 하느님을 아는 것은 실제로 여러분 안에 계신 하느님이며, 이것이 비로 참된 기도의 여정이 마침내 가르쳐주는 것이다.

아들: 여러분은 나를 본 적이 있는가.

이제 로고스, 즉 '의미' 혹은 '논리'(이성적 차원에서의 논리가 아닌, 현실의 패턴에 있어서 논리를 말함)로서의 하느님이 간과될 때, 우리 삶에는 의미 있는 방향이나 목적이 없게 된다. 우리 각자는 영(zero)에서 시작해야 한다. 우리는 그 모든 것을 우리 스스로 밝혀내어야 하는데, 그렇게 압도적으로 엄청난 양의 중요한 점들과 연결되는 법을 우리가 어떻게 알 수 있겠는가. 무엇이 중요하고, 무엇이 중요하지 않은가.

그리스도인인 나에게 슬픈 일은, 이 패턴을 알도록 창조된 우리가 대개는 다른 모든 사람처럼 그 앎을 무시하는 것처럼 보인다는 것이다. 우리는 현실이 파스카(넘어감)의 패턴이라는 것을 알지도, 믿지도, 신뢰하지도 않는다.

톡 까놓고 말해서 변화와 죽음, 변모가 관건이다!

부활과 회복은 최종 목표이자 결과이다.

파스카 패턴은 항상 상실과 회복이다. 상실이 없다면 회복도 없다. 죽음 없이 새로운 탄생도 없다. 이것이 바로 복음주의자들이 쓰는 새로-태어남의 언어의 많은 부분에 대해 내가 비판하는 바이다. 사실 이 언어는 우리 베이비 붐 세대에 태어난 이들 사이에서도 많이 사용하던 말이긴 한데, 새천년 세대(1980년 초부터 2000년대 초에 태어난 이들)에서는 그 사용이 급격하게 줄어든 것으로 보인다. 내가 이런 비판을 하는 이유는 이 언어를 대중화한 과거 번창했던 운동들이 새로 태어남에 대해서 말하기를 좋아하긴 했지만, 솔직히는 죽음에 대해서 말하는 것은 좋아하지 않았기 때문이다. 그들은 어떤 실질적이고 새로운 대안을 제시하기보다는 미국의 전쟁문화를 반사해주는 정도로 끝나버리고 만다. 안전과 지위, 권력, 돈, 총 그리고 전쟁에 사로잡힌 오래된 자아에 대한 실질적인 죽음이 있기까지는 재탄생이나 새로운 자아의 이야기는 어떤 것도 대부분 세상에 웃음거리가 되고 만다.

성령의 끈질긴 추진력

역사는 늘 새로운 창조성을 띠고 계속 앞으로 움직여간다. 인정컨대, 이 움직임에는 같은 정도의 반작용도 있게 마련이다. 지난 세기에 어떤 일이 벌어졌는지 보자. 그토록 잔혹한 전쟁들, 불의, 잔혹한 범죄들이 개인 차원이건, 집단 차원에서건 난무했었다. 이로 인해 의식과 과학, 기술 그리고 자각의 엄청난 진전도 놀라울 만큼 있었다. 백인들 대부분은 인종차별이나 성차별 혹은 LGBTQ(레즈비언, 게이, 양성애자, 성전환자, 성소수자 전반)가 1960년대에 문제였고, 지금도 세계 여러 곳에서는 이런 것이 문제가 되고 있다는 것을 알지도 못한다. 오늘날 적어도 우리 중 많은 이들이 뒤로 돌아가 이 상황들을 살펴볼 수는 없지만, 이 일이 어떤 "더 큰 바람"에 의해 "우리에게 이루어진" 것이라는 점은 인정하게 된다. 우리 스스로가 그렇게 되게끔 주도적 역할은 하지 않았다는 말이다.

그러면 이런 진전은 어디에서 온 것인가. 나는 이런 진전들이 성령에게서 나온다고 믿는다. 그분은 창조 세계와 우리 인류에 대해 절대 포기하지 않으신다.[37] 나는 여러분이 성경을 진솔하게 이해할 수 없다고 생각한다. 적어도 여러분이 애초 성경에 나오는 계약의 큰 틀이 역사와 창조의 구원 그 자체에 있으며 오늘날의 개인주의는 퇴보한다는 것을 알기까지는 말이다. 성경에 나오는 모든 계약은 사람들과 공동체적으로 맺는 것이다. ―즉 그 "집안"과 미래 세대와 맺는 것이다. 아브라함과 노아 그리고 다윗과 같은 개인은 오직 도구일 뿐이다. 개인들은 역사를 구원하시는 하느님의 커다란 바람(빗질)에 사로잡힌 이들이다. 그래서 그들 한 사람 한 사람의 역할에도 불구하고, 야훼는 당신의 자비를 "이스라엘 전체와 그들의 후손들에게 영원히" 보여 주신다.[38] 이 시점에서 성경 본문의 이것을 보지 않는 것은 비난받을 만한 무지이다.

나는 현대주의 이후 세상에 성부에 대한 자각이 너무도 미미하다고 생각한다. 그래서 우리에게는 바로 지금 이 세상에 대해 느끼는 편안한 감각(felt-sense: 이는 마음의 체험이 아닌 신체의 체험으로 신체, 상황, 사람, 사건에 대해 몸이 느끼는 감각임), 즉 '괜찮아~'가 참으로 미미한 것이다.

성자에 대한 믿음 역시도 너무 약하다. 이는 파스카 신비에 대한 신뢰가 약하다는 말이다.

역사 안에서 우리에게 포기하지 않고 우리를 앞으로 나아가게 하는 분은 필시 성령이시다. ―그분은 내면에 계시고 존재들 사이(공간)에 계신 분이시다. 나는 이에 대한 이해를 도울 만한 비유 몇 개를 생각해 왔다. 성령은 여러분 안에는 물론이고 모든 피조물 안에도 이미 장착돼있는 귀소본능 장치와 같다. 우리의 그 모든 어리석음과 잘못된 생각이나 행위에 대비하여, 모든 것 안에는 그 가치를 확신해주는 이렇게 심오한 내면의 품위가 들어 있는 것이다. 이 신성한 내재는 계속해서 이렇게 고집한다. "나는 내가 찾는 것이다!" 이것이 분명히도 예수님이 모든 참된 기도는 이미 응답을 받았다고 하신 말씀이 의미하는 바일 것이다.[39]

하느님을 사랑하는 이는 여러분 안에 계신 하느님이시다.

하느님을 인식하는 이는 여러분을 통해 현존하시는 하느님이시다.

여러분에게 모든 것이 결국 그리고 영원히 괜찮다고 확인해 주시는 분이 바로 여러분을 위하시는 하느님이시다.

이제 여러분은 삼위일체의 흐름 안쪽에서 사는 것이다.

여러분은 이미 성공한 거다!

겉과 안이 뒤집힌 기도

관습적으로 이해한다면 기도는 우리가 하느님이라고 하는 타자에게 뭔가를 호소하기 위해 일방적으로 말씀을 건네는 것이라고 할 수 있다. 그렇지만 우리가 이렇게 기도를 올바로 한다 해도, 그것은 그저 하느님께서 우리의 말을 듣게끔 강요하는 정도밖에 되지 않는다. 나는 늘 이 가련한 하느님에 대해 죄송할 뿐이다. 왜냐하면 그분은 그 반대쪽의 사람들로부터도 반대되는 모든 얘기를 들으셔야 하기 때문이다. 그리고 그들은 모두 자기들이 원하는 것을 얻기 위해 굽신거리며 신앙을 하는 이들이기 때문이다.

하느님이 누구의 말을 들으시는가. 미국 미식축구 챔피언 결정전에서 자기들이 원하는 팀의 승리를 위해 기도하는 수천 명의 얘기를 하느님이 들으실 때, 하늘에서는 또 다른 게임, 즉 하느님과 천사들이 함께 어느 쪽이 승리할 것인지를 결정하기 위해 기도의 수를 합계하는 게임이 있지 않을까.

우리가 주도권을 우리 주머니에 쥐고 있는 한, 모든 것은 실패로 돌아가고 만다. 그것은 참으로 바보스러운 짓이다. 그러나 현실에 대한 삼위일체적 이해의 측면에서 보면 기도는 상호성, 즉 사랑과 신뢰를 주고받는 일종의 관계 맺음이다.

나는 무엇을 기도해야 할지 그리고 심지어는 정말로 어떻게 기도해야 할지 모른다.

그렇지만 기도가 내 안에서, 나를 통해 이루어지고 있다. 내가 기도하고 싶을 때 나는 "하느님께서 지금 내 안에서 무엇을 바라시는지?"를 묻는다. 내 안에서 떠오르는 응답이 성령의 열매

중 어떤 것을 보여주시는 것이 아니라면 —사도 바오로가 열거하듯이, "사랑, 기쁨, 평화, 인내, 친절, 호의, 선의, 성실, 온유, 절제" 중 어떤 것— 나는 그것이 성령의 기도가 될 수 있을지에 대해 의구심을 갖는다.

그러나 내 안에서의 이런 깊은 흐름이 치유와 용서 그리고 화해에 대한 갈망을 드러내 준다면, 물론 내가 이해하거나 심지어는 원하는 형태는 늘 아니더라도, 나는 충만한 권위로 이렇게 말할 수 있다. "가서 이 흐름과 함께 기도하라."

그러나 기억하라. 우선은 그것이 하느님의 기도라는 것, 그리고 두 번째로 여러분의 기도라는 것이다. 그래서 위대한 그리스도교 기도는 언제나 성부께 드리는 기도인 것이다. 모든 전례 기도문은 성부께 지향되어 있다.

왜 그럴까? 왜냐하면 우리가 성령 안에 있기 때문이다. 집으로 향하게 하는 장치가 우리 내부에서 작동하고 있고, 우리는 기도할 때 언제나 그리스도를 통하여 드린다는 사실적 권위 안에 서 있는 것이다.

신앙에 있어 초기 전문가들은 왜 이 전치사 '통하여'를 사용하였을까? 왜냐하면 여러분이 그리스도의 충만한 권위와 함께 그리스도의 몸으로서 그리스도의 위격 안에 서 있는 것이기 때문이다. 그래서 이것이 단순히 "여러분의" 기도가 아닌 것이다. 다시 말하지만, 그래서 우리는 그리스도에게 기도하는 것이 아니다. 전례를 거행하는 교회들의 위대한 기도들은 그 어느 것도 그리스도에게 바쳐지지 않는다. 이것을 인지해 본 적이 있는가. 한 번 알아보라. 정말로 놀랍다.

왜 위대한 기도문들은 모두 이렇게 지향되어 있을까? 왜 성부와 성자와 성령께 기도하지 않을까?

왜냐하면 그렇게 하면 대칭이 깨어지기 때문이다.

여러분이 "그리스도"이다. 여러분은 성령 안에서 그리스도로서 아버지께 기도하며 서 있는 것이다. 그 기도는 여러분을 통해 흘러 아버지께 들어간다. 여러분은 귀소본능 장치와 여러분의 자기장 센터를 찾기 위해 귀를 기울인다. 나를 통하여 오늘 하느님이 바라시는 것이 무엇일까? 하느님이 호소하시는 것이 무엇일까? 그리고 내가 할 수 있는 모든 것은 그저 그 관계성 안에 서 있으면서 거기에서 일어나는 움직임을 따르는 것이다.

하느님, 저도 그렇게 되기를 바랍니다. 저는 당신이 바라시는 것을 바라고, 저는 우리 주 그리스도를 통해 저의 기도를 바칩니다.

이것이 바로 여러분을 그 춤의 한 부분, 그 사랑의 한 부분,

이미 일어나고 있는 그 친교의 한 부분이 되게 하는 것이다.

예수님은 존재의 위대한 전체 구도 안에서 우리가 그 춤에 함께 하는 것을 어떻게든 중요시하셨다는 것을 가르치는 것 같다. 이것은 그 위대한 자기-비움(kenosis) —하느님의 자기 비움— 의 확장임이 틀림없다. 그리고 이것이 바로 우리가 참으로 의지하는 바이다.

우리는 어디에서 이와 관련한 두 가지 암시를 찾을 수 있을까? 마리아의 위대한 기도와 겟세마니에서의 예수님의 위대한 기도 안에서.[40]

두 분 다 "그대로 이루어지소서!"라는 기도를 바친다.

그리스도를 받아들임으로써 인류의 화신이 되신 마리아는 우리의 "그대로 이루어지소서"가 하느님에게는 중요한 것이라는 점을 보여준다. 하느님께서는 초대받지 않고서는 우리 세상에 들어오시지 않는다. 성령은 마리아, 육신, 자궁, 인간성을 필요로 하신다. 그래서 "나는 그대를 원하오"라고 말씀하시면서, 그대의 "예"는 언제나 하느님의 "예"라는 점을 알려 주신다.

여러분이 원하는 것이 있을 때 그게 주어질 것이다. 그처럼 단순한 거다. "그대로 제게 이루어지소서." 그래서 그렇게 되었다. 맞다! 이것이 바로 삼위일체의 생명과 그리스도인의 생명이 공생하는 본질이다. 그래서 우리는 루블료프의 이콘에 있는 거울에서처럼 그 식탁에, 그 신성한 춤에 포함된 것이다. 어떤 믿기지 않는 이유로 하느님은 우리에게 뭔가를 중요시하게끔, 우리 기도에서 뭔가가 중요시되게끔 허락하신다. 그래서 예수님께서는 중재기도를 드리라고 가르치는 것이다.

무슨 일이 있더라도 여러분이 원하는 것을 하느님께 청하라. 예수님이 그렇게 하라고 말씀하신다. 그러나 그렇다고 해서 여러분이 하느님과 어떤 거래를 이루기 위해 여러분의 합당함을 지불한다고 생각하지는 마라. 우선은 듣고, 그런 다음 말하라. 그리고 우리가 약속받은 대로 여러분이 하는 말이 존재의 위대한 전체 구도 안에서 중요하게 될 것이다.

겟세마니 동산에서 예수님은 당신 어머니가 가지셨던 것과 같은 의지를 표현하신다. 잡히시고 사형당하시는 상황에 들어설 것인지의 결정을 자신의 능력에 맡기지 않고, 이렇게 진솔하게 말씀하신다. "그러나 아버지, 당신이 저를 통해, 제 안에서 결정하십시오." 이것이 바로 예수님 안에서 우리가 마지막까지 보는 절대적인 관계 맺음이다.

저는 그저 아버지께서 하시는 것을 본 대로 합니다. 나는 먼저 내가 본 아버지의 행하심 이외에는 아무것도 하지 않습니다.

이렇게 해서 아버지의 행하심이 그대로 반사됩니다.⁴¹

그래서 그리스도인의 기도는 조종하는 것이기보다는 훨씬 더 깊이 젖어 들어가는 것이고, 지배하는 것이기보다는 훨씬 더 기꺼운 춤을 추는 것이며, 당파심이 아닌 참여가 훨씬 더 큰 비중을 차지하는 것이다. 여러분 중 비를 원하는 사람들과 홍수가 멈추길 원하는 사람들이 다 같이 비와 마른 땅을 다 주관하고 계신 하느님의 화합하는 중심에서 춤을 추는 것이다.

여러분은 하느님 안에서 쉬는 것이지, 그 결과 안에서 쉬는 것이 아니다!

기도의 첫 번째 단계

이 신성한 쉼 안에서 기도는 그 사랑의 흐름에 대한 경험적 지식이 된다. 기도의 첫 번째 단계는 말하거나 읽는 것이 아니다. 그것은 기도의 두 번째 혹은 세 번째 단계이지 첫 번째 단계가 아니다. 기도의 첫 번째 단계는 여러분이 언제나 진리 안에서 기도할 수 있는 곳이고,⁴² 여러분이 내재하시는 하느님, 즉 모든 피조물과 모든 나라, 모든 언어에 보편적이고 은혜롭게 부어지는 성령과의 의식적 친교를 이루며 살 수 있는 곳이다.[43] 기도의 첫 번째 단계는 어떤 미래에 있을 신비롭고 "영험한" 상태를 기다리는 것을 의미하는 것이 아니라, 여러분 내면에서 바로 지금, 현재의 순간에 깨어 있는 것을 말한다.

여러분이 어떤 일을 하는 방식은 모든 것을 하는 방식이라는 것을 알라! 그러니 그냥 여러분의 삶이 —무엇이 되는지보다는 — 어떻게 되는지를 지켜보라. 사실 무엇이 되는지를 지켜보는 것은 생각보다 위험스러운 것이다.

나는 14세기 수피 신비주의자 하피즈Hafiz가 한 말을 좋아한다. "나는 그리스도의 숨이 들어오는 플루트의 구멍이다. … 이 음악을 들어보라."[44]

완전히 주어지는 것 그리고 이런 전적인 내맡김, 창조적인 중심으로부터 행하는 것.

이것이 내 애초의 기도이다.

이것이, 나에게는, 거룩함이다.

그리고 묘하게도, 여러분이 하느님을 계속 찾아가는 그 동기 자체가 이미 하느님이 주어진 것에 대한 감사라는 것이다. 여러분이 기도할 때, 여러분이 기도하고 때때로 하느님이 답하시는 것이 아니다. 여러분이 기도할 때 하느님이 이미 답을 주신 것이다. 만일 바람(성령)이 여러분을 거쳐 불지 않았다면 기도는 여러분의 정신과 마음에 들어서지 못했을 것이다. 우와!

그리스도교 정신이 부흥하고 있었을 때는 그리스 문화가 지배하고 있었던 때였으므로, 우리는 기본적으로 예수님이 우리에게 알려준 하느님에 대한 새로운 묘사를 제우스의 묘사에다 덮어 씌워버렸다. 이 그리스의 우두머리 신은 피라미드 꼭대기에 있는 왕좌에 앉아서 제 맘대로 벼락을 내리는 존재였다. 그 우주는 도덕적인 곳도 일관성이 있는 곳도 아니었다. 그래서 제우스Zeus라는 그리스 단어가 라틴어의 데우스Deus가 된 것은 우연이 아니다. 그리고 서구 언어에서 라틴어와 그리스어를 기반으로 하는 단어들에서 이와 같은 모습을 다양하게 찾을 수 있다.

삼위일체로서의 하느님에 대한 믿음은 고대 문화에 영향을 줄 기회가 거의 없었다. 다시 말하지만, 요한과 바오로가 삼위일체의 신비를 직관적으로 이해했다는 것은 참으로 놀라운 일이다. 제우스/데우스는 우리 정신에 자리를 잘 잡았다. 그래서 예수님마저도 왕좌에 앉아있거나 당신 나름대로 벼락을 내리는 모습으로 묘사되기도 했다. 시스틴 대성당의 그림을 보시라.

초월 결핍 장애

깨달은 이들은 자신들 내면에서 이성 위에 있고, 이성 바깥에 있는 핵심적 관상을 지닌 이들이고, 모든 조건과 모든 존재를 꿰뚫기에 늘 풍요롭게 열매를 맺는 경향을 지닌 이들이다. 이런 경향을 통해 그들은 깊이와 길을 알 수 없는 지복의 심연에 깊이 잠길 수 있다. 이곳은 하느님 위격들의 삼위일체가 본질적인 일치 안에서 그들의 본성을 견지하고 있는 곳이다. 이 지복의 상태는 너무도 완전하고 너무도 순수해서 그 안에서는 서로 간의 바라봄도 존재의 기질도 창조된 존재들의 구분마저도 멈추어 버리고 사라져 버린다. 이 풍성한 결실로 인해 들어 높여진 모든 영은 하느님의 본질 속에서 녹아버리고 없어져 버린다. 이것이 바로 모든 본질을 뛰어넘는 초-본질이다.[45]

우리 중 얼마나 많은 이가 같은 우주 안에 살면서도 14세기 플랑드르 지방의 이 신비주의자가 알았던 하느님의 이런 아름다움과 위엄을 경험했다고 증명할 수 있겠는가. 우리는 "녹아서 없어져 버리는 상황"과 같은 이 내재로 당장 달려가고 싶지만, 우선 우리는 은총에 의해 "길이 없는 심연"으로 들어설 필요가 있다.

그렇지 않으면, 때때로 예언적 역할을 하는 아일랜드의 밴드 U2가 노래하듯이, "만일 여러분이 하늘에 입맞춤하고 싶다면, 무릎을 꿇는 편이 나을 것이다."[46]

이런 상황에서 우리가 현대 인본주의적 사고로 그리고 심지어는 과거 수십 년 전의 자유주의적인 형태로 시도한 것은, 하느님을 우리 쪽으로 끌어내려 가까운 친구로 만들고자 한 것이다. 예를 들어 영화감독 케빈 스미스의 인습타파를 위한 영화 도그마Dogma를 통해 "가톨릭 와우(Catholicism Wow)!"의 캠페인 일환으로 그리스도를 "친구 그리스도"로 풍자한 것과 같은 것들이 있다.

관습에 매인 종교들 대부분에 여전히 잔재로 남아있는 제우스 같은 하느님 이미지에 대한 반발로 우리는 하느님을 문제 있는 자들을 혼내줄 정도의 넘치는 정력을 지니고 있으면서도 희끗희끗한 수염을 기른 "위층 아저씨"처럼 조금은 더 우리 구미에 맞는 존재로 만들려고 하였다. 그러나 이런 풍자적 묘사를 거부하면서 우리는 또한 더 충만한 하느님의 모습을 부정하기도 하였다. 하느님의 초월성을 전부 거부하는 것은 수원水原과 같은 하느님의 변모해주시는 힘 자체를 부정하는 것이다.

우리는 결국 우리 마음과 정신을 고쳐주고 깨우쳐주는 하느님의 놀라운 능력을 염두에 두지 않게 된 것이다. 우리는 우리 자신이 우리 쪽에서 만들어 놓은 틈을 메울 수 없다. 그것은 하느님 쪽에서 하느님이 하셔야 하는 일이다. 하느님의 주도적인 행위가 삼위일체의 역동적 힘 자체에 내포되어 있어서, 그것이 사람들 대부분에게 이해가 되지 않을 때 예수님 사건을 통해 하느님은 그 틈에 다리를 놓으시기 위해 또 다른 시도를 하시는 것이다.

우리가 하느님을 하늘에서 "끌어" 내릴 때 우리는 초월에 대한 결핍에서 오는 고통을 겪는다. 우리에게서 경외할 능력이 줄어들었기 때문에, 지금 우리는 그 고통 속에 있는 것이다. 여기에서부터 우리의 상상력과 이해할 마음의 능력은 수축하는 것이다. 그래서 우리가 하느님께 경배를 드릴 의무는 지루함과 불편함을 이유로 자취를 감추게 된다. 우리를 넘어서 있고, 거룩하며 초월적인 하느님에 대한 마음의 체험이 사라지는 것이다.

아무리 애를 써도 나는 가시적인 우주조차도 진지하고 놀랍게 만나게 되는 이 세상에서 주교관(mitre)으로 권력을 행사하는 하느님 혹은 모자를 쓴 고양이 같은 하느님이 어떻게 여전히 건재할 수 있는지 알 수 없다. 허블 망원경으로 촬영된 멋진 사진들을 한번 보자. 내가 앞서 언급했듯이, 우리가 이 지구에서 가장 가까운 항성에 가려면 4000년이나 걸린다. 이 하느님이 누구란 말인가.

하느님은 안쪽에서의 어떤 의미심장함을 지니시기 위해 완전히 넘어서 계셔야만 한다! 이는 역설이다. 하느님이 오직 "우리 안에"만 계신다면, 변모하시는 힘이 없어져 버리고 만다. 나는 이런 모습을 지난 40년간의 값싼 자유주의를 통해 보았다. 이 세대는 땅에 입을 맞추거나 장궤를 하거나 무릎을 꿇는 능력을 상실한 세대다. 절하거나 존중을 표하거나 경배를 드릴 능력이 전혀 없는 세대이다. 그리고 자유주의 주류 교회들에서만이 아니라 많은 보수주의 진영이나, 구도자에게 친밀한 거대교회들에서도 똑같은 현상을 본다.

"오, 그래! 난 하느님을 믿어"라고 팝 빌리버(pop believer: 미국의 Imagine Dragons라는 밴드 그룹 별칭)는 노래하지만, 이런 하느님은 너무 친근해서 더 이상 하느님이 아니다. 이런 하느님은 나의 자그만 정신세계로 끌어 내려져서 나를 새롭고 놀라운 곳으로 인도해줄 수 없다.

하느님은 당신의 모상으로 우리를 창조해주셨고, ─아쉽게도 우리는 그 호의에 이런 식으로 보답을 한 것이다.

종교간 우정

우리가 앞에서 삿-칫-아난다sat-chit-ananda에 대해서 살펴보았듯이, 삼위일체 신학은 우리가 지금까지 해 온 종교 혹은 믿음 간의 대화와 우정에 있어 가장 훌륭한 토대를 제공해줄 것이다. 왜냐하면 지금 우리의 유일한 "비장의 카드"에 예수님이 없기 때문이다. 삼위일체는 다른 종교들과 지성적인 대화를 더 쉽게 해주면 해주었지, 더 어렵게 만들지 않는다. 지금까지 우리는 전반적인 면에서 예수님을 보편적이고 우주적인 방식 대신 경쟁적인 방식으로 활용하였기 때문에, 사람들은 우리 믿음을 자기집단적인 수준에서 알아들을 수밖에 없었다. 마치 "우리와 함께하러 오시오. —아니면 말고."라는 식의 수준 말이다. 콜로새서의 우주적 그리스도의 관점에서 나오는 힘찬 외침처럼, "그리스도는 땅에 있는 것이든 하늘에 있는 것이든 그분을 통하여 그분을 향하여 만물을 기꺼이 화해시키신"[47] 분이시다. 간단히 말해서 우리는 예수 그리스도를 본래의 모습인 완전히 끌어안으시는 구세주가 아니라 배타석인 구세주로 만들었다. 내 친구인 브라이언 맥라렌Brian McLaren은 이렇게 말하기를 좋아한다. "예수님은 길이시다 —그분은 길 위에 서 계신 분이 아니다!"[48]

그리스도인들이 역사적인 예수보다 존재론적인 정체성으로서 우주적 그리스도를 존중하는 법을 배우기만 하면, 유대교도들과 이슬람교도들, 힌두교도들, 불교도들 그리고 종교인은 아니더라도 영적인 이들이라고 자처하는 사람들이 우리를 두려워할 이유가 없을 것이다. 그들은 육화에 대한 우리의 견해가 피조물 전부는 물론 그 사람들까지도 포함하고 존중하는 것임을 쉽게 인식할 수 있을 것이다.

그래서 무슨 일이 일어나고 있는가. 이는 기하학적인 상상도로 묘사될 수 있을 것이다. 아마도 여러분은 여러분의 영혼 안에서 이미 뭔가 변화가 일고 있다는 것을 느낄 것이다. 사람들 대부분은 우리 현실의 모습을 군주적이고 피라미드적인 모습으로 생각하며 자랐다. 이런 것은 부모와 자녀 간의 관계에서 시작하지만, 미국의 국새(Great Seal)만 보아도 이런 피라미드 형상이 나타난다. 여러분이 사용해온 1달러 지폐 뒷면에 피라미드 그림이 그려져 있다. 물론 미국이 그 솟아오른 피라미드이고, 우리가 그 꼭대기에 계신 하느님을 받아들일 때 —여기에 대단한 약속이 있다.— 우리는 novos ordo seculorum, 즉 새로운 세상의 질서가 될 것이다. 그리고 그 위에 annuit coeptis라는 말이 나오는데, 그 말은 하느님이 "우리가 하는 일들에 은혜를 내리시고" 그 모든 것이 우리에게 이루어지게 해주신다는 말이다. 얼마나 좋은가! 그러나 우리의 모든 사업에 실질적으로 도움을 주는 것이 하느님인가, 아니면 맘몬(재물)인가.

이런 모습은 여전히 위로부터 아래로 내려가는 모습의 세상이어서, 적어도 우리는 하느님에게 공功을 돌리고 있는 것으로 보인다. 그러나 여기에서 중대한 질문이 생긴다. 이것이 하느님이 원하시고 필요로 하시는 공功인가. 아니면 그 계획이 훨씬 더 복잡한 것인가. 이 질문을 곰곰이 생각해보라. 우리는 그 춤으로 돌아가 배타적 "엘리베이터 신학"에서 벗어나야 한다.

우리가 만일 삼위일체를 우리 현실의 기본적인 틀로 이해한다면 우리 정신은 피라미드 개념에서 다음의 것들에 대한 우리의 의식을 완전히 바꾸어줄 원의 개념으로 서서히 옮겨갈 것이다:

정말로 무엇이 일어나고 있는가.

그것이 어떻게 일어나는 것인가.

그 목적은 무엇인가.

그리고 우리가 이 영원한 흐름의 한 부분이라는 것은 어찌 된 것인가.

중요한 것은 사랑의 나눔(love affair)이다.

중요한 것은 춤 그 자체다.

다시 말하지만, 하느님이 삼위일체이시라면, 은총은 모든 피조물에게 본능적으로 존재하는 것이다. 그것이 우연하거나 후에 덧붙인 것이 아니라는 말이다. 은총은 존재의 본질 바로 그 자체에 세워진다. 그래서 은총의 내적 역동성은 모든 것을 성장하도록 움직여준다. 그것은 우리가 숨을 쉬는 공기이고, 그것은 우리가 우리인 바가 되고, 우리인 모든 것이 되는 성소이다. 고전 신학에서 우리는 이것을 "자연법"이라고 칭한다. 모든 것은 그것의 참된 본질에 따라 살아가도록 되어 있다. 그러나 여러분이 인간들처럼 선택권과 의지를 갖고 있다면 이것이 대체 무엇인지를 알기 위해 어느 정도의 시간이 필요하다.

모든 식물과 동물은 그들의 자연법을 따른다. 물론 거기에는 엄청난 다양성이 있다는 것을 우리는 알고 있다. 새끼를 낳는 것이 늘 암컷이라고 생각하는 순간 해마라는 것이 나타난다.

그러니 여러분의 참된 본질은 무엇인가.

이것을 아는 데는 여러분의 인생 전체가 걸릴 것이다. 왜냐하면 하느님이 신비 그 자체이기 때문에 여러분은 여러분 자신에게 같은 종류의 신비가 되기 때문이다. 아우구스티누스가 새로 세례를 받은 사람들을 위한 성체성사에서 이렇게 표현한다.

그러므로 여러분이 그리스도의 몸이고 지체들이라면, 주님의 식탁에 놓여있는 것은 여러분 자신의 신비인 것이다! 여러분이 받아 모시는 것이 바로 여러분 자신의 신비이다![49]

비록 나는 이제 일흔 살이 넘었지만 새로운 관계성이 여전히 나를 놀라게 한다. 나는 계속해서 새로운 사람을 만날 것이고, 내가 그들과 진솔하게 연결되고, 그들을 신뢰하고 받아들이며, 그들을 어떤 부류에 넣는다든가 너무 빨리 어떤 종류의 사람으로 단정하지 않을 수 있다면, ― 내 존재의 새로운 영역 내부로 들어가는 문이 열리게 될 것이고, 내가 그들과 관계성에 들어서기 전까지는 이런 영역이 존재했다는 것을 알지 못했을 것이다.

고故 존 오도노휴John O'Donohue가 이것을 매우 아름답게 묘사한다.

그리스도교의 삼위일체로서의 신의 개념은 타자성과 친밀성, 즉 우정의 영원한 교환적 흐름을 가장 숭고하고 절묘하게 표현하는 것이다. 이런 관점은 "보라. 이제 나는 너희를 벗이라 부른다"고 하신 예수님의 말씀 안에서 우리의 꺼지지 않는 갈망이 실현됨을 밝히 드러내 준다. 하느님의 아들이신 예수님은 우주 안에서 첫 번째 타자이다. 그분은 다른 모든 다름의 프리즘(분광기)이다. 그분은 모든 개별체의 비밀스러운 영혼의 동반자이다. 그분과의 우정 안에서 우리는 삼위일체의 부드러운 아름다움과 애정으로 들어간다. 이 우정을 끌어안을 때 우리는 자유로워질 용기를 내게 된다.[50]

이것이 바로 관계성의 힘이고, 그래서 우리는 관계성 안에서 성장할 필요가 있는 것이다. 다시 말하지만, 외로움을 좋아하는 이나 분리주의자들은 일반적으로 존중심을 갖고 관계 맺는 대신 그들을 이용하는 사람들처럼 이방인이 되고 정체되어 버린다.

현실 속에서 여러분은 이렇게 말하고 있다. 나는 성령이 필요 없어. 나는 그 춤에 참여하지 않고도 내가 누구인지를 나 스스로 발견할 거야. 나는 바깥에 앉아서 그냥 춤 상대가 없는 자로 남을 거야.

여러분이 벌써 잊었을까 봐 반복해서 말한다. 여러분을 그 생명의 춤 안에 있게 할 만큼 충분히 힘센 것은 두 가지가 있다.

위대한 사랑과 위대한 고통.

이 둘이 가장 깊고 가장 참된 본질로 여러분의 문을 열어줄 것이다. 이 둘은 피라미드 위로 올라가는 대신 이 원 안쪽에서 힘찬 춤을 추게 해줄 것이다.

우리는 죄에 대해 말해야 하는가

이것을 배경으로 한다면 죄라는 것은 이해하기가 그야말로 단순하다. 사랑의 흐름을 막는 거라면 무엇이나 다 죄다. 미움이든 용서하지 못하는 것이든 부정적 마음이든 폭력이든 피해의식이든, 이 모든 것이 다 예수님이 산상설교에서 경고하신 것들이다.[51] 여러분은 단순히 이런 것들을 저지를 형편이 못 된다. 비록 하느님께서는 여러분에게 은혜를 베푸시기 위해 이런 것들마저도 이용하시기도 하지만, 이런 것들은 그저 죽음일 뿐이고, 늘 죽음을 가져온다. 물론 하느님의 이 은혜가 참다운 은혜로 느껴지기 위해서는 여러분이 "마음을 비우는 능력"을 갖고 그렇게 되도록 하느님에게 내맡겨야 한다.

실질적으로 전진하는 가속도를 내는 고무줄 총이나 활처럼 "마음을 비우는 능력"은 그런 실패들이나 그런 비움으로 묘사되기도 하고, 앞으로 빠르게 튕겨 나가게 하는 힘이나 동기가 되고 마는 저항력과 같은 것으로 묘사된다. 이것은 아마도 사도 바오로의 체험에 의한 역설적인 생각, 즉 **"율법이 들어와 범죄(실패의 기회)가 많아지게 하였습니다. 그러나 그것으로 인해 죄가 많아진 그곳에 은총이 충만히 내렸습니다"**[52]라고 한 말 안에 요약되지 않을까 한다. 이 얼마나 놀랍고도 용기 있는 통찰력이고, 또 얼마나 전적으로 본능에 반대되는 이야기인가. 하느님의 자비는 너무도 무한하고 풍성해서 하느님은 우리의 죄마저도 우리 구원을 위해 사용하신다.

사실상 이것 말고 다른 패턴이 있을까?

죄는 하느님이 여러분을 시험하시기 위해 사용하시는 일련의 독단적인 소소한 잘못들 목록이 아니다. 그래서 소수의 사람만이 이 대단한 입학시험에 합격하는 모양이다. 오히려 죄는 암울하고 우울한 세상을 만들어낸다. 그러나 죄는 하느님을 속상하게 하거나 그분의 마음 다치게 하는 어떤 특별한 것들을 표현하는 단어가 아니다. 완전한 흐름 안에서 하느님이 상처를 받으시는 것은 우리가 우리 자신에게 상처를 주었을 때이다. 이것은 마치 부활하신 예수님이 바오로에게 인자하신 어투로 "뾰족한 막대기를 차면 너만 아프다"(사도 26,14)라고 말씀하시는 상황과 같다.

하느님은 핵심적으로 이렇게 말씀하고 계신다. "사랑받을 만한 형편이 못 되는 것은 너다. 네가 그런 모습이다. 그것이 본질적이고 고유한 사랑의 흐름을 막을 것이기 때문에, 너는 신비 바깥에 있게 될 것이다. 너는 모든 사건에 본질적으로 내재되어 있는 은총의 흐름 바깥에 있게 될 것이다. —그렇다. 죄가 그런 것이다." 우리는 우리의 죄 때문에 벌 받지 않는다.— 우리는 우리 죄에 의해 벌을 받는 것이다!

그래서 예수님이 우리에게 사랑하라고 명하신 것이다. 여러분은 사랑해야만 한다. 사랑하지 않으면 기본적인 것들을 알지 못할 것이다. 여러분은 하느님을 알지 못할 것이고, 여러분 자신도 알지 못할 것이며, 신성한 춤도 알지 못할 것이다. 그런데 일종의 고통이 늘 사랑의 대가요 증거라는 것을 알아야 한다.

우리는 모두 사랑하는 것이 십계명을 지키는 것보다 몇 배나 더 효력을 낸다는 것을 안다. 여러분이 십계명을 지키기를 나는 바란다. 그것에 대해서는 대찬성이다. 하지만 삶의 순간순간을 친교의 일치 안에서 긍정적인 흐름을 유지하면서 모든 부정적인 저항을 내려놓고 살아가는 것이 몇 배나 훨씬 더 중요하다. 이것이 관상 실천이며, 우리는 이것을 본래 기도라고 부른다.

흐름 속에 있는 사람들은 그저 존재함으로써 치유한다.

앞서 정의한 개념으로 죄가 많은 이들은 그저 존재함으로써 모든 것을 무너져 내리게 한다.

그래서 이 더 널찍한 공간에서부터 다음의 것들을 다시 인정하도록 하자.

저희를 위하시는 하느님, 우리는 당신을 아버지라 부르나이다.

저희 곁에 계시는 하느님, 우리는 당신을 예수님이라 부르나이다.

저희 내면에 계시는 하느님, 우리는 당신을 성령이라 부르나이다.

당신은 모든 것을 가능케 하시고, 펼쳐주시며, 생동감 있게 해주시는 영원한 신비이시나이다.

저희도, 저도 여기에 포함되나이다.

어떤 이름도 당신의 선과 위대함을 표현할 수 없나이다.

저희는 당신이 존재인 바 안에 계신 당신이신 바를 알 수 있을 뿐이나이다.

저희는 당신께 그렇게 완벽한 시각을 청하나이다.

처음과 같이 이제와 항상 영원히. 아멘.

다른 문으로 들어가기

다시 한 번 말하겠다. 하느님은 우리가 생각하는 것보다 더 낯설 뿐 아니라 우리가 생각할 수 있는 것보다도 훨씬 더 낯선 분이시다. 아마도 지난 2000년간 우리가 삼위일체에 대한 성찰에 있어 가장 약했던 부분은 —그리고 이와 관련한 우리 교의 중 많은 것이— 기도의 문이 아닌 논리적 정신의 문을 통해 이 공간으로 들어서려고 한 것이다.

여러분은 초기 사막의 아버지들(교부들)과 어머니들 사이에서 "신학자"의 의미는 뛰어난 정신적 기교를 부리는 이가 아니라 단순히 참으로 기도하는 사람이었다는 것을 알았는가. 신학자는 이 내적인 움직임과 감지하기 힘든 에너지, 서로 간의 연결(interconnections)을 이해한 사람이었다. 사실상 신학자가 무엇보다도 먼저 기도의 사람이 아니라면 신뢰를 받지 못했다.

솔직히 말해서, 머리가 우리 신경계통을 장악할 때 위험하고도 바보 같은 짓을 저지른다. 그래서 감感이나 마음과는 연결되어 있지 않은 머리에 의해 일하는 것은 단절만이 아니라 재앙까지도 초래하는 것이다.

그러나 연결되는 것은 우리 인류에게 본능적인 것이다. 나는 창조된 세계에는 우리에게 접근 가능한 자연적 질서가 부여되어 있다고 생각한다. 그 이유는 정확하게 말해서 창조된 세계를 관찰하는 우리가 본질적으로 관찰되는 존재와 같은 모상으로 창조되었기 때문이다.

관찰자와 관찰되는 자 사이에는 유사함의 원칙이 있다.

모든 인식(cognition)은 재인식(re-cognition)이다.

그것이 이미 여러분이기 때문에 여러분은 그것을 안다.

여러분은 여러분이 여기에 있는 그것을 이미 알기에 저 너머에 있는 그것을 여러분의 존재 가장 깊은 차원에서 아는 것이다. 독자들로부터 내가 받는 가장 좋은 의견(피드백)은 이렇다. "리처드, 당신은 나에게 전혀 새로운 것을 가르쳐주지 않았어요. 그냥 말만 다를 뿐이에요. 어떻게 된 일인지 모르지만 내 가장 깊은 직관 안에서 당신이 말하는 것을 이미 알고 있었어요."

훌륭한 영적 선생이 할 수 있는 것은 그저 단어를 알려주고 언어화하는 것이다. 이렇게 해서 여러분이 "그래. 나는 이미 이것을 알고 있어. 그 선생이 나를 위해 그것을 끄집어내 준 거야. 하지만 이 통찰력은 리처드에게서 온 것이 아니야"라고 말할 수 있게 되도록 말이다.

내가 만일 여러분 안에 있는 재인식을 점화시켜주지 않는다면 나는 내가 성령 안에서 가르치는 것이 아니라고 생각한다. 왜냐하면 내 안에 계신 성령만이 여러분 안에 있는 성령이 아는 것을 알기 때문이고, 우리는 다 그 중심으로 돌아가기 위해 수양하는 것이기 때문이다.

삼위일체 —그리고 그 안에 있는 열매를 맺는 효력인 사랑—

은 진정한 "모든 것의 이론"이다. 모든 이가 이 통일하는 이론을 나중에 찾을 것이다. 내가 볼 때 삼위일체적 사랑은 우리가 이해하고, 내려놓을 수 있도록 도움을 주며, 우리가 이 세상에서 안전하게 서 계신 하느님을 발견하는 똑같은 관계적 방식으로 이 세상에서 안전하게 서 있을 수 있게끔 도움을 준다.

신비주의자들이 말하기를 사랑만이 결국에 가서 정확하게 알 수 있다고 한다. 자, 그러니 제발 이 "사랑"을 감상적인 방식으로 해석하지 마시라. 알겠는가. 이것은 지나치도록 달콤하지도 않고, 특별한 품질보증 표시도 아니다.

자아가 무릎을 꿇을 때 —우리가 우리 관심사나 화, 두려움에 매여 있지 않거나, 우리 식으로 모든 것이 이루어지기를 갈망하지 않을 때— 우리는 참으로 사랑에 열려 있는 것이다. 그러나 단단히 붙들고자 하고 가까이 있고자 하는 마음의 경향을 알아차려라.

이 책과 같은 책들을 읽는 방식 자체가 어떤 위험을 수반하는 것이다. 독자들은 어떤 뚜렷한 기대로 책을 대한다. 아마도 책의 뒤쪽 커버에서 독자들의 그런 기대에 부응할 것이라고 말하지 않았겠지만, 그런 기대들이 이미 은연중에 그들 마음에 있는 것 같다. 책의 내용이 자신들의 기대에 미치지 못하면 어떤 독자들은 실제로 불평을 털어놓을 권리가 있다고 느끼기까지 한다. 여러분은 여기에서 자애주의를 감지할 수 있는가. 이런 일이 단순히 책을 읽을 때만이 아니라 우리 삶에서도 일어난다. 그것은 '나는 이 현실이 내가 원하는 대로 되어 있어야 해!'라고 말하는 것과 같다.

이런 모습이 여러분이라면 여러분은 삶의 90%를 불행하게 살게 될 것이다. 왜냐하면 세상은 여러분이 미리 정해 놓은 기대에 미치지 못할 것이기 때문이다. 모든 기대치는 자연스럽게 기다리고 있는 분노로 끝나고 말 것이다.

거기에 있기

여러분이 이 책을 손에 들고 있는 동안, 바로 지금으로 깊숙이 빠져들 수 있는지를 보시라. ―그리고 언제나 다음의 조언을 기억하시라.

여러분은 여기에 올 수 없다. 갈 곳이 전혀 없다.

여러분은 단지 여기에 있을 수 있다.

자매들과 형제들이여, 나는 현실에 대한 모든 오해 뒤에는 늘 하느님에 대한 오해가 있다고 믿는다. 이렇게 말하는 것이 너무 넓게 문제를 일반화하는 것처럼 들릴지 모르지만, 나는 그것이 사실이라는 것을 안다. 사람들 대부분은 이런 신학적 차원에서는 전혀 생각하려 하지 않거나, 그럴 필요도 느끼지 않는다. 여러분이 폭력적인 상태의 사람이나 스스로가 불행하다고 생각하는 사람 혹은 두려운 마음을 지닌 어떤 사람 가까이에 있게 되면, 여러분은 항상 그들 안에서 작용하는 신神(그 사람들이 그것을 알든 모르든, 거기에는 늘 그런 신이 있게 마련이다)이 부적절하고, 왜곡되어 있으며, 심지어 중독성이 있는 해로운 존재라는 것을 발견하게 된다. 모든 이는 그것이 안전을 보장해주는 신神이라 할지라도, 자신들이 가장 먼저 충성을 바칠 곳과 기준이 되는 존재를 지니고 있다.

이렇게 모든 이는, 자신들이 그것을 인정하든 하지 않든 간에, 일종의 신이나 중심이 되는 하나의 기준점을 지니고 있다. 여러분에게 필요한 것은 오직 정말로 하느님일 만한 하나의 신이다. 왜냐하면 여러분은 여러분이 흠숭하는 신이 될 것이기 때문이다. 참으로 선한 사람들은 늘 참으로 선하신 하느님을 만난다.

존재의 놀라운 사슬

마태오, 마르코, 루카, 요한 네 복음서 전체 안에 한결같이 삼위일체에 관한 이야기나 담화가 매우 적다는 것이 늘 사람들에게는 놀랍게만 느껴진다. 정말로 별로 없는 것이 사실이다.

그중 하나가 아래의 예다.

"너희를 받아들이는 이는 나를 받아들이는 사람이고, 나를 받아들이는 이는 나를 보내신 분을 받아들이는 사람이다."(마태 10,40; 또한 마르 9,37; 루카 10,16; 요한 13,20 참조)

여러분이 그리스도인으로 성장했다면, 분명히 여러분은 위 성경 구절에 대해 말하는 것을 들어봤을 것이다. ─아마도 사목자가 파티나 친교의 나눔 때 봉사하는 자매에게 이와 관련한 말을 하는 것을 들었을지도 모른다.

그러나 여기에서 정말로 무슨 일이 일어나고 있는지 생각해 보기 위해 잠깐이라도 잠잠히 있어 본 적이 있는가. 예수님은 여러분과 여러분의 이웃, 그리스도 그리고 하느님 사이에 윤리적 동등성이 있다고 말씀하고 계신다.

이것이 바로 존재의 놀라운 사슬이다. 일상의 눈을 가진 이들에게는 그리 뚜렷하게 보이지 않는 것이다. 이 새로운 존재론 ─

현실을 형성해가는 새로운 방식— 이 그리스도교 계시와 혁명 전체에 있어 핵심이자 토대가 된다.

이것이 바로 하느님이 누구시고, 하느님이 어디에 계신다는 이해를 완전히 새롭게 해주는 말이다.

그리고 우리가 누구이며, 우리가 어디에 있는지.

여러분은 이것을 받아들이는가.

하느님은 더 이상 종교가 처음부터 상상해 온 "저기에" 계신 분이 아니다.

어떤 이는 이렇게 물을 것이다. "그렇다면 네 복음서가 한결같이 이처럼 반직관적이면서도 자신감 있는 방식으로 우리에게 확신을 주게끔 해줄 새로운 경험이 있다면 그것이 무언가?"

영원으로부터의 삼위일체

그러나 먼저 우리는 처음으로 돌아갈 필요가 있다. —정말로 처음 이전으로. 우리는 우리 마음과 상상력을 선재先在적 그리스도요 "영원으로부터 나신 분"에게로 펼쳐 갈 필요가 있다. 사실

이에 대해서는 요한복음과 에페소서, 콜로새서, 히브리서, 요한1서 그리고 아마도 베드로 2서의 제1장이나 첫 번째 문장에서 언급되고 있다.

우리는 어떻게 이것을 놓치게 되었는가. 어느 존재도 처음부터 어떤 존재가 되지 않았다! 그렇지만 처음 이전에는 무엇이 있었는가.

이런 수수께끼는 초기 신학자들에게 이런 질문을 하게 했다. "그러면 우주가 영원한가?" 바로 이 부분에서 인간의 정신은 더 이상 계산 할 수 없어서 생각을 포기해야 한다. 나도 모른다고 말하겠다.

자 이제 예수님의 초기 견습자들이 —마치 우리처럼— 이 운동, 이런 하느님의 형상, 이 현실을 설명할 비유를 찾았다는 것을 염두에 두고 영원하신 성자를 한번 묘사해보자. 그들은 오늘날에는 많은 사람이 좋아하지 않는 비유들을 제시했다. 그 비유들이 남성성을 띠고 있기 때문에 우리는 그 비유들을 좋아하지 않는다. 그러나 나는 그 비유의 근본적인 의미를 이해하기 위해 잠깐 이런 언어의 특수성은 좀 미루어 두시기를 부탁드리고 싶다. 그러면 여러분은 비유 자체에 그리 크게 매이지 않게 될 것이다.

앞서 말했듯이, 성부는 완전한 내어-줌의 신비이다. 하느님은 내어-줌 그 자체이시다. 나는 여러분이 이것이 함축하는 바를 알아듣기를 바란다. 만일 하느님이 절대적 내어-줌이시라면, 그 사랑의 흐름은 항상 그리고 영원히 하나의 긍정적인 방향으로 이루어질 것이다. 그렇기에 하느님의 화나 진노 혹은 어떤 식으로든 못마땅해 하시는 것과 같은 어쭙잖은 이야기는 영적으로나 신학적으로 불가능하다.

그 물레방아는 오직 그리고 영원하게 한 방향으로만 흐른다.

인간의 언어와 성경의 본문은 그저 우리 자신의 상실과 어둠 그리고 내면의 메마름 체험을 표현하기 위해 그렇게 표현할 뿐이다.

성경이 산통을 겪는 본문으로 보는 것이 최선이라고 한 르네 지라르의 의견을 기억해보자. 성경의 이야기가 세 발짝 앞으로 나아가게 되면, 변함없이 그 이야기가 어디로 가는지를 암시하는 내용 때문에 놀라게 된다. 그래서 그 이야기는 두 발짝 뒤로 돌아가게 된다. 예수님은 홀로 모든 세대의 기민성 정도에 맞추시는 살아있고 역동적인 말씀이시다. 표기된 말들은 영원히 그리고 언제나 비유일 뿐이다. 우리가 이런 구분을 잊을 때 우상 숭배자가 되고, 결국에는 경찰관 같은 이들이 될 뿐, 신비주의자가 될 가능성은 거의 없다.

성경을 강요하는 사람들은 변함없이 성경의 두 발짝 뒤로 물러나는 부류의 사람들이다. 그들은 앙갚음하고, 강압적이며, 배타적이고, 두려움을 주는 구절들을 인용하기를 좋아한다. 우리는 우리인 바대로 본다. 그래서 인류의 큰 비율이 먼저 벌을 주고 두렵게 주의를 주는 부모의 세계 안에서 정신적 세계를 형성하였다. 그런 세계가 여러분의 삶을 작고 무섭게 만들긴 하지만 그것이 삶을 변화시키기는 힘들다.

여러분에게 복수가 필요하다면, 솔직히 여러분은 복수하는 신을 사랑하게 될 것이다. 여러분이 전쟁을 사랑한다면, 여러분은 호전적인 신을 사랑하게 될 것이고, 심지어는 호전적인 신을 창출해 낼 것이다. 모든 잘못된 사건 뒤에는 잘못된 이미지가 있게 마련이다. —그것이 하느님에 대한 잘못된 이해이다.

여러분이 우정을 받고 내어주는 것에 둘 다 편안해한다면 여러분은 삼위일체를 맞아들일 준비가 되어 있는 것이고, 또한 간절히 바랄 것이다.

여러분은 자신의 변모에 대한 증거자가 될 것이다. 사실 변모는 여러분에게 여러분 전부를 요구하겠지만, 또한 여러분에게 모든 것을 주기도 할 것이다.

우리 대부분은 너그럽고 내어주어야 한다는 것을 배워왔다!

―그리고 우리는 종종 우리가 충분히 내어주지 못할 때 죄책감마저 느낀다. 그런데 우리 중 훨씬 적은 사람들만이 같은 하느님의 관대함을 겸손하게 받아들이는 법을 배웠다. 그러나 내면에 사랑의 흐름이 없을 때 그 흐름을 바깥으로 나가게 한다는 것은 불가능하다.

여기서 나는 대단한 신비주의자인 14세기 독일의 도미니코회원 마에스터 에크하르트의 놀라운 시 한 부분을 나누어 보겠다.

> 삼위일체의 핵심부에서 무엇이 일어나는지
> 그대는 알고 싶은가.
> 내가 말해주겠네.
> 삼위일체의 핵심부에서는
> 성부가 웃으시며
> 성자를 낳으시네.
> 성자는 성부께 웃어드리며
> 성령을 낳으시네.
> 삼위일체 전체가 웃으시며
> 우리를 낳으시네.[53]

하느님은 시간의 시작 이래로 오직 하나의 지속적인 일을 하신다. 하느님은 항상, 영원히 그리고 주저 없이, 이 관점에서 피조물, 즉 여러분과 나로 이해되는 "아들"을 사랑해오셨다. 그렇다. 여러분은 "딸"이라고 해도 무방하다. 여기서 중요한 것은 관계성의 질質이지 성별이나 다른 어떤 것이 아니다.

하느님은 여러분 안에 있는 당신의 우주적 자녀를 사랑하지 않을 수 없고, 이것을 이미 알고 있으며 누리는 여러분의 "일부"는 내재하시는 성령이시다.

그래서 여러분은 그 흐름이 양방향으로 이루어진다는 것을 아는가. 신적인 자녀는 또한 성부를 아버지로서 "창조한다." 이는 어떤 부모도 증명할 수 있는 것이다. 어떤 부모도 자녀가 그 흐름을 되돌려주기 전까지는 참된 부모가 될 수 없다. 아기가 처음으로 "마마" 혹은 "파파"라고 말할 때 부모의 얼굴에서 흘러나오는 기쁨이나 눈물을 본 적이 있는가.

그것이 바로 순간 속에 들어 있는 우주다.

이 세상은 이런 환희와 좋아함, 기쁨 그리고 사랑함보다 작은 것에 관심을 가질 여유가 없다. 여러분 역시 그럴 여유가 없다.

세상은 이제 온전히 긍정적인 대지와 토대 위에 자리를 잡아야 한다. 죄와 수치, 대가 그리고 벌을 주제로 하는 엉망이고 슬픈 이야기는 서구 문명을 절대 멀리 나아가게 하지 못할 것이다. 여러분이 구멍에서 시작하게 되면 그 구멍에서 절대 나오지 못할 것이다. 그러나 여러분이 본래의 축복에서 시작하면 생명은 더 크게 성장할 뿐이고, 항상 훨씬 더 나아질 것이다.

가장 자연 그대로 살아있는 파도

내가 가장 좋아하는 시 한 부분을 여러분과 나누고 싶다. — "장미(The Rose)"

> 햇볕이 내리쬐는 숲속,
> 이 장미 가까이에 바람에 꺾인 마드로나 나무
> 반쯤은 죽은 나무들 사이에서
> 나는 참으로 편안한 마음에 이르렀다.
> 마치 내 존재 깊숙한 곳에서 또 다른 사람이 나타나듯이,
> 나는 내 바깥에 서 있었다.
> 무엇이 되고 사라지는 걸 넘어서,

완전한 타자인 그 무엇이,

마치 내가 가장 자연 그대로 살아있는 파도 위에서 너울거리듯,

그러나 고요하다.

그리고 나는 '나'라는 존재 안에서 기뻐 뛰었다.[54]

이 시에는 내가 공감하는 것이 참 많지만, "내가 가장 자연 그대로 살아있는 파도 위에서 너울거렸다"는 이 구절이 특별히 내 마음에 메아리친다. 내 생각에 우리가 알고 있든 그렇지 않든 간에 우리는 모두 이 파도 위에서 너울거리고 있다. 의식하고 있든 그렇지 않든 간에 여러분을 이 책으로 이끌어준 것은 삼위일체의 이 흐름을 있게 한 그 무엇, 즉 가장 자연 그대로의 살아있는 파도며, 이것이 여러분을 늘 더 높은 차원의 의식으로 데려다준다.

이 물결이 우리를 통해 흐른다는 것을 아는 것만으로는 충분하지 않다. 성령이 그 안에서 실제로 기뻐하신다. 참된 그리스도교 영성의 토대는 두려움이 아니라 기쁨이고, 미움이 아니라 사랑이다. 그 토대는 하느님에 대한 공포가 아니라 하느님의 신비 그 자체에 실질적으로 참여하는 것이다.

우리가 하느님과는 완전히 다르다면 여러분은 우리 사이에 건널 수 없는 구렁이 있다는 것을 안다. 여러분은 여러분과는 완

전히 다른 무언가를 알 수 없다. 이런 멀리 있는 하느님 개념은 자연신론자들과 신-플라톤 철학자들이 생각하는 것이다.

삼위일체의 신비 —이 가장 자연 그대로 살아있는 파도— 가 우리에게 보여주고 있는 것은, 대조적으로, 유사의 원리가 작용하고 있다는 것이다. 우리 내부에서 성령의 내재하시는 현존은 이미 하느님을 알고, 이미 하느님을 사랑하고 있으며, 이미 하느님과 사랑의 관계성 속에 있다. 이것에서 우리가 보태거나 뺄 것이 전혀 없다. 우리는 그저 이미 움직이고 있는 이 기차에 탑승만 하면 된다.

사람들 대부분은 피해 가버린다. 그들 자신이 신성한 신비이지만 불행히도 그들은 그 신비를 누리지 않는다. 그들은 자신들의 원천을 의식적으로 활용하려 하지 않는 것이다. 만일 내가 그리스도인에 대한 가장 단순한 정의를 내려야 한다면, 이렇다. 단순하게 자신들의 원천을 의식적으로 활용하는 사람.

여러분이 어떤 예식을 거행하느냐가 문제가 아니다. 이런 것들은 무관한 것들이고, 모두 죽어 없어질 것들이다.

또한 여러분이 어떤 계명을 지키느냐도 문제가 되지 않는다. 이런 것들은 여러분이 얼마나 합당한지의 정도를 재는 것밖에 되지 않는다. 이것이 여러분을 절대 하느님께로 더 가까이 데려다주지 못한다.

사도 바오로는 로마서와 갈라티아서에서 계명을 지키는 것이 하느님 체험으로 이끌어주지 못한다는 것을 매우 뚜렷하게 말한다. 그러나 내가 장담하건대, 85% 정도의 그리스도인들은 여전히 자신들이 바른 일을 하여 하느님께로 간다고 생각하고 있다. 그렇게 해서 하느님께로 갈 수 있다는 증거가 전혀 없다. 사실은 이와는 정반대이다. 자신이 바르고 바른 일을 하고 있다고 하는 선입견은 —나의 이 무례함을 용서하시라— 신경증적 결벽증의 성격을 띤다. 그들은 대개 판단적이고 자신들에 대해서도 선입견이 있으며 매우 자주 하느님도 사랑하지 않고, 삶 자체도 사랑하지 않으며 동료 인간들도 사랑하지 못한다.

여러분이 가장 자연 그대로의 파도는 타지 않은 채 계명을 지키기 때문에 그런 것이다. 에고가 그렇게 할 수 있고, 가짜 자아가 그렇게 할 수 있다. 그러나 하느님만이 이 삼위일체의 사랑의 흐름으로 우리를 데려다줄 수 있다.

참된 현존

여러분은 여러분의 정신만으로 현존할 수 없다. 정신은 대부분의 시간을 과거에 집착하고 미래에 대해 불안해한다. 정신은 마음과 육신과 영혼이 함께 하지 않은 채 현존할 수 없다는 것을 안다. 현존은 양방향으로 이루어지고 몸 크기 정도의 거울과 같아서, 삼위일체는 이렇게 기반이 되는 현실을 반영하는 법을 우리에게 가르쳐 주신다.

가톨릭 가계 전통(lineage)에서 우리는 성체성사를 통해 변모한 빵과 포도주 안에 예수님의 "진정한 현존"이 있다는 믿음을 가르쳤다. ─그리고 나도 이를 굳게 지지하고 옹호한다. 우리는 이런 믿음, 즉 물질과 물리적 세상 안에 하느님이 객관적으로 현존한다는 믿음의 목적을 지켜내는 데는 아주 훌륭했다. 가톨릭은 개신교의 형제자매들에 비해 육화에 대한 논리적 결론을 훨씬 더 잘 내렸다. 그러나 덧붙여 말하자면 우리는 그것을 제대로 깨닫고 실현하지는 못했다고 본다.

가톨릭 신자나 정교회 신자라면 생각해 볼 것이 있을 것이다. "만일 하느님이 사람들 안에, 역사 안에, 피조물 안에 현존하신다면, 빵과 포도주라는 가장 낮고 겸손하면서도 보편적이고 기본적인 음식 안에서 집중하고 견뎌내며, 희망에 차서 내어주는 모습으로 진정한 현존을 확장할 수는 없을까?"

만일 우리가 우리 땅의 이 작은 조각 안에서의 현존을 받아들일 수 없다면, 우리가 왜 우리 자신과 다른 이들 안에서의 현존을 받아들여야 할까? 이 두 가지의 현존은 하나이며 똑같은 믿음이며, 뛰어난 논리적 귀결이다. 여기서 육화가 참으로 길고 넓게 실현되는 것이다.

그러나 여러분은 우리가 한결같이 잘 해내지 못하는 것이 무엇인지 아는가. 우리는 우리 사람들에게 여기와 저기 그리고 모든 곳에서 현존하는 법을 가르치지 않았다. 그리고 우리가 참된 현존 앞에서 현존하지 못한다면 우리에게는 참된 현존이란 절대 없는 것이다. 모든 참된 기도처럼 —삼위일체 자체처럼— 현존이란 "얼굴을 공유하는 앎" 즉 내가 앞에서 "거울에 비추어 봄(mirroring)"이라고 말한 것과 같은 것이다.

나는 이것이 모든 종교의 탈바꿈이 아닐까 생각한다.

있음Being과 됨Becoming

그래서 만일 성부 하느님이 드러나지 않는 분이라면 그리스도는 본래 현현으로의 움직임이시다. 그리고 여러분은 성령이 이 우주적 현현을 아는 분, 상기시켜주시는 분이라고 말할 것이다. 여러분이 성령의 자극과 초대에 더 마음을 열면 열수록 여러분의 바라봄은 더 넓어진다.

이제 우리는 매우 기반이 튼튼한 친환경 영성의 근거를 지니게 되었다.

이제 우리는 그저 인류뿐 아니라 모든 피조물의 선과 중요성에 대한 근거를 지니게 될 것이다.

여기서 우리는 존재의 위대한 사슬 전체의 진가를 인식하는 프란치스칸 영성에 다다른 것이다. 동물들과 창조된 모든 것, 즉 바위들과 물, 식물들 모두. 드러나는 현실 모두는 이 신비에서 흘러나오고, 우리 프란치스칸 신비주의자 성 보나벤투라가 가르쳤듯이, 모든 것은 그렇기에 하느님의 본성을 드러내는 발자국이요 지문인 것이다.[55]

만일 우리가 이것을 알고 이것이 참되다는 것을 인정했다면 우리 역사와 우리 종교 역사가 얼마나 달라졌을까.

삼위일체가 하느님의 내적 패턴이라면, 예수님은 —다시 한 번 말하지만— 우리에게 대단한 놀라움이고 또한 솔직히 말해서 실망이기도 한 외부의 가시적인 패턴이다.

상실과 회복, 상실과 회복. 부활의 대가로서의 죽음.

우리 태양도 죽어가고 있다는 것과 이 태양 역시 훨씬 더 큰 별들의 은하계에 있는 자그만 별에 불과하다는 것을 기억하시라. 태양은 1초에 무려 60억 톤의 수소가 타면서 죽어가고 있다. 이 태양이 계속 죽어가고 있으면서도 우리 태양계와 우리 지구에서 살아가고 있는 모든 존재 하나하나에 생명을 주고 있다.

그것이 패턴이다. 현재의 형태가 죽지 않고 장수하는 것은 아무것도 없다.

죽음은 생명의 반대가 아니라, 생명의 충만한 과정이다.

생명에는 반대가 없다!

그래서 교회의 초기 아버지들(교부)과 어머니들이 가장 대담한 말을 하는 것이다. 그들은 하느님마저도 고통을 받는다고 말한다. —이것을 읽는 여러분에게는 이것이 충격이 될지 모른다.

예수님은 모든 사람이 하느님을 볼 수 있도록 고통받으시고 돌아가시는 것이다.

본질적인 황홀경 (신비체험)

앞서 언급한 제우스와 같은 하느님 개념을 우리가 갖고 있는 한, 우리는 큰 발전을 이룰 수 없다. 그런 하느님은 권력에 굶주려 있고, 신들의 체제 맨 위에 있는 멀리 있는 신神이며, 위에서 번갯불을 내리고 몇 안 되는 선택된 이들만을 선호하는 신이다. 그는 늘 그저 하나의 '그'이고, 그는 전능하지만, 우리의 삼위일체처럼 전적으로 취약한 존재는 아니다. 이렇게 얘기해서 유감이지만, 하느님에 대한 우리의 집단적이고 문화적인 이해는 우리가 당연히 사용하고 있는 "전능하신 하느님" 언어를 그리 많이 넘어서지 못했다. 우리는 하느님이 삼위일체 안에서 신적인 힘을 영원히 새롭게 정의하신다는 것을 깨닫지 못했다. 그리스도교에서 말하는 하느님의 힘은 무력함과 겸손에서 오는 것이다. 우리 하느님은 전능하신 분이기보다는 훨씬 더 전적으로 취약하신 분으로 불리는 것이 맞다. 우리는 이것을 신약성경 전체에 걸쳐 지속적으로 나타나는 "하느님의 어린양"의 비유를 통해 이해했어야 했다. 그러니 불행히도 대다수 사람에게 그분은 "위층에 계신 분"이고 능동적 동사라기보다는 실체적 명사다. 내 견해로는 하느님에 대한 이런 이해의 실패가 무신론과 불가지론 그리고 오늘날 우리가 서구사회에서 보는 실질적 무신론의 토대가 된다. 현대인들 대부분이 이렇게 말하는 것 같다. "만일 하느님이 전능하시다면, 나는 이런 전능하신 하느님이 세상을 운영하는 방식을 좋아하지 않을 것이다." 그들은 삼위일체적 혁명이 뿌리를 내리지 못했다는 것을 알지 못한다. 우리는 여전히 하느님에 대한 이교도의 이미지를 지니고 있다.

그러나 일단 여러분이 신들의 변화를 체험한다면, 여러분은 하나의 정도定道로서의 그리스도교를 위한 견고하고 매력적인 토대를 두게 되는 것이다. 이런 그리스도교는 모든 차원에서 그리고 지금 여기에서 회복하는 정의와 화해에 관심을 두는 신비적이고 역동적인 모습을 지닌다.

여러분이 오늘 해야 할 한 가지 일은 하나의 나뭇잎이 하느님의 영원한 존재 안에 참여하는 것임을 알 때까지, 아니 참으로 알 때까지 조용히 산책하면서 그 잎 하나를 한참 동안 사랑스럽게 응시하는 것이다. 황홀경에 들어서기 위해서 이것으로 충분하다. 여기서 중요한 것은 그 객체에 선천적으로 부여된 품위가 아니다. 중요한 것은 그 객체와 맺는 여러분의 관계성의 품위이다. 이것이 바로 객체를 주체로 변모시켜주는 것이고, 마르틴 부버의 유명한 표현처럼, 세상에 대한 나-그것(I-It)의 경향에서 나-

너(I-Thou)의 관계성으로의 전환이다.[56] 진정한 관상의 사람에게는 푸른 나무 하나가 금으로 된 감실 만큼이나 이런 깨달음을 줄 수 있다.

내가 언젠가 내 일기장에 적어놓은 졸작 시에 이런 말을 썼다 (내 생각에 지혜롭게 보이는 말이다). "모든 것은 하나의 울려 퍼지는 황홀경이다(All are an echoed ecstasy)."

그러나 우리는 모든 것을 빼앗겼다! 모든 피조물은 자연스럽게 이런 황홀경을 받아들이고 선천적으로 이 황홀경을 내어준다. 오직 인간만을 제외하고 말이다. 우리는 우리가 바라보는 것의 모든 것을 있는 모습 그대로 사랑스럽게 바라보는 것이 아니라 차별하고, 객체로서 결정하고, 나와 분리해서 생각하고, 그것들에 자격을 부여하기까지 한다.

우리는 본질적인 황홀경을 우리에게서 스스로 앗아간 유일한 존재다.

만일 여러분이 이것을 의심한다면 개를 잘 바라보시라. 개들은 황홀경을 막지 않는다. 여러분은 여러분에게 뛰어오르고 여러분을 핥는 것에 싫증을 낼지 몰라도, 그들은 그렇지 않다. 이것은 분명히 하나의 개로서 순수하고 순전하며 매료되는 기쁨(enjoyment)이다. 그들 대부분은 어느 날 드러눕고는 죽는다. 여기에는 어떤 극적 반전이란 절대 없다.

개는 현실에 대해 질문하지 않는다.

개는 존재적인 문제들로 골치를 앓지 않고, 땅에 자신의 앞발을 툭툭 치며 왜 나는 오리가 아닐까 하며 괴로워하지 않는다.

분명히 개들은 자신들이 개인 것을 좋아하고, 뽕나무는 자신이 뽕나무인 것을 좋아하며, 벌들은 벌들이 하는 일을 좋아한다. 빨간 도미는 자신의 진정한 이름을 분명히 알고 있어도, 우리가 그들을 '빨간 도미'라고 부르는 것에 대해 개의치 않는다. 모든 존재는 그들이 바로 하느님께 영광을 드린다는 것이다.

자신인 바를 거부하는 유일한 종이 있는데, 그것이 바로 우리다. 묘하게도 우리는 우리의 행복을 거부하고 있다. 이것이 하느님의 고통이다. 하느님이 자유 의지를 주신 한 종이 자신을 거부하는 데만이 아니라 다른 종들을 거부하는 데에도 그 자유 의지를 사용하였다. 이것은 부정적인 의미로 거울에 비추어보는 것이다. 만일 여러분이 황홀함을 거부한다면 그 거부를 후손에게 전해주는 것이다.

이것이 아마도 우리가 말하는 죄일 것이다.

우리는 대개 우리의 정신 게임과 정신의 설명, 우리의 이론에 의해 그리고 신학적으로 트집을 잡음으로써 이 황홀함을 거부한다.

그렇다. 하느님은 우리가 상상하는 대로 제우스가 이 땅을 원격조정기로 돌아가게 하듯이 여러분에게 여러분의 원격조정기를 주셨다. 그래서 여러분은 여러분이 원하는 채널을 보기 위해 그 원격조정기를 사용할 수 있다. 여러분은 모든 시스템에서 빠져나오기 위해서도 그 원격조정기를 사용할 수 있다. 내가 생각하기로는, 그래서 거의 모든 종교가 지옥과 같은 존재의 논리적 가능성을 사실로 상정하는 것이 꼭 필요했던 것 같다.[57]

삼위일체는 하느님이 절대 원격조정기가 아니라 내부로부터 사랑으로 모든 것을 움직이게 하시는 분이라는 것을 선포한다. 삼위일체의 전적인 관계적 내어줌이 말해주는 바는 우리 인간들이 상상했던 것보다 더 큰 힘이 허락되는 원격조정기를 지니고 있다는 것이다.

사실이기에는 너무 좋은 것 아닌가.

이 완전한 참여라는 것이 우리 정신이 믿기에는 너무도 엄청난 것이다. 그래서 우리는 보편적이고 우주적인 참여를 철회해야 한다고 느꼈고, 모든 그리스도교 종파는 자신들만의 고유한 방식이라고 생각하는 것을 만들어냈다. 즉 나름대로 종파마다 사람들이 어떤 빚을 졌는지 그리고 어떻게 해야 합당해지는지를 정해 놓기도 하고, 필수적인 예식이나 시험 그리고 성취해야 할 목표들을 정해 놓기도 했다.

나는 이에 대해 할 수 있는 한 강하게 말하고 싶다. 여러분이 이렇게 여러분을 무감각하게 만드는 계획들에 사로잡히게 되면 여러분은 복음의 핵심 메시지를 놓치고 말 것이다. 여러분은 여러분이 이미 지닌 것을 얻어낼 수 없다. 여러분은 이미 여러분에게 자유롭고 완전하게 주어진 것을 성취해낼 수 없다.

삼위일체 영성은 죄책감과 수치심을 압도해 버리고, —감히 말하지만— 그리스도교를 다시 깨달음과 휴식을 그 중심에 두게 해준다. 이 영적인 삶에서 여러분에게 동기부여 해주는 것은 감사이지 절대 두려움이 아니다. 심지어 책무와 의무는 단기적으로는 효과를 낼지 몰라도 장기적으로는 —다시 양해를 구하지만— 신경증적 변태(anal-retentive)의 사람들만을 만들어낼 뿐이다. 나는 그런 사람들을 전 세계의 수도원들에서, 아침 미사 때에 그리고 회교 사원들에서 보아왔다.

그러나 이제 여러분은 그 물레방아가 계속 돌고 있고, 영원히 앞으로 돌아가며, 강물 자체에 의해 움직인다는 것을 안다. 그것은 여러분이 밀어서 돌아가는 게 절대 아니다.

앞에서 인용했던 내가 가장 좋아하는 유럽의 신학자요, 제2차 바티칸공의회를 계획한 이들 중 하나인 칼 라너Karl Rahner는 이에 대해 이렇게 말했다. "그러나 우리는 우리가 그리스도 안에서 고백하는 하느님에 대해서 말해야 한다. 그것은 달리 말해, 그분은 정확히 우리가 있는 곳에 계시고, 오직 그곳에서만 그분을 발견하게 된다."[58]

현시대의 선생 프랭크 비올라Frank Viola는 이와 같은 말을 다른 식으로 말했다.

> 삼위일체 하느님 내부에서 우리는 상호 사랑과 상호 우애, 상호 의탁, 상호 존경, 상호 겸허(submission), 상호 머묾(dwelling) 그리고 참된 공동체를 발견한다. 하느님 안에서는 신적인 생명과 신적인 사랑 그리고 신적인 우애가 영원히 거저 제공되는 상호 주고받음이 존재한다.
> 교회는 삼위일체 하느님이 유기적으로 확장된 곳이다. …
> … 어떤 그리스도인 그룹이 자신들의 그리스도인 유전자(DNA)

를 따를 때, 그들은 하느님의 유전자와 딱 맞는 방식으로 함께할 것이다. 왜냐하면 그들은 하느님 당신이 소유하신 생명과 똑같은 생명을 소유하기 때문이다. …

… 교회의 상류수(headwater)는 하느님 안에 있다.[59]

삼위일체 안에서 이루어지는 공동체의 신비는 재인식(recognition)을 허용하는 신비요, 상호-작용의 신비이다. 이에 대해 앞으로 10년간 생각해 보시라!

육화가 복음이다.

예수님은 보이지 않는 하느님의 이미지를 밝혀 주시기 위해 육을 취하셨다.[60] 하느님의 인간되심은 창조와 더불어 하느님 사랑(love affair)의 논리적 귀결이다. 여러분은 내가 이 말을 왜 하는지 아는가? 여러분은 내가 이것을 왜 믿는지 아는가? 왜냐하면 나는 인간들 안에서 그 이유를 보기 때문이다. 시간이 지나면서 우리는 모두 우리가 사랑하는 것이 된다. 예수님 안의 하느님은 하느님이 사랑하시는 것이 되셨다. —인간의 모든 것.

예수님은 극적으로 라틴계 시인 테렌스Terence의 유명한 시구를 실제화하셨다. "나는 인간이고, 인간적인 것은 아무것도 이질적이지 않다."

그리고 유진 피터슨Eugene Peterson이 자신의 글 『메시지(Message)』에서 이런 생각을 아름답게 표현하고 있다. 나는 그의 생각을 참 좋아한다.

> 말씀이 살과 피가 되셨고,
>   우리 동네로 이사 오셨다.
> 우리는 우리 눈으로 그분의 영광,
>   즉 독특한 영광이요,
>   부전자전의 영광이며,
> 안과 밖이 다 관대하고,
>   처음부터 끝까지 참된 영광을 보았다.[61]

여러분이 사랑하는 것을 나에게 보여주면, 나는 여러분이 5년 후에 무엇이 되어 있을 것인지를 알려주겠다. 여러분이 무엇에 시간을 할애할 것인지, 여러분이 아끼는 것이 무엇인지, 여러분이 에너지를 투자할 곳이 어딘지를 알려주면, —나는 여러분이 무엇이 될 것인지를 알려주겠다.

하느님은 사랑의 행위가 시작된 이상 사람이 되셔야 했다. 왜냐하면 —엄격하게 말해서— 사랑은 어떤 차원의 유사함 혹은 심지어 같음을 포함하는 것이기 때문이다. 육화는 피할 수 없는 결론이었지, 우연이나 이례적인 일이 아니었다. 그것이 우리에게 완전히 깜짝 놀랄 일이 아니었어야 했다.

나는 하느님이 인간이 되셔야 했고, 또 그렇게 되기로 작정하셨다고 믿지만, 그것이 애초부터 그렇게 계획된 것이었어도 언제 하느님 쪽에서, 하느님의 선택으로 그 불가능한 간격이 극복되는지는 해결하기 어려운 문제다. 이 육화 사건을 어느 한 시대의 한 사람에게 일어나게 하는 것은 월터 브루거만Walter Brueggemann이 "개별성의 추문(scandal of particularity)"[62]이라고 말한 바를 가장 뚜렷하게 보여주는 본보기이다. 그런데 이것은 성경의 분명한 패턴이다. 달리 말해서, 야훼가 한 번의 일화적 이야기들이나 인물들을 통해 우주적이고 보편적인 패턴을 계시하는 대신, 단순히 한 번의 일화나 한 백성 이스라엘 혹은 역사적 예수를 통해 우리를 가르치는 것처럼 보일 때 그것은 늘 약간의 실망을 준다는 것이다. 정확하게 말해서 신비주의자는 사물이나 사건을 부분 안에서가 아니라 전체 안에서 보는 사람이다. 그런 사람은 하느님의 마음을 헤아리기 위해 육화의 순간을 지금 여기로 옮겨 온다. 문자 그대로 해석하는 사람들은 그 특수한 사건이나 인물을 벗어나지 못하고 거기로부터 뛰어넘어 보편적이고 우주적인 방향으로 움직여가는 것을 매우 어려워한다. 기본적으로 우리가 하느님에 대해서 얘기할 때 우리는 모든 것에 대해 얘기하는 것이다. 그렇지만 하느님이 우리에게 이 "모든 것"에 대해서 말씀하실 때는 추상적 이야기나 철학으로 말씀하시는 것이 아니라 매우 구체적이고 특수한 이야기들과 인물들을 통해 말씀하시는 것이다. 커다란 진리가 인간에게 이해되게 하기 위해서는 인간을 위한 자그만 무대에 올려져야만 한다.

아마도 그래서 우리는 12월 25일에 모든 것을 눈에 보이게 장식하는지 모르겠다. 이날이 실제로 예수님의 탄생일은 아니지만, 그날이 무엇인지는 아무 상관이 없다. —우리는 우리의 거실을 장식해야만 한다. 마치 내면의 숨겨진 정체성을 드러내려는 것처럼 모든 식탁, 모든 나무, 모든 창문이 다양한 색깔과 빛으로 장식된다.

단 몇 주 동안 모든 것이 밝게 빛나야만 한다.

우리 사부 프란치스코는 단식의 대가였지만, 성탄절에는 "벽마저도 고기를 먹어야 한다!"고 말할 정도였다. 프란치스코는 우주적 육화와 개별 육화의 추문 둘 다에서 황홀함을 체험했던 사람이다. 여러분이 일단 이 육화의 신비를 참으로 맛보게 되면 구원은 기정의 결론이 된다. 프란치스칸에게는 성탄이 이미 부활이었다.[63]

여러분은 육화의 진가가 제대로 인식될 때 이미 그 안에는 구원이 들어 있다는 것을 알 수 있다. 나는 비록 예수님의 십자가상 죽음이 많은 믿는 이를 믿게 하기도 하고 유죄 선고를 하기도 한 극적인 이미지라는 것은 인정하지만, 분명한 것은 하느님이 우리를 사랑하신다는 것을 우리에게 확신시키기 위해 예수님이 십자가상에서 돌아가실 필요는 없었을 것이라고 믿는다. 십자가는 아버지의 사랑을 선명하게 보게 해주는 좋은 안경을 우리에게 사준 것이고, 그렇게 해서 아버지와의 관계에서 우리가 갖고 있던 짧은 시야를 더 멀리 볼 수 있도록 교정해 주었다.

육화의 신비는 하느님의 전적인 끌어안음을 이미 드러내 주고 있다. 구유에 누워 있는 아기가 이렇게 선포한다. "나는 여러분을 좋아해요. 나는 여러분과 하나가 되고 싶어요." 그러나 여러분은 아는가? 그것을 알아차리기에는 우리 정신이 너무도 부족하다는 것을. 십자가는 성부의 마음을 바꾼 것이 아니다. 성부는 이미 영원성으로부터 완전히 우리에게 주어졌다. 십자가는 하느님에 대한 여러분의 마음을 변화시켜주기 위한 지축이 흔들릴 정도의 극적인 아이콘으로써 필요했고, 여전히 십자가는 그 목적에 맞는 역할을 하고 있다. 나는 그리스도의 수난(The Passion of Christ)과 같은 영화도 우리의 정신을 흔들어주어 창조 자체 안에 어마어마한 내어줌이 있다는 사실을 이해하게 해주는 목적을 이룬다고 생각한다.

만일 여러분이 성부가 인류와의 관계에서 생긴 전체적인 문제를 해결하는 것이 성자의 임무이고, 그것이 성자의 할 일이라고 믿는다면, 그 문제가 해결될 때 우리에게는 예수님을 닮아야 할 필요도 없게 될 것이고, 인류 역사를 변화시켜줄 그분의 가르침도 필요 없게 될 것이 분명하다. 그렇다. 우리는 문제를 해결해 주신 데 대해 계속 감사하고는 있지만, 우리는 지속적 친교의 일치를 위한 기반과 지속적 사랑의 관계를 잃었다. 물론 우리가 성부에 대해 경계하는 마음을 갖고 있고, 역동적인 힘을 지닌 성령을 적극적으로 필요로 하는 마음이 결핍되어 있다는 것은 두말할 것도 없다.

사랑이라는 하나의 흐름에서 예수님을 빼내 버리고 나서, 우리 문제를 하느님에게 투사해버린 결과로 삼위일체로서의 하느님 개념은 전체적으로 사람들 마음에서 사라져 버렸다. 확신이 필요했던 것은 우리지 하느님이 아니다.

피 흘리심과 견뎌내심(forbearing)

몇 년 전 인도에 갔을 때 나는 어떤 거룩한 사람과 긴 시간 동안 대화를 나눈 적이 있다. 그는 나에게 여러 가지 놀라운 것들을 말해주었다.

내 마음에 여전히 남아 있는 것을 여기서 나누고 싶다. 그는 "위대한 존재는 두 개의 심장을 지니고 있다"고 말했다. 하나는 피 흘리는 심장이고, 다른 하나는 견뎌내는 심장이다. 나는 이 말에 깊이 감동했다.

피 흘리는 심장이라는 게 무얼까? 나는 무엇이건 그 존재와의 일치에 들어서게 될 때 그것과 함께 고통을 받는 것과 같은 것이라고 이해했다. 여러분이 사랑하기를 선택했을 때 사랑하는 이를 잃는 것 외에도 결국 다른 여러 고통을 당하게 될 것이다. 이는 새벽이 오는 것만큼이나 자명한 것이다. 여러분이 자신을 완전히 내어줄 때도 이 내어줌이 늘 —혹은 대개는— 완벽하게 받아들여지는 것은 아니기 때문이다. 그 내어줌이 거부되기도 하고, 분노를 일으키기도 하며, 여러분에게 도로 돌아오기도 할 것이다. 그리고 심지어는 인식되지 않을 때도 있다.

그러나 견뎌내는 다른 심장은 과연 무얼까? 견뎌냄(forbears)은 우리가 많이 사용하는 단어가 아니다. 내 경험에 인도 사람들은 때때로 미국 사람들보다 더 정확하게 영어 단어들을 사용하는데, 이는 좋은 선물이기도 하다. 그 거룩한 사람이 나에게 말해준 견뎌냄이 의미하는 바는 다음과 같다. 위대한 존재는 자신이 사랑하는 것과 더불어 머문다. 그 존재는 인내하고, 용서하고, 자신이 사랑하는 바가 성장하고 발전하도록 허락한다. 그 존재는 상대의 실수를 눈감아주기에 이런 의미에서 그 현실로 인해 그리고 그 현실과 더불어 고통을 당한다. 이것이 바로 수난의 가장 깊은 의미이다. parior는 고통을 당하거나 현실을 겪어낸다는 의미의 라틴어 동사다. 이 단어는 현실을 통제하는 것에 반대되는 것이다.

그 거룩한 사람이 그것을 나에게 말해주었을 때, 나는 그가 예수님에 대해 말하는 것이었다는 것을 깨달았다. 예수님은 우리와 완전히 달리 모든 반대를 한데 묶어주는 참으로 위대한 존재이시기 때문이다.

예수님은 우리의 부서진 모습을 견뎌내셔서 우리도 우리 자신과 다른 이들을 위해 같은 삶을 살 수 있게 해주신다. 그분은 우리가 악이라고 하는 것이 실제로는 선에 대한 굶주림과 목마름으로 인해 고초를 겪은 선이고, 받아들여지고 되돌려지는 경험을 할 수 없었던 선이라는 것을 아신다. 이는 오직 하느님의 마음만이 알 수 있는 것이다. "악"은 인간들이 경험할 수 없는 선에 대한 갈망으로 고초를 겪게 될 때 생기는 것이다. 그런데 우리는 텔레비전과 인터넷 소셜 미디어 방송에서 본 소름 끼치는 것들을 따라서 하고 있다. 서로를 죽이고, 서로에게 모욕을 주고, 권력과 특권을 남용하여 서로에게 상처를 주고, 다른 존재들과 우리 자신 안에 있는 하느님 모상(Imago Dei)을 인지하지 못하는 완벽한 무능함을 보여주고 있다.

진정으로 보는 것은 여러분의 시야를 더더욱 멀리 확장시켜 준다. 여러분이 미워하는 사람들이나 최악의 학살을 저지르는 사람들은 그들 마음 한가운데 악이 있는 것이 아니라 —그들은 그저 인간들에게 고통을 가하는 것이다. 그들 역시 여전히 신적 모상을 지니고 있다. 히틀러와 스탈린도 이 신적 모상을 지니고 있었다. 후세인과 빈 라덴도 신적 모상을 지니고 있었다. 사실 나는 이 사실을 인정하고 싶지는 않지만, 이것이 충만한 바라봄을 통해 얻게 된 유일한 결론이다. 하느님이 나를 견뎌내 주심으로써 나는 다른 모든 부서진 그릇들 안에서 신성한 춤을 볼 수 있게 되었다.

내가 진솔하다면 내가 이런 식으로 보아왔기 때문에 삶 전체에 걸쳐 내게 주어진 사랑의 특권을 박탈당해야 했다는 점을 인정해야 한다. 나는 "선과 악을 알게 하는 나무"에서 아낌없이 열매를 따 먹었다. 이렇게 해서 내 마음에는 분류하는 것에 익숙해졌고, 자연스럽게 판단을 하게 되었다. 친절과 견뎌냄? 거의 없었다고 본다.

그런데 내가 이 춤에 점점 더 깊이 들어가게 되자, 하느님은 나에게서 누가 좋은 사람들이고 누가 나쁜 사람들인지를 고르는 힘을 앗아가셨다. 나는 누구에게 존경을 보일지 선택할 자유가 더 이상 없다. 그리고 이것으로 인해 내가 좋아하지 않는 종교 ─ 혹은 종교 내 작은 그룹들─ 에 대해 더 편안하게 느끼게 되었다.

"저 세속적인 자유주의자들!"

"저 근본주의자들!"

"저 공화당 [혹은 민주당] 머저리들!"

그러나 나는 대안적 방식으로 내 나름의 음식을 먹어왔다.

나는 양심적으로 식단을 변경하라는 초대를 받아, 피 흘리고 견디어내는 마음을 지닌 채 사랑의 흐름으로 들어가는 모든 이들에게 그 낙원 한가운데로부터 제공되는 생명나무 열매를 먹는다. 그것이 참으로 큰 차이를 만들어준다. 이 영광스러우면서도 구분이 없고 자유롭게 제공되는 생명 안에서는 더 이상 "그들"이 없다.

모두가 "우리"일 뿐이다.

이제 우리는 그토록 관대하게 부어주시는 사랑 앞에서 무방비 상태로, 즉 그런 무한한 자비 앞에서 전적으로 연약한 모습으로 서 있는 것이다. 주는 쪽이 하느님인 것은 계속된다. 모든 것이 항상 주어진! 이 신적인 관대함은 오직 마리아와 같은 태중의 아기, 즉 사랑하는 아들을 기다린다. 누룩을 받아들일 준비가 된 반죽 덩어리, 축제를 맞이할 준비가 된 음식 재료. "그리스도"로서 기름 부음 받을 준비가 된 먼지 하나 혹은 우주먼지.

예수님은 이 기름 부음을 절대 의심하지 않은 분이시지만, 우리 모두도 점차로 우리 자신의 기름 부음 받음을 배워가면서 진행 중인 메시아들이다. (그리스도: 기름 부음 받은 이 혹은 표식을 받은 이=메시아) 내가 어렸을 때 늘 들었던 얘기는 우리가 모두 "다른 그리스도들"[64]이라는 것이었다.

이것은 어찌 보면 모든 것에 대한 일종의 우주적 동정심이고, 그런 우주적 동정심은 이 세상의 희망이다. 어떤 이가 "그리스도"라면 그는 다른 모든 곳에서 그리스도를 본다. 사실상 그것이 바로 기름 부음 받은 이가 의미하는 바다.

그리스도는 시간을 완전하게 앞서 있는 신비, 즉 위대한 거리 행렬 혹은 사도 바오로의 말로 하면 "승리의 행진" 맨 앞에 있는 신비를 낳았다. 그래서 그리스도는 많은 형제자매의 맏이가 될 수 있는 것이다.[65] 이제 우리는 그분과 함께, 그분 안에서, 그분을 통하여 조금이라도 그 신비를 다룰 수 있게 되었다. 내가 앞에서 언급했듯이, 이 단어들이 위대한 성체성사 기도를 마무리 짓는 세 개의 대단한 전치사가 되었다.

그리스도를 통하여

그리스도와 함께

그리스도 안에서

작은 자아나 고립된 자아 혹은 개별적 자아 안에는 실제로 우리가 그리스도로서 살 수 있도록 우리를 준비시켜주는 이와 같은 커다란 진리가 숨겨져 있다.

여러분이 여전히 일종의 개인주의적 영성이나 속 좁은 영성에 따라 살아가고 있다면 여러분은 이것을 이해하지 못할 것이다. 이것은 오로지 상호 현존, 즉 온몸으로 주의를 기울이는 정성을 통해서만 경험될 수 있다. 거기에서 여러분은 여러분에게로 흘러오고, 여러분 안에서 흘러가며, 여러분이 여러분 자신이라고 생각하는 바로부터 흘러나가는 그 사랑의 물결의 진가를 알아볼 수 있다.

거대한 힘으로 끌어당기는 것

19세기 영국 시인 컨벤트리 패트모어Conventry Patmore는 다음과 같이 말했다.

삼위일체 혹은 제일가는 사랑의 행위라고 하는 이 "흥미롭지 않은 교의"는 모든 생생한 지식과 기쁨이 주안점이다. 하느님은 당신이 사랑받는 이와 더불어 사랑하는 이의 영원한 행복으로서 관상될 때 구체적인 대상이요 이해 가능한 기쁨이 되신다. 이 사

랑받는 이는 사랑의 한 대상이요 시인과 노래하는 이에게 영감을 주는 사랑의 근본이다.[66]

여러분은 하느님의 소망이다. 하느님은 여러분 안에서 그리고 여러분을 통해 모든 것을 소망하신다.

그리고 여러분이 이 책을 읽어가면서 하느님에 대한 열망이 커지고 있다는 것을 느낀다면, 그것은 여러분 안에서 그리고 여러분을 통해서 그 열망을 불어 넣어주시는 성부와의 우애에 대한 성자의 열망이다. 그것이 바로 이 두 위격 사이의 영원하고 풍성한 에너지요, 생명이며, 사랑이 인격화한 성령이시다. 이 열망을 들어보고, 그 열망의 더 깊은 ─아니 가장 깊은─ 차원이 나타나기를 기다려라. 그러면 그 열망이 여러분을 그 가장 깊은 곳으로 데려다주실 것이다. 성령이 늘 하시는 일이 바로 이것이다.

아시다시피,

여러분은 하느님을 열망하는 법을 모른다.

여러분은 어디를 바라보아야 할지 모른다.

여러분은 무엇을 찾아야 할지 모른다.

여러분은 하느님의 이름이 무엇인지 모른다.

여러분은 하느님의 모습을 모른다.

여러분은 근본적으로 하느님의 에너지를 모른다.

여러분은 거의 늘 엉뚱한 곳을 바라볼 것이다.

길가의 부서진 틈이 아니라 저 아름다운 석양을 바라보라.

세탁실이 아니라 결혼식과 장례식을 바라보라.

우리 역사를 바라보자. 내가 말하려는 것은 이것이다. 길모퉁이를 돌다 보면 열 번에 한 번은 마주치는 광고판이나 텔레비전 방송에서는 "하느님!"을 외치고 있다. 하지만 그들은 여전히 미움으로 차 있고, 불행하다. 이런 것을 보면 우리는 이 사랑의 흐름이 분명히 이루어지지 않고 있다는 인상을 받는다.

이에 대해 할 수 있는 한 강하게 한번 말해보겠다. 여러분 안에 계신 하느님만이 하느님을 아신다. 여러분이 그러한 바람을 갖고 있다면 그 흐름에 몸을 맡기면 된다. 그것이 바로 삼위일체 영성이다.

그러면 여러분과 여러분의 작은 정신 그리고 여러분의 작은 자아가 하느님에 대해 알 수 있다. 여러분은 교리문답서와 온갖 성경 구절들 그리고 체계적인 신학을 공부할 수 있다. 그리고 여러분은 진보 쪽이든 보수 쪽이든 신학적 지식을 참으로 많이 습득했다고 느낄 수 있다. 그리고 여러분은 "신학 박사"(가톨릭 주교들은 주교품을 받을 때 품 자체로 인해 —ipso facto— 이 직함을 받음)나 유명한 대학교 "신학 교수" 직함을 갖고 돌아다닐 수 있다. 하지만 여전히 여러분은 하느님이나 여러분 자신 혹은 여러분의 이웃을 알거나 사랑할 수 없다.

유대 예언자들이 말하듯이 "주님과 그분의 길을 아는 것"[67]은 지성과는 거의 관계가 없고, 오히려 확신과 내어 맡김의 경이로운 마음을 함께 품는 것과 관계가 있다. 이렇게 사는 사람들은 내가 알고 있는 사람들 가운데 가장 고요하고 행복한 이들이다. 그들은 안쪽으로부터 자신들의 삶을 이끌어낸다.

여러분은 이것을 알았는가?

내가 여러분에게 이 사실을 거저 알려주는 거다.

여러분이 호텔 방을 청소하는 교육 받지 못한 여자여도, 이 고요하고 훈훈한 빛 안에서 살 수 있다. 나는 이런 사람들을 종종 보아왔다. 그리고 그들은 눈을 마주치는 것을 좋아하고 자신들의 삶에 자신이 있으며 순수한 미소를 보이는 이들이다.

그 모든 것은 결국 다음의 질문을 하게 한다. 여러분은 이 자유로운 흐름을 받아들이는가. 아니면 끝없는 거부와 판단, 부정 그리고 두려움의 모습으로 그 흐름을 멈추는가.

예수님 말씀대로 "청하고, 구하고, 두드리라, 그러면 여러분에게 문이 열릴 것이다."[68] 왜 여러분이 청하지 않은 것을 하느님이 여러분에게 주시겠는가? 아니면 여러분이 정말로 그것을 원하는가?

솔직히 말해서, 내가 함께 일했던 불행한 사람들 대부분은 한 번도 "주님과 그분의 길"을 알려달라고 부탁한 적이 없다.[69] 그들에게는 기도라는 것이 더 높은 힘을 조종하기 위한 절망적이고 순간적인 시도밖에 되지 않는다. 이것은 마르틴 부버가 "나-그것(I-It)"의 관계라고 칭한 것이고, 여기서는 어느 쪽에도 존엄성이 남아있을 수 없다.

하느님은 우리가 당신을 마치 "그것"처럼 생각하고 관계 맺는 것을 허락하지 않으신다. 또한 우리도 우리가 하느님을 위해 만든 상자에서 하느님을 나오게 할 수 없다.

하느님은 조종과 회유에는 어림도 없으시지만, 사랑과 일치를 진솔하게 추구하는 이들에게는 언제나 그리고 즉각적으로 응하신다. 하느님은 여러분이 "나-당신" 관계를 맺을 수 있을 때까지 기다리시고, 어떤 때에는 그렇게 되도록 여러분을 밀쳐내기도 하신다. 이는 마치 여러분의 첫 번째 실패한 사랑과 같다. 오직 그때 비로소 우리는 성숙한 상호 관계성을 맺게 되고, 거기서 양쪽이 다 성장하여 서로가 된다.

그때 우리가 다 승리하는 것이고, 어느 쪽도 줄어들지 않는다. 마치 삼위일체처럼 말이다. 하느님은 사랑을 위해 노심초사하는 분이시다. 하느님은 비싸게 구는 분이 아니시다. 오히려 하느님은 참된 짝을 하염없이 기다리는 분이시다. 참된 사랑은 늘 양쪽을 들어 높여주기에, 우리가 많은 예언자와 신비주의자를 믿는다면 분명히 우리는 하느님께 실질적으로 중요한 존재인 것이다. 어떤 이들은 우리가 "하느님"의 마음을 바꾼다고까지 말한다![70] 우와! 이 말을 지금 잠시 되새겨보라.

미주

1 Adrienne von Spyer, The Boundless God, trans. Helena M. Tmko (San Francisco: Ignatius Press, 2011), Kindle e-book (locations 469-473), in chapter 5, "The Holy Spirit and How He Paves the Way to the Father."

2 예를 들어, 1코린 2,11-16 참조.

3 Pierre Teihard de Chardin, "Sketch of a Personal Universe," trans. J. M. Cohen, in Human Energy (New York: Harcourt Brace Jovanovich, 1962), 72, http://cac.org/the-shape-of-the-universe-is-love-2016-02-29/ 참조.

4 다시 말하지만, 모르긴 해도 우리는 여기서 이 책을 마무리 지어야 할 것이다! 더 이상 무엇을 말할 것인가.

5 필립 2,7 참조.

6 James Emery White, The Rise of Nones: Understanding and Reaching the Religiously Unaffiliated (Baker, 2014), 21.

7 http://www.pewforum.org/2012/10/09/none-on-the-rise-religion/ 참조.

8 Rohr, Eager to Love, chapter 7, "The Franciscan Genius: The Integration of the Negative." 참조.

9 Anne Hunt, The Trinity: Insights from the Mystics (Collegeville, MN: Liturgical Press, 2010), 136.

10 이 놀라운 여인에 대해 더 알고자 한다면, Etty Hillesum: Essential Writings, Modern Spiritual Masters (Maryknoll, NY: Orbis Books, 2009)를 보라.

11 히브 12,2 참조. 그리고 당연히 마이클 엔데(Michael Ende)가 쓴 The Neverending Story (New York:Puffin Books, 1979)를 보라.

12 로마 8,28 참조.

13 Miguel H. Díaz, "The Life-giving Reality of God from Black, Latin American, and US Hispanic Theological Perspectives," in The

Campbridge Caompanion to the Trinity, ed. Peter C. Phan (Cambridge: Cambridge University Press, 2011), 263. Díaz는 Karen Baker-Flecher의 훌륭한 작품 Dancing with God: The Trinity from a Womanist Perspective (St. Louis, MO: Chalice Press, 2006)에서 영감을 받아 이 책을 썼다.

14　James H. Cone, "God Is Black," in Lift Every Voice: Consturctin Christian Theologies from the Underside, ed. Susan Brooks Thistlethwaite and Mary Potter Engel, rev. ed., 101-114 (Maryknoll, NY: Orbis Books, 2001), 103.

15　에제 16,63 참조.

16　1코린 13,5 참조.

17　예로, 로마 1,18; 에페 5,6 참조.

18　Peter Enns, Inspiration and Incarnation: Evangelicals and the Problem of the Old Testament, 2nd ed. (Grand Rapids, MI: Baker Academic, 2015) 참조.

19　Richard Rohr, Things Hidden: Scripture and Spirituality (Cincinnati, Ohio: St. Anthony's Messenger Press/Franciscan Media, 2010).

20　Richard Rohr, Falling Upward (San Francisco: Jossey-Bass, 2011).

21　여기에 몇 개 안 되는 예가 있다. 첫째로, 루카 4,18-19을 보면, 예수님이 이사야 예언서의 두루마리를 펴서 이렇게 시작하는 부분을 읽으신다. "주님께서 나에게 기름을 부어주시니 주님의 영이 내 위에 내리셨다. 주님께서 나를 보내시어 가난한 이들에게 기쁜 소식을 전하고…" 그리고 다음의 내용으로 독서를 마치신다. "주님의 은혜로운 해를 선포하게 하셨다." 그런데 예수님은 이사야서의 본래 본문 중에 있는 "우리 하느님의 응보의 날을 선포하고"라는 내용을 빼신다(이사 61,1-2). 그런 다음, 외국인들을 원수와 하느님 응보의 대상으로서 선포하지 않고, 이를 뒤집어서 사렙타 지방과 시리아 지방의 외국인들을 칭송하시는 반면, 당신의 **동**족인 "선택된" 민족 사람들의 태도를 질책하신다. 그래서 사람들은 그분이 부분적으로 선택한 독서에 매우 화가 나서 그분을 벼랑 끝으로 몰고 가 떨어트리려 하였다.(루카 4,25-30 참조) 이와 같은 예들을 더 참조하려면 Michael Hardin의 The Jesus Driven Life: Reconnecting Humanity with Jesus, rev. and exp. edition (Lancaster, PA: JDL Press, 2013)을 보되, 특히 제2장 "How Jesus Read His Bible"을 보라. 또 하나의 강력한 추천서로 반은 소설화한 이야기인 Jack Miles의 퓰리처 수상작 Christ: A Crisis in the Life of God (New York: Knopf, 2001)가 있다. 부가해서 말하자면, 마태오복음 5장에 나오는 예수님의 유명한 산상설교에서 그분은 "… 라고 이르신 말씀을 너희는 들었다"라는 말이 들어있는 일련의 가르침을 시작하시는데, 그분은 여기서 율법의 부분들을 받아들여 핵심점을 요약하시고 "그러나 나는 이렇게 말한다"라는 말로 반대되는 말씀을 하신다. 종종 본래의 내용을 뒤집어 버리는 식으로 당신의 견해를 피력하신다. 잘 알려진 예수님의 메시지 중 매우 다른 견해를 피력하시는 내용을 더 보려면, 내 저서, Jesus' Plan for a New World: The Sermon of the Mount (Cincinnati, OH: St. Anthony Messensger Press, 1996), 이외에도 또 다른 예들은 마태오복음 12,1-8과 요한복음 5,1-23에도 나온다.

22 루카 10,25-37의 착한 사마리아인 비유를 보라. 예수님이 샘가에서 사마리아 여인과의 만남이 이루어지는 요한 4,4-41의 내용을 보라. 여기를 보면 예수님과 그 사마리아 여인이 정통 유대인과 이교도 사마리아인의 신학적 차이점에 관해 대화를 나누는데, 예수님은 성령의 장소에 대해서 궁극적인 지적을 하시면서 사회적 영적 장소를 초월하는 현실을 말씀하신다.

23 요한 1,1-5; 1요한 1,1-3 참조.

24 사도 17,16-34 참조.

25 에페 4,4-6 참조.

26 바오로의 메시지 중 핵심을 보려면 사도 17,28을 보라.

27 로고스 개념의 발전을 예수님의 1세기 배경을 고려하여 기원전 6세기의 그리스 철학자 헤라클레이투스와 비교해 보라.

28 요한 3,8 참조.

29 "여백(negative-space)"으로서의 하느님 개념은 모든 피조물이 그곳에서부터 발출하는 개념으로서 그 자체로 책 한 권이 나올 만큼의 가치가 있는 풍요로운 차원을 지닌다.

30 탈출 20,7 참조.

31 Richard Rohr, The Naked Now (Crossroad, New York, 2009), 특히 2장.

32 그래서 오늘날의 세계에서 입문 작업(남성 입문)을 보존하는 것은 이 원주민들에게 감사해야 할 일이다. 사실 우리는 이들에게 갚기 어려운 빚을 진 것이다. 원주민의 입문적 관점에서 그리스도의 육화를 참으로 놀랍게 바라보는 이들을 만나기 위해 다음의 책을 읽어보라. The Four Quests of Jesus by Steven Charleston (New York: Morehouse Publishing, 2015).

33 Sandra Schneiders, Women and the World (New York: Paulist Press, 1986), 50쪽 이하 참조.

34 탈출 3,14 참조.

35 에제 47,1-12에 나오는 에제키엘의 환시를 보라.

36 로마 8,19-25 참조.

37 로마 8,19-30 참조.

38 예로, 창세 13,15; 탈출 32,13 참조.

39 마태 7,7-8 참조. 또한 1요한 5,14-15 참조.

40 마리아의 기도는 루카 1,46-55 참조. 예수님의 기도는 마태 26,36-46 참조.

41 예로, 요한 5,19을 보라.

42 "끊임없이 기도하라."(1테살 5,17).

43 사도 2,1-13 참조.

44 Hafiz, The Gift: Poems by Hafiz, trans. Daniel Ladinsky (New York: Penguin Compass, 1999), front matter, 203.

45 John of Ruysbroeck, The Adornment of the Spiritual Marriage, trans. C. A. Wynschenk Dom, ed. Evelyn Underhill (Grand Rapids, MI: Christian Classics Ethereal Library), 213, http://www.ccel.org/ccel/ruysbroeck/adornment.pdf.

46 Adam Calyton, Dave Evans, Paul David Hewson, Larry Mullen, and Angelique Kidjo (U2), "Mysterious Ways," Achtung Baby, Universal Music Publishing Group, 1991.

47 콜로 1,20 참조.

48 요한 14,6—성경 가운데 가장 논란이 될 만한 예수님 말씀 중 하나—을 짧고도 훌륭하게 묵상하게 해주는 자료. brianmclaren.net/emc/archives/McLaren%20-%20John%20 14.6.pdf 참조.

49 http://www.earlychurchtexts.com/public/augustine_sermons_272_eucharist.htm. 참조. 나는 이 인용문을 다음의 책에서 처음으로 보았다: Rebecca Ann Paker and Rita Nakashima Brock, Saving Paradise: How Christianity Traded Love of This World for Crucifixion and Empire (Boston, MA: Beacon Press: 2009), 144. 이 책은 "아래"로부터 초기 천년의 교회 역사를 보게 해주는 신선하고도 숨이 막힐 만큼 놀라운 책이다. savingparadise.net을 보라.

50 John O'Donohue, Anam Cara: A Book of Celtic Wisdom (New York: HarperCollins, 1998), 15.

51 마태 5-7 참조.

52 로마 5,20 참조.

53 Matthew Fox, trans. and ed., Meditations with Meister Eckhart (Rochester, VT: Bear and Company, 1983), 129.

54 Theodore Roethke, "The Rose," The Collected Poems of Theodore Roethke, (New York, Anchor Books, 1974), 본래 이 책은 1961년 가장 먼저 Doubleday and Company에서 출간하였다.

55 보나벤투라의 고전, 하느님께로 가는 정신의 여정(Itinerarium Mentis ad Deum) 참조.

56 Martin Buber, I and Thou (New York: Scribner, 1958) 참조.

57 이 주제를 더 자세히 탐구해보려면, Richard Rohr의 "Hell, No!"(2015), CD 혹은 MP3(www.cac.org)를 보라.

58 Karl Rahner, Foundations of Christian Faith: An Introduction to the Idea of Christianity, trans. William V. Dyth (London: Darton, Longman & Todd/New York: Seabury, 1978), 226.

59 Frank Viola, Reimagining Church: Pursuing the Dream of Organic Christianity (Colorado Springs, CO: David C. Cook, 2008), 35.

60 콜로 1,15-20 참조.

61 요한 1,14 참조.

62 Walter Brueggemann, An Unsettling God: The Heart of the Hebrew Bible (Minneapolis, MN: Fortress Press, 2009), 103.

63 Rohr, Eager to Love, chapter 8과 Rohr, Things Hidden, chapter 9 참조.

64 처음에 "작은 그리스도들"이라는 명칭은 그리스도가 승천 이후 수십 년이 지나 안티오키아의 믿지 않는 도시민들이 반쯤은 조롱 섞인 말로 사용하던 것이었다. 사도 11,19-26을 보라.

65 2코린 2,14와 로마 8,29 참조.

66 Derek Patmore, ed., The Rod, the Root and the Flower (Tacoma, Washington: Angelico Press, 2013), 111.

67 예로, 호세 6,3을 보라.

68 마태 7,7-8 참조.

69 예로, 시편 25,4 참조.

70 성경이 하느님을 너무도 관계적인 분이시므로, 하느님은 우리의 기도와 소망 그리고 행동에 응답하여 당신의 마음을 변화시키시는 분으로 묘사한다. 그 때문에 어떤 신학 계통에서 이것을 부정하는 것이 너무도 충격적이기까지 하다. 그렉 보이드Greg Boyd가 이런 예들을 모아놓은 것이 있는데, 그 중 대표적인 것들은 탈출 32,14; 33,1-3; 33,1-3과 14절; 신명 9,13-29; 1열왕 21,21-29; 1역대 21,14; 예레 26,2-3; 에제 4,9-15; 아모 7,1-6; 요나 3,10이다. 이 구절들에 대한 간략한 설명은 reknew.org/2015/04/doesgodchangehismind를 보라.

 3부

성령

온전히 화해시킴 Wholly Reconciling

성령의 열정은 예수님 안에서 인류에게 기름을 부어주게 한다. 그것은 우리 안에서 충만하고 인격적이며 내재하려는 의지이며, 우리 안에서 개별적으로만이 아니라 성자를 통한 우리의 성부와의 관계와 우리 서로 간의 관계 그리고 실제로 이 땅과 모든 피조물과의 관계 안에서 표현된다.[1]

우주 전체가 삼위일체 하느님의 위대한 춤인 살아있는 성사가 될 때까지.[2]

제3부는 이 책에서 가장 짧은 내용으로 정리하겠다. 이렇게 하면 여러분이 이 내용을 더 잘 기억하게 될 것이고, 때때로 아무렇게나 책을 펼쳐서 읽는 데 도움이 될 것이다.

우리가 하느님을 하나의 존재(Being)로 생각하거나, 내가 얘기하듯이, 그저 하나의 명사로 본다면 이 존재는 분명히 가끔 사랑하기로 마음먹을 수도 있고 그렇지 않을 수도 있다.

그러나 이 존재의 근본적인 모습이 무엇보다 먼저 친교라면 어떻게 되겠는가? 이 존재의 본질이 사랑이라면? 혹은 떼이야르

드 샤르댕의 표현대로 "이 우주의 가장 근본적인 구조가 사랑"[3]이라면 어떻게 되겠는가?

존재는 능동적인 동사이고, 하느님은 친교의 사건이실까? 이것이 사실일 수 있을까?

하느님은 사랑하기를 결정하지 않으신다. 그러므로 하느님의 사랑은 대상의 합당함이나 부당함에 의해 정해지는 것이 아니다. 오히려 하느님은 사랑 자체[4]이시다. 하느님은 사랑하지 않을 수 없다. 왜냐하면 사랑은 하느님의 근본적인 본성이기 때문이다.

내가 앞서 말했듯이, 스콜라 철학에서 우주의 본질적인 존재(초월자-Transcendentals)가 지닌 세 가지 특성은 언제나 다음과 같다고 가르쳤다.

선하고,
참되며,
아름답다.

이 모든 특성이 함께 이해될 때 우리는 또한 모든 존재의 근본적 하나 됨을 경험한다.

우리는 성령이 모든 것 안에 내재된 선과 진리와 아름다움을 서서히 드러냄으로써 모든 존재를 사랑으로 지탱시켜 주고 치유해주는 존재라고 설명했다.

신적 에너지 Divine Energy

이제 여러분은 요한복음 서문[5]을 다시 읽어보시라. 말씀 혹은 로고스라는 단어를 볼 때마다 매번 그 단어를 관계성 혹은 청사진으로 바꾸어 읽어보시면 거기서 말하려는 메시지를 이해하는 데 도움이 될 것이다. "한 처음에 관계성이 있었다." 혹은 "한 처음에 청사진이 있었다." 그 본문이 "그리고 청사진이 모습을 취했다." 혹은 "관계성이 보이는 모습으로 드러났다."[6]로 번역된다면, 그 의미는 점점 강해진다. 이런 상황은 성령이 예수님 위에 내려오시고 한목소리가 들리는 장면에서 재연된다. "너는 내가 사랑하는 아들, 내 마음에 드는 아들이다."[7] 이렇게 정확한 관계성의 모델은 예수님이 "성령 안에서의 세례"[8]라고 말씀하시는 것 안에서 우리에게 전달되어 적용되게끔 한다.

여기서 기억할 것은 성령이 성부와 성자의 사랑의 관계성이라는 것이다. 우리에게 거저 주어지는 것이 바로 이 관계성이다. 혹은 더 아름답게 표현하자면, 우리는 이 사랑 안에 포함되는 것이다. 우와~ 이 놀랍고도 짤막한 순간 안에 구원이라는 것이 들어있다.

그리고 똑같은 관계성이 수없는 동물들, 들꽃들, 산들, 나무들, 문화를 표현하고자 하는 예술들, 과학과 의약품, 모든 길거리 극장들 그리고 소생을 위한 모든 움직임과 같은 엄청나게 많은 형태로 자신을 드러낸다. 이 현현 하나하나는 새로운 형태의 생명과 외형으로 드러난 사랑을 창조하고자 하는 끝없는 열망을 드러내 준다. 선하고 진실하고 아름다운 모든 것은 하나의 같은 성령에 의해 세례를 받는 것이다.[9]

성령은 절대적 새로움을 선사해주는 중심적이고 치유하는 힘이다. 다른 모든 것과 우리의 관계 안에서 치유하는 힘으로서 자신을 드러내신다. 20세기 초 영국 신비주의자 에블린 언더힐 Evelyn Underhill은 신비주의를 "현실(실재)과의 일치 예술"이라고 정의했다.[10] 성령은 우리를 통해 이 일치를 그려주는 예술가이시다!

이 관계성 안에 머무는 것과 연결 안에 있고자 하는 것은 늘 성령의 일이다. 그분은 존재들 사이의 부서지고 깨어져 차가운

곳을 따스하게 해주시고, 부드럽게 해주시며 고쳐주시고 새롭게 만들어주신다. 성령은 언제나 두 개의 역동성 사이에서 생기는 "세 번째 힘"이시다. 보이지 않지만 강력하고 익명성으로 남고자 하시는 성령은 어디서 불어오는지 모르는 바람이나 우리가 당연하게 받아 마시는 생수 혹은 늘 불타오르지만 타 없어지지 않는 가시덤불로부터 누가 혜택을 받는지는 관심이 없으시다.

여러분은 창조에 있어 성령 하느님이 두 가지의 정반대 임무를 가지고 계신다고 말할 수 있다. 첫째로, 성령은 늘 새로운 모습의 창조성과 생명력으로 계속해서 그 수를 늘리고 싶어 하신다. 사람들이 말하기를 생명의 3분의 2가 바다 밑에 있어서, 그 중 3분의 1은 인간의 눈으로 확인한 적이 없는 것들이라고 한다. "우리에게 보이지 않는 생명의 형태가 무엇일까?" 자기-중심적인 우리 인간들은 그저 상상만 할 수 있을 것이다. 그들의 존재 가치는 우리에게 알려지는 것에 근거하지 않는다. 시편에서 여러 가지 방식으로 말하듯이, "하늘은 하느님의 영광을 선포한다."[11]

사실상 동물들과 꽃들 대다수는 인간의 눈에 관찰된 적이 없는 것들이다. 그들이 찬미의 우주적 원을 형성하는 이들이다. 뭔가 옳은 일을 함으로써가 아니라 그저 단순히 존재함으로써, 모든 것은 하느님께 찬미를 드린다. 모든 것이! 존재함으로써, 단순히 존재함으로써. 이것이 토대이다. 여러분이 관상적인 사람이 되고 싶다면, 그것만 알면 된다. 모든 것이, 그 자체로 있음으로써 하느님께 순수한 영광을 드리고 있다.

나는 제라르 맨리 홉킨스가 쓴 유명한 시를 인용하고자 한다. 여기서 그는 이 현실을 매우 완벽하게 표현하고 있다.

> 내가 더 말하자면 의인은 의를 행하며
> 은총을 지키시니 그분에서 나가는 모든 것을 은총이게끔 하신다.
> 하느님의 눈 가운데 자신이 하느님의 눈 안에 있음을
> 행동으로 보이시니 ─그리스도시라─ 그분은 수많은 곳에서 노니신다.
> 자신의 것이 아닌 팔과 다리로 사랑스럽게, 자신의 것이 아닌 눈으로 사랑스럽게
> 인간의 얼굴들을 통해 하느님을 향해 행하신다.[12]
> 그것이 바로 신비이다. 그것이 바로 그 자체를 완성하는 원이다.

자, 우리의 위대하고도 끔찍한 선물이란 이것이다. 우리는 이 찬미의 원(바퀴)의 살들 속에 잼을 쑤셔 넣어 원의 회전을 막을 수

있는 유일한 존재다. 제라르 맨리 홉킨스가 내가 가장 좋아하는 시인이라면, 내가 가장 좋아하는 작가는 아마도 애니 딜러드Annie Dillard일 것이다. 여기서 그녀의 말을 인용하고 싶다. "우리는 창조를 증거하고 그 곁에 머물기 위해 여기 있다. 우리는 존재 하나하나를 알아차리고, 또 존재 하나하나가 알아차려지게 하기 위해 여기에 있다. 우리는 함께 산이 드리운 그림자 하나하나와 해변의 돌 하나하나를 알아차릴 뿐 아니라 특별히 서로의 아름다운 얼굴과 복합적인 본성들을 알아차린다. … 그렇지 않으면 피조물 전체는 빈집에서 홀로 노는 셈이 될 것이다."[13]

찬미는커녕 비판과 일축, 판단 그리고 분류를 위해 옆에 있으면서 찬미에 가당찮은 것을 골라내는 것 — 이것은 신적 내재가 아니다. 이것은 하느님 모상이 아니다. 이것은 오히려 정확하게 악과 죄의 상태에서 살아가는 것이 의미하는 바이다.

내가 말한 대로 성령은 두 개의 임무를 지니고 계신다. 첫째로, 그분은 바람의 비유에서처럼 다양성을 창조하신다. 그저 숨을 내쉼으로써 끝없이 다양하고 새로운 형태의 생명을 창조해내신다.

그런 다음 성령은 또 다른 임무가 있다. 위대한 이음의 주관자로서의 일이 그것이다. 창조된 그 모든 다양한 존재들을 한 데

이어주는 것! 성령은 이 모든 다양한 형태의 생명을 화합(harmony) 과 "상호 존중"(mutual defference)[14] 안에 모아 주신다. "그래서 당신 자신을 사랑하시는 하나의 그리스도만이 있게 된다"라고 아우구스티누스는 대담하게 말한다.[15] 이 참된 선지자는 사랑이 계속 새로워지며 순환하는 하나의 위대한 생태계를 보고 기뻐하신다. 이렇게 보고 누리는 것은 우리 안에 계신 성령의 일이다. 이 이미지는 불타 없어지지 않는 타오르는 가시덤불로 점화되어, 강림하는 불혀로 그 불길이 더 거세진다. 여기서 모든 민족 사람들로 움직이는 성전들을 이루고,[16] 서로의 다른 언어들을 이해하게 할 수 있도록 사람들은 사랑이라는 우주적이고 보편적인 언어로 말하게 된다. 여러 가지 차원에서 볼 때 이 얼마나 대단한 상징인가.

불은 관계성 사이의 경계들을 녹여주기도 하고 소멸시켜주기도 하기에 우리는 우리 이름과 꼬리표, 우리를 정의하고 서술하는 모든 것 뒤에 숨는 것을 중단할 수 있다. 물론 이 강렬한 불길에 대한 또 다른 단어는 사랑이다. 그리고 변함없이 성령과 정체성을 나누어온 무언가가 있다면 그것 역시도 정확하게 성령이며, 이 성령이 창조 안에 심겨 있는 모습이 바로 사랑이다. —이것은 필시 모든 존재 개개의 영혼이라고 하는 것이다. 전체가 의미를 지니고 있지 않다면, 각 부분에 커다란 의미를 부여하기란 참으로 힘든 일이다. 전체가 선하고 연결되어 있다면, 모든 부분은 우주적 유대(연합)로 완성될 것이다.

이 불이 우리 몸에서는 어떻게 작용할까? 20세기 미국의 흑인 철학자요, 신학자, 교육자, 민권운동 지도자인 하워드 터만 Howard Thurman은 이렇게 말한다. ―그는 마르틴 루터 킹 주니어 Martin Luther King Jr.와 다른 많은 사회 인권운동가들의 스승이다.

이것이 살아있는 세상이다. 생명은 살아있고, 우리도 생명의 표현처럼 살아있으며 생명 자체 특유의 활력에 의해 지탱된다. 하느님은 생명력과 생명 자체 그리고 살아있는 모든 것의 원천이시다. 그분의 에너지는 조건만 맞는다면 식물에서 동물 그리고 우리의 몸에 이르기까지 어느 것에나 주어진다. 생명은 책임 있는 활동이다. 우리 몸에서 실제인 것은 우리의 정신과 영이다. 이런 차원들에서 우리가 하느님께 문을 열어 놓는다면 하느님은 즉각적으로 우리에게 응하신다. 그 문은 우리가 그분께 동의하기도 하고 그렇지 않을 수도 있는 신경 중추를 그 중심으로부터 그분에게 온전히 내어 맡김으로써만 열린다. 이처럼 사람이 자기-의식적인 의도를 갖고 하느님께 자신의 전적인 동의와 순종을 드린다면, 그는 살아계신 하느님의 살아계신 성령에 의해

에너지를 온전히 부여받게 된다.[17]

우리가 이 성령에 대해 깨어 있는 의식이 성장해서, 다른 모든 피조물과 주고받음의 행위 안에서 성령의 현존을 인식하는 실천을 해간다면, 불타는 가시덤불의 불과 강림하는 불혀가 점차로 모든 피조물을 더 채워갈 것이다. 이것은 예수님의 초기 견습생들이 원수들에게 불을 내려달라고 청했던[18] 그런 파괴와는 완전히 다른 것이다. 이것은 성마른 예언자 엘리야의 모습[19]을 떠올려 준다. 그러나 우리가 말하는 불은 우리에게 내려와서 우리를 정화시켜주는 불이다.

이제 모든 것이 다 거룩하다.

여러분이 찬미와 상호 존중의 원 안에 자리 잡는 것을 배우기만 하면 성聖과 속俗, 초자연과 자연 사이의 모든 의미심장한 구분은 사라지게 된다. 하느님의 신적 경륜(Divine Economy) 안에서 모든 것은 소용이 있게 된다. 심지어는 우리의 실수와 죄까지도 그렇게 된다. 이 메시지는 십자가에서 울려 퍼지고 있지만, 우리는 여전히 그 메시지를 듣지 않았다.

이제 모든 것이 거룩하다.[20] 그리고 이 거룩함(holiness)과 온전함(wholeness)이 신성한 흐름에 대한 유일한 거부(저항)는 그것을 보고 누리고 참여하기를 거부하는 인간의 마음이다. 한마디로 요약하자면, 우리 각자는 환승역 혹은 환승 정거장이다. 그것이 우리인 바이고, 그것이 경이롭게도 우리인 바인데, 이것이 어떻든지 슬프게도 우리의 에고에게는 모욕이 된다. 내가 처음으로 독일에 가서 내 영감을 나눌 때 내 이름 Rohr가 "도관"(conduit) 혹은 "관"(pipe)이라는 것을 알았다. 알렐루야!

그러나 내 에고는 내가 창구가 되는 것을 달가워하지 않는다. 나는 "리차드 로어"가 되고 싶어! 그런데 이 작은 에고의 틀은 몇 년 안에 내가 지금 나라고 여기는 형태와 더불어 사라져 갈 것이다. 나는 그저 이 찬미의 원 안에 한 부분이 되면 된다. 그리고 내가 이 팀의 일원이 된다는 것을 아는 것만으로도 충분하고도 남는다. 특히 이것이 나에게 공짜로 주어지는 것임을 내가 인식할 때 말이다.

나는 태어나게 해달라고 청하지 않았다. 나는 태어난 것에 대해 하느님께 감사드리고, 내가 여기에 있는 것에 대해 감사드린다. 나의 자매인 아씨시의 성녀 클라라는 죽을 때가 되어 누워 있을 때 이렇게 말했다고 전해진다. "저를 인간이 되게 해주신 하느님께 감사드립니다." 바로 이것이다. 내가 지금 이 삶의 과정에서 춤을 추면서 하느님께 돌아가는 하느님의 영광을 성찰할 자그만 기회가 주어진 데 대해 하느님께 감사드린다.

내가 삼위일체에 근거하여 피라미드식 사고에서 순환식의 사고로 방향을 바꾸게 되자, —아~ 그때 나는 자기방어적 사고를 버림과 동시에 우주적 춤의 거부를 중단하고 이 춤에 참여하게 되었다.

엘리옷T.S.Eliot은 또 다른 영국 시인 윌리엄 블레이크William Blake를 이 춤을 추며 산 사람이라고 회상했다. 엘리옷은 블레이크에 대해 이렇게 말한다.

> 그는 이해했다. 그는 벌거벗었기에 벌거벗은 사람을 보았고, 자신의 수정처럼 맑은 중심으로부터 … 그에게는 더 높은 사람이 없었다. 이것이 그를 놀라게 하는 것이다.[21]

이 두 사람은 스스로 앞서거나 높이려고 하지 않기 때문에, 참된 영의 사람은 종종 "끔찍한" 사람으로 보이기도 한다. 그들은 여러분을 조종하지도 않고, 여러분도 그들을 조종할 수 없음을 항상 알고 있다. 사랑의 원무圓舞 안에서 사는 성인들은 종종 변종들이 되고 만다. 그들은 사례와 징벌, 보상이라는 우리의 일상 체제에 지배를 받지 않는다. 그들은 우리 대부분이 그런 것과는 달리 "부정한 돈" 때문에 일하지 않는다. 프란치스코는 돈을 마치 똥처럼 여겼다! 그가 그저 순진했던 것인가. 아니면 자유로운 사람이었을까. 그에게는 성취해야 할 높은 곳이 없었다. 왜냐하면 그는 이미 높은 곳을 발견했기 때문이다. 그곳이 바로 밑바닥이었다.

영의 사람들은 많은 경우 현상 유지 —혹은 특권— 를 중요시하는 사람들의 마음에 두려움을 불러일으킨다. 여러분이 일단 "위대한 춤"에 참여하기만 하면, 토마스 머튼이 말하는 대로 [22] 여러분은 주변의 관심을 받고자 할 필요가 없게 된다. 그런 사람들은 천부적으로 신화를 만들어내는 이들이다. 그들은 선천적인 개혁가들이다. 그들은 뭔가를 함으로써가 아니라 이 새로운 방식을 보여줌으로써 현실을 바꾸어준다. 이 새로운 방식은 너무도 새로워서 사람들에게 어떤 제안으로 보이지도 않는다. 이것은 찬미의 원의 한 부분으로 살아가는 것인데, 초월한 삶같이 보인다. 그들의 현존은 전염성이 크다. 그들이 지닌 내면의 자유 그 자체가 여러분 내면의 자유를 더욱 불러일으키게끔 한다. 그래서 성령은 대체로 엄청난 활력으로 현존하신다. 여러분은 어떤 사람이 성령 안에 있을 때 여러분은 그들이 남을 의식하지 않으면서도 동시에 자신들의 에너지원에 연결되어 활기가 넘친다고 말할 수 있을 것이다. 그들은 이렇게 해서 자발적이면서도 고요한 가운데 독창적인 존재가 된다.

성경이 증명해주는 대로, 성령은 불고 싶은 대로 분다.[23] 여러분은 절대로 성령을 통제할 수도 없고, 또 어떤 범주에 넣을 수도 없을 것이다. 여러분은 절대로 성령을 정의할 수조차 없을 것이다. 그리고 여러분은 성령을 개념화한 주머니나 종파적인 주머니에 넣고 이렇게 말할 수도 절대 없을 것이다. "우리가 성령을 확보했으니까 우리만이 성령을 사람들에게 나누어줄 수 있어." 그렇지만 우리 중 너무도 많은 이가 완벽한 함정을 만들어 놓고는 우리가 성령-단속반(Holy Ghost-busters)인 것처럼 종교 활동을 한다. 성령은 제단 신호에 의한 공식(altar-call formulas)이나 흠잡을 데 없는 신학 혹은 어떤 식의 견진성사(확인 예식)로도 제약될 수 없다. 이런 것들이 종종 의식하지도 못한 채 성령을 길들이려 하거나 "슬프고" "애처롭게" 만들려는 시도들이다.[24] 이런 일들은 우리가 성령을 에너지와 생명이 아닌 질서와 통제로 보는 우를 범

할 때 쉽게 생겨난다. 이에 관해서는 은사를 중심으로 하는 성령 운동이 교회 주류에 가르쳐줄 것이 많다. 한 가지 예로, 그들은 실제로 정서적, 육체적 그리고 관계적인 측면에서 고통을 겪는 사람들을 치유해준 사례들이 참 많다. 켄 윌버Ken Wilber는 교회의 수많은 조직이 "뜬구름 잡기식의 회원자격" 수준에 머물고 있어서 대개는 실제 인간 고통과 자기 집단에 대한 우월감과 다른 하찮은 것들에 대한 안일함을 낳는다고 지적한다.[25]

나는 이제 사제로 살아온 지 45년이 되었다. 나는 미사에 참석하는 회중들을 볼 때 가끔은 그들의 얼굴에서 소극적 저항이 드리워져 있음을 느낀다. 심지어는 받아들이기에 강단이 필요한 생명력 있는 메시지를 전달해줄 때마저도 그렇다. 그들은 아무 것도 기대하지 않게끔 길들여진 것 같다. 그들은 이런 의미 없는 모임에 너무도 익숙해져 있어서 자신들의 마음을 울리고 자신들의 정신을 바꾸게끔 하는 법을 더 이상 알지 못한다. 성령이 복된 삼위일체에서 실종된 위격이 되고 만 것이다.

성령의 자유로운 흐름이 없다면, 종교는 자기집단들의 선별 시스템이 되어 누가 자기 사람이고 누가 아닌지 —누가 옳고 누가 그른지— 를 정의하는 데 많은 시간을 허비하게 된다. 그리고 놀랍게도 우리는 늘 바른편에 있다! 과연 그럴까?

그럴 필요가 있건 없건 간에 새롭게 정의하고 걸러내는 일은 하느님의 일이다. 그것은 우리 문제가 아니다. 정말로 그렇다. 문제는 누가 하늘나라에 가고, 누가 지옥에 가는지를 정하는 것이 아니다. 특히 그 사람들이 미래 목적지에 이르기도 전에 대부분 현재형으로 못 박아 말하고 있다는 것을 깨달을 때 더욱 그렇다.

여러분의 임무는 단순히 지금 하늘나라의 본보기를 보여주는 것이다. 그 이후는 하느님의 몫이다. 지금 하늘나라의 본보기를 보여주는 것이 어렵다면 해결책이 있다. 사랑이 생기게 하라. 여러분이 "거기에 다다를" 수 없다는 것을 기억하시라. 여러분은 오직 여기에만 있을 수 있다.

사랑은 기도와 똑같은 것이다. 그것은 우리가 어떤 행동을 하는 것이라기보다는 이미 우리인 현실이다. 우리가 "사랑이 되겠다고" 결정하는 것이 아니다. 성부도 성자를 사랑하겠다고 정하지 않으신다. 성부의 부성父性은 그저 성부에게서 성자에게로 흘러가는 것이다. 100% 그렇다. 성자는 때때로 사랑을 성부나 성령에게로 흘려보낼 것을 택하는 것이 아니다. 사랑은 위격들의 전적인 존재 방식일 뿐이다!

여러분 안에 있는 사랑 —여러분 안에 계신 성령— 은 늘 어떻게든 '예'라고 말한다.[26] 사랑은 여러분이 행하는 그 무엇이 아니다. 사랑은 여러분 자신과 같은 그 누구이다. 사랑은 여러분의 참 자아다.[27] 사랑은 여러분이 온 곳이고, 사랑은 여러분이 갈 곳이다. 그것은 여러분이 돈 주고 살 수 있는 것이 아니다. 또한 그것은 여러분이 얻어낼 수 있는 것도 아니다. 그것은 성령이라고 하는 여러분 내면의 하느님 현존이다. ―어떤 신학자들은 이것을 창조되지 않은 은총이라고 명명한다.

사랑하는 독자들이여, 여러분은 올바른 행위를 해서 사랑을 만들어낼 수 없다. 여러분은 하느님이 여러분을 이미 사랑하시는 것보다 눈곱만큼도 더 사랑하시게 할 수 없다.

당연히 할 수 없다. 여러분은 남은 생애 동안 매일 교회에 갈 수 있다. 하지만 하느님은 바로 지금 여러분을 사랑하시는 것보다 더 사랑하실 것이라고 말하는 것은 어불성설이다. 여러분은 하느님께서 여러분을 덜 사랑하시게 할 수도 없다. 눈곱만큼이라도! 이 사랑의 흐름은 여러분을 향해 100% 전적으로 계속된다. 하느님은 여러분을 지지하신다.

우리는 우리에 대한 하느님의 사랑을 조금이라도 감소시킬 수 없다. 우리가 할 수 있는 것은 우주적 춤에 참여하라는 삼위일체의 계속적이고 적극적인 초대에 응하여, 그 사랑을 믿고 받아들이고 허용하고 기념하는 것을 배우는 것뿐이다. 그래서 모든 영성은 바로 지금 여러분이 살아가는 방식에 귀착된다. 바로 지금 여러분이 살아가는 방식은 여러분 삶 전체에 대한 소우주이다. 여러분이 어떤 일을 하는 방식은 모든 일을 하는 방식과 같다.

성 베르나르도는 이렇게 말한다. "영혼이 하느님과 같지 않은 점에서는 그 영혼 자신과도 같지 않다. 그리고 영혼이 자신과 가장 다른 방식은 하느님과도 가장 다르다."[28] 물론 베르나르도는 우리가 여기서 말하는 것과 같은 생각을 하고 있다. 삼위일체 내부의 패턴은 모든 피조물 안에 있는 패턴과 같다. 그리고 여러분이 이 패턴으로 돌아오게 될 때, 그 흐름은 같아질 것이다.

라쿠냐의 카타리나는 다음과 같은 단순한 문장 하나로 자신의 신학 대작을 마친다. 이 문장 한 줄의 결론을 내기 위해 2.5인치 두께의 책을 쓴 것이고, 그 단순함을 보고 여러분은 놀랄 것이다. 그리고 나는 카타리나가 한 것보다 더 훌륭하게 이 책을 마칠 수 없다.

> 그러므로 하느님의 본성 자체는 이 땅의 피조물 마지막 하나에 이르기까지 그 모든 존재와 가장 깊은 친교의 가능성을 찾는다.[29]

이것이 바로 하느님의 직무 해설서이다. 이것이 바로 가장 중요한 핵심이다. 그리고 여러분을 이 신성한 춤에 들지 못하게 할 수 있는 유일한 것은 두려움이나 의심 혹은 자기-증오와 같은 것이다. 하느님이 창조하시고 허락까지 하신 것을 여러분이 받아들인다면, ―바로 지금― 여러분의 삶에 어떤 일이 벌어질까?

별안간 이 우주가 매우 안전해진다.

여러분이 두려워할 것이 아무것도 없게 된다.

하느님이 여러분을 위해 존재하신다.

하느님이 여러분을 향해 달려오실 것이다.

하느님이 여러분 편에 서실 것인데, 솔직히 말해서 하느님은 여러분이 여러분 자신 편인 것보다 더 여러분 편이 되실 것이다.

미주

1. Kruger, Shack Revisited, 247.
2. 위의 책, 64.
3. Chardin, "Sketch of a Personal Universe," 72. http://cac.org/the-shape-of-the-universe-is-love-2016-02-29/.
4. 1요한 4,8; 16 참조.
5. 요한 1,1-18 참조.
6. 요한 1,14 참조.
7. 예로, 마르 1,11 참조.
8. 사도 1,4-5 참조. 또한 예로 요한 1,32-33을 보라.
9. 에페 4,4-7을 새로 읽어보라.
10. Evelyn Underhill, Practical Mysticism (self-published by Renaissance Classics: printed by CreateSpace, Charleston, SC, 2012), 2.
11. 예로, 시편 19,1 참조.
12. Gerard Manley Hopkins, "As Kingfishers Catch Fire," Poems and Prose, ed. W.H. Gardner (New York: Penguin Classics, reprinted edition, 1963), 51.
13. David Friend and the editors of Life magazine, eds., The Meaning of Life: Reflections in Words and Pictures on Why We Are Here (Boston: Little, Brown and Co., 1991), 11.
14. 에페 5,21 참조.
15. St. Augustine, "Ten Homilies on the First Epistle of John."
16. 사도 2장 참조.

17 Howard Thurman, Disciplines of the Spirit (Richmond, IN: Friends United Press, 1977), 21. 첫 번째 판은 Harper and Row 출판사에서 1963년에 출간되었다.

18 루카 9,54 참조.

19 2열왕 1,10 참조.

20 "Holy Now"(1999)라는 노래가 매우 설득력 있게 이를 증언해준다. petermayer.net을 보시라.

21 T. S. Eliot, The Sacred Wood: Essays on Poetry and Criticism (London: Forgotten Books, 2012), 140. 초판은 1920년에 출판되었다.

22 Thomas Merton, New Seeds of Contemplation, reprinted edition: New Directions Paperbook 1091 (New York: New Directions Books, 2007), chapter 39, "The General Dance." 참조.

23 요한 3,8 참조.

24 에페 4,30 참조.

25 Ken Wilber, "The Integral Vision at the Millenium" (part 1), excerpts from the introduction to volume seven of The Collected Works of Ken Wilber (Boston: Shambhala, 2000), www.fudomouth.net/thinktank/now_integralvision.htm.

26 2코린 1,20 참조.

27 참 자아와 그 자아를 만나는 방법에 관한 제대로 된 가르침을 보려면, Richard Rohr, Immortal Diamond (San Francisco: Jossey-Bass, 2013)를 보시라.

28 Aldos Huxley, The Perennial Philosophy (New York: Harper Perennial Modern Classics, 2009), 11. 초판은 Hprper & Brothers, Publishers에 의해 1945년에 출판되었다.

29 Catherine Mowry LaCugna, God for Us: The Trinity and Christian Life (San Francisco: HarperSanFrancisco, 1993), 411.

부록

삼위일체와 춤추기: 일곱 가지 실천

자, 우리가 좀 솔직해져 보자. 이 우주에 활력을 넣어주고 우리를 그 춤 안으로 끌어들이는 이 신성한 춤에 관한 책을 읽는 것은 좋은 일이지만, 이것을 정말로 우리의 일상 경험 안에 자리 잡게 하기 위해서는 우리가 이것을 실천에 옮겨야 한다. 우리는 매일의 일상과 관계성들 안에서 삼위일체를 어떻게 발견할 수 있을까.

다음 실천 연습들은 참여자들을 이 의식적이고 사랑 가득한 흐름 안으로 초대할 것이다. 이것은 생명으로 들어가는 움직임인데, 우리는 이것을 삼위일체라고 부른다.

이 실천 연습 하나하나는 하나의 생명이 여러분 안에 들어가는 내적 경험을 하도록 여러분을 도와줄 것이다. 여러분이 진지하게 이를 시도하지 않는다면, 여러분이 그 신비를 경험하지 못하리라는 것은 자명한 일이다. 성숙한 그리스도교의 미래는 그저 믿는 정도에 기초를 두는 것보다는 오히려 실천에 기초를 두는 것이 될 것이다. 사실 실천을 시도해보지 않은 믿음만으로는 '이것이야!'라고 주장할 것이 아무것도 없다.

여러분은 연약함과 위험스러운 여정, 관계성에 여러분을 개방할 준비가 되었는가. 그렇다면 이제 시작해보자!

1. 동작하기: 십자성호

초기 두 세기 동안의 동방과 서방 양쪽 그리스도교로 돌아가 보면, 단순한 몸기도 형태가 있었다는 것을 알 수 있다. 그것은 때때로 "자신을 축복하는 것" 혹은 "자신에게 서명하는 것"이라고 불렸다. 이 동작은 여러분 몸 윗부분에 손으로 십자가의 이미지를 긋는 것이다. 이 십자성호의 방식은 다양한 문화에서 다른 동작이나 손가락 모양이 나오긴 했지만, 삼위일체의 기도양식은 늘 같았다.

"성부와 성자와 성령의 이름으로."

이 책의 앞부분에서 내가 쓴 내용에 좀 덧붙여서 이 오래된 동작인 성호가 오늘날에도 우리에게 도움이 되는 의미가 있는지를 한 번 보도록 하자. 특히 요즘에는 영적인 메시지들을 머리로 아는 지식을 벗어나 세포 혹은 몸으로 아는 지식으로 이르게 해줄 상징이 필요하다. 우리는 요즘 이런 지식을 "근육으로 하는 기억"이라고 부른다.

첫째로, 이 십자성호는 우리가 자신을 축복함으로써 자기 개인에게 특별한 자기-확신과 영적 권위를 부여해준다는 것이 분명하다.

둘째로, 이 자기-서명은 또한 자신에게 새로운 이름을 주고 심지어 자신에게 다른 정체성을 부여하는 것으로 보이기도 한다. 고대 문화 대부분과 일반 대중문학에서 어떤 동작이 "~의 이름으로" 이루어실 때, 그것이 여러분의 정체성을 다른 권위에 의해 다른 인격체로 변화시켜 준다는 것을 의미한다. 적어도 그 동작을 하는 동안에는 말이다. "지금 나는 내 개인 이름으로 말하고 있는 것이 아니라, ~의 정체성을 부여받아 말하고 있는 것이다." 운동선수들이나 죽음 혹은 힘 겨운 시련에 직면한 이들이 종종 다른 모든 이들이 보게끔 자신에게 서명하는 것은 상당한 의미를 지닌다. 그들은 온 힘을 다해 "지금 여기에 있는 것은 내가 아니다"라고 선포하는 것이다!

셋째로, 성호를 긋는 것은 종종 우리의 육신을 방어하고 존중하는 의미로 보인다. 성호는 이마에서 시작하는데, 이는 원천으로서의 우리의 사고와 정신을 존중하는 의미 혹은 어떤 행동을 하는 데 있어 우리의 결정을 시작하는 지점을 의미하는 것이다. "성부와"는 바로 우리의 사고와 정신을 궁극적 원천이신 하느님께 봉헌한다는 것을 의미한다. 그런 다음 바로 가슴을 거쳐 명치 혹은 배 아래쪽으로 손을 내리는데, 이것은 우리 자신의 육을 취함 혹은 육화를 그리스도의 몸으로 축복하는 행위이다. 이때 우리는 "성자와"하고 말한다. 그런 다음, 이제 우리는 이 사랑의 흐름에 신뢰를 두고 그 흐름에 우리 자신을 맡기기 위해 가슴을 거쳐 어깨 양쪽으로 손을 그으면서 "성령의 이름으로"라고 말한다. 횡橫과 종縱으로 다 손을 긋는 이 움직임의 충만함에 주목해 보시라. 이 성호의 핵심과 성사적 힘은 이 행위를 여러분이 의식적으로, 온전한 의지적 선택으로, 사랑과 기도 가득한 마음으로 할 수 있는 능력에 달려 있다. 이것은 몸 자체로 하여금 거룩한 것들을 알게 하고 몸 자체에 신비의 성전이요 그릇으로서 영예를 주게 하며 쇄신된 의식과 스스로 선언한 존엄성을 지니고 살게 하는 방법이다.

"아멘!"[1]

2. 걷기: 걷기 묵상

내가 젊었을 때, 그냥 앉아서만 묵상하는 데 어려움을 겪는 나를 보고 내 영적 지도자 중 한 사람이 나에게 걷는 묵상을 해보라고 했다. 이 걷는 묵상이 내 개인적으로는 뜻밖의 하느님 선물이었고, 내 기도 생활에 균형을 맞춰주었고, 이 초보 단계의 묵상 실천을 시도해보도록 매우 정력적인 유형의 사람들과 "오감에 의존하는" 유형의 사람들(이는 마이어스-브리그스 유형에 근거한 것임), 어린 유형의 사람들, 남자다움을 과시하는 유형의 사람들을 많이 초대할 수 있게 해주었다.

그 영적 지도자가 말하기를 오직 앉아서 하는 묵상에 전적으로 의존하게 되면 사람들이 자기들 안에 있는 억눌린 에너지를 쓰지 못하게 된다고 했다. 이 억눌린 에너지를 해소하지 못하면 종종 앉아서 하는 묵상도 하지 못하게 된다. 우리 삶의 특별한 시기에 우리는 억눌리고 불안하고 침체된 에너지와 성적 에너지 혹은 심지어 행복으로 흥분된 에너지를 의식적으로 발산함으로써 우리의 핵심 에너지를 찾아야 한다. 때때로 우리는 그런 핵심 에너지를 발산함으로써 그 에너지를 찾는데, 그것이 바로 걷는 묵상이다.

나는 가끔 피정 중에 참가자들을 걷기 묵상으로 초대하였다. 때로는 리빙 스쿨Living School 학생들과 함께 걷기 묵상을 해왔고, 묵상 후에는 자신들의 경험을 나누는 시간노 갖곤 히였다. 이 시간은 언제나 변함없이 우리 모두에게 깨달음을 주고 웃음을 선사해주며 참으로 도움이 되는 시간이었다. 우리 학생 중 한 사람인 조나톤 스톨스 Jonathon Stalls는 학교에서 배운 영적, 생태적, 관계적 가치들을 혼합하여 Walk2Connect.com이라고 하는 걷기 협동조합을 운영하기도 한다. 이 조합 사람들은 걸으면서 자신들과 다른 이들, 주변 사람들 수천 명이 길게 늘어선 이 걷기 행렬에 참여하도록 격려하고 초대한다.

우리는 이쪽으로 움직여야 한다. 우리는 예측할 수 없는 현실인 이 세상으로 나가 다른 이들과 함께 걸으면서 그저 단순히 다름을 보고 듣는다. 새로운 마을이나 세상으로도 가게 되는데, 이런 식이 아니면 그들은 그런 곳에 절대 가지 못할 것이다. "보기 좋은" 곳들을 걷는 것이 목적이 아니라, 우리가 어디에 있든 현존과 연결, 존중을 수행해가는 것이 목적이다!

내가 드리는 지침서는 일반적으로 단순하다. 가끔 나는 우리 센터의 작은 거울 메달과 함께 이 지침서를 보냈었는데, 이번 것은 그 후속 지침서이다.

* 혼자서 조용히 출발하라. 돌아올 때도 혼자서 조용히 돌아오라.

* 이 체험은 친구들과 함께 하는 체험이 아니다. 잡담이나 수다 할 필요를 미리 없애고, 빨리 해치우고자 하는 마음을 버려라. 여러분은 여러분 스스로 볼 줄 알아야 하고, 본 것을 여러분의 것으로 해야 한다.

* 나는 종종 셰익스피어가 했던 말을 해준다. "프란치스칸 형제처럼 걸어라." 이 말은 초기 프란치스칸 관습에 형제들이 둘씩 짝지어 이 도시 저 도시로 다닐 때 일정한 거리를 두고 걸었던 것을 말하는 것인데, 이렇게 걸을 때 보통 나란히 걸을 때와는 달리 다른 사람의 성향이나 체험이 바로 나의 것이 되지 않을 수 있다. 이것이 바로 "개성 형성(individuation)"의 긍정적인 의미이고, 이때 좋은 것이건, 나쁜 것이건 간에 자기 자신의 생각과 감정, 감각에 책임을 질 수 있게 된다. 그럴 때 그런 것들이 여러분의 선생이 될 수 있다.

* 거룩한 목표가 없는 것이 여러분의 목표다. 여정 자체가 목적지일 뿐이다.

* 한 발짝 한 발짝을 사랑과 의도를 갖고 내디디고, 내면의 안내를 진솔하게 신뢰하라. 성령을 기대하는 이들은 성령을 받아라.

* 책이나 일기장 같은 것은 지니지 마라. "생각하지 말고, 그저 보라." 이것이 여러분의 모토다.

* 뭔가 의미심장하고 심오한 말을 할 것이라는 기대를 갖고 돌아오지 마라. 뭔가 가볍게 얘기할 것이나 쓸 것을 갖고 돌아온다면 그것은 괜찮다. 하지만 심오한 것이 중요한 것이 아니다. 자그만 기대라도 그것은 실망의 씨앗이다.

* 그냥 그렇게 걸은 것이고, 그것이 여러분의 선생이다.

* 조나탄 스톨스가 말하듯이, 여러분은 지금 "시속 2-3마일"의 속도로 삶을 살아가고 있는 것이고, 여러분은 그렇게 살도록 창조되었다. 그래서 그것이 아주 좋은 것이다!

* 여러분의 몸을 통해 여러분은 삼위일체의 순수한 흐름을 경험할 아주 좋은 기회를 얻는 것이다.

3. 지켜보기

(a) 거울 메달(Mirror Medallion)

2003년에 사순 피정을 하는 동안 나는 처음으로 캐서린 라쿠나 Catherine LaCugna의 책 God with Us를 읽었다. 이 책은 내가 그 피정 중 여러 날 동안 경험했다고 느낀 것에다 신학적 언어를 붙이게끔 해주었다. 그래서 나는 다른 사람들도 그와 같은 흐름 내부에서 "살고 움직이고 자신들의 존재를 두게끔" 도와주기 위한 포부를 안고 집으로 돌아왔다.[2]

나는 피정을 하는 동안 그 흐름이 여러 가지 다른 차원에서 발생하고 있다는 것을 알았다. ―정신적, 영적 그리고 심리적 차원― 그렇지만 내가 이러한 차원들 중 어느 하나라도 받아들였을 때, 그것이 늘 어떤 형체를 띠었는데, 그것을 내 몸에서도 느낄 수 있었다. 이 흐름은 늘 나를 향해, 내 안에서, 나를 통하여 이루어지고 있었고, 또한 나를 통해 바깥세상으로 나가고 있었다. 이 모든 것이 필요한 것 같았다. 만일 그렇지 않았다면 그것이 참된 삼위일체의 흐름처럼 느껴지지 않았다.

그래서 <활동과 관상을 위한 센터>에서 우리는 "거울 메달"이라고 하는 것을 만들었고, 그때부터 우리는 이것을 학회와 피정 그리고 걷기 묵상 때에 사용해왔고, 이제는 이것을 우리 리빙 스쿨(Living

School) 학생들을 위해 학습 현장에서 사용하고 있다. 이 메달은 그것을 메고 있는 사람이 현재 침묵을 지키면서도 어울리지 않는다는 판단을 받지 않게끔 해주는 이중의 표지로서 역할을 한다. 바라건대 그들은 그저 다른 방식으로 사회적이고 관계적인 상태에 있는 것이다. 그리고 이 메달은 "거울과 같은 정신"을 만들어주는 데 매우 실질적인 역할을 해준다. 그리고 여러분은 그것이 여러분 내면에서 자연스럽게 형성되도록 오랫동안 훈련을 해야 한다.

* 여러분이 그 둥근 메달을 걸었을 때 거울이 여러분의 가슴 바깥쪽을 향하기도 한다. 이렇게 해서 진짜 거울이 그렇듯이 그 거울 메달이 바깥세상을 받아들이는 것이다. 여기에는 아무런 왜곡이나 조정, 부정 혹은 판단이 없다. 제일 먼저 나에게 오는 것이 거짓 없이 드러난 그 존재 자체로 존중될 가치가 있고, 그래서 그것이 바로 그것인 바이며, 그것이 즉각적으로 나의 분석이나 견해 혹은 분류를 필요로 하지 않는다.

* 하지만 거울은 여러분 몸 안쪽으로 향하기도 하는데, 이때 거울은 어떠한 판단도 없이 여러분의 영혼과 마음을 직접 향한다. 이게 바로 삼위일체적 "하느님의 눈"을 상징하는 것이다.

* 여러분이 볼 수 없거나 보지 않을 것을 바라보는 것: 이것이 여러분이 지닌 신적 모상이다.

* 우리가 존경의 눈으로 보기를 종종 두려워하는 것: 우리 자신의 영혼.

* 내면에 관한 사도 바오로의 말씀 인용: "우리는 너울을 벗은 응시로 하느님의 밝음을 받아들이고 반사합니다." 그런데 불행히도 우리에게는 중요한 다음 구절을 위한 마음의 여유가 없었다. "'우리가 반사하는 모습으로' 조금씩 바뀌어 갈 때까지는 그렇게 바라봅니다. 이는 영이신 주님께서 이루시는 일입니다."[3]

* 이는 전적으로 우리 얼굴과 응시에 가려져 있는 "너울을 벗으라"는 초대이다. ―이 초대에 응할 때 우리 내면으로 하느님의 이미지가 흘러 들어가고 우리 내면으로부터 흘러나가게 된다.

* 그리고 충만하고 자유로운 이 흐름을 흔들어 놓은 드문 성경 구절 하나를 알려드린다. 이는 야고보서 4,5이다. 여러 번역본을 읽어보았지만, 다음 번역이 가장 내 마음에 든다. "하느님이 우리 안에 거하라고 보내시는 영의 갈망은 질투하는 갈망입니다." 신성한 흐름이 갈망이요 바람이며 심지어는 여러분 영혼의 응답을 기다리시는 하느님의 질투로서 여러분을 통해 흘러가게 해보시라. 이는 탈출기 34,14에서 시작하는 성경의 주제이다, "주님의 이름은 '질투하는 이,' 그는 질투하는 하느님이다."

(b) 하느님의 응시를 비추어 주기

믿음과 애정이 가는 이들(친구나 의미 있는 사람, 부모 혹은 심지어 거울에 비친 여러분 자신)을 초대하여 서로의 시선을 몇 분 정도 나누어 보라. 서로를 바라보고 앉아서 촛불을 켜거나 종을 울리고 시작하라. 여러분의 중심 —안정된 증인— 을 찾기 위해 눈을 감고 몇 분 정도 침잠하라. 그런 다음 눈을 뜨고 상대방의 얼굴을 단순하게 바라보라.

고요 가운데 상대방에게 현존하고 여러분 안팎에 사랑의 현존을 의식하면서 이 시선을 주고 받아라. 여러분의 눈과 얼굴과 몸의 긴장을 풀되 동시에 깨어 있어라. 숨을 의식하며 쉬라. 만일 정신이 산만해지면 여러분의 의식을 상대방의 눈과 여러분 사이에 현존하는 사랑으로 되돌려라.

2-3분 정도 지나면 종을 울리거나 손을 모아 절을 하고 이 예절이 끝났음을 알려라. 그러고 나서 몇 마디 말이나 포옹 혹은 감사의 표현을 해라.

4. 숨

(a) 야훼YHWH 기도

우리는 "두 번째 계명"이라는 것을 대개 이렇게 번역한다. "주님이신 너희 하느님 이름을 헛되이 부르지 마라."[4] 우리 그리스도인들은 이 계명을 사람들을 욕하거나 저주하지 말라는 의미로 알아들었다. 그러나 유대교 어느 랍비가 나에게 그것은 우리가 완전히 잘못 이해한 것이고 중요한 점을 간과한 것이라고 가르쳐 주었다.

그것은 실제로 어떤 신성인 이름이더라도 헛되이 부르면 안 된다는 가르침이라고 한다.

발설된 어떤 말로 신적 본질을 파악하려는 시도는 어떠한 것이라도 소용이 없는 것이다. 이것이 모세에게 주어진 이름, 즉 주로 "나는 있는 나다(I Am Who I Am)"라고 번역되고 있는 이름을 해석하는 가장 훌륭한 방식이다. 본래 히브리어로는 YHWH('요드', '헤', '바브', '헤'의 자음으로 이루어진 단어)인데, 우리는 대개 이것을 야훼라고 발음한다.

이 이름은 본래 하느님은 궁극적으로 알 수 없는 분이라는 점을 잘 보존해 주는 말이며, 종교와 믿는 이들이 하느님이 누구인지를 아는 부분에서 참으로 겸허해지게 해주는 말이다. 이 단어는 오늘날까지도 그렇듯이 어떤 열렬한 유대교 신자라도 이 단어를 글자 그대로 분명하게 발설하고 발음할 수 없는 단어였다.

그러나 이제는 훨씬 좋아졌다!

이 단어는 또한 우리 인간이 숨을 내쉬고 들이쉬는 소리를 모방하고 복제한 것이었기 때문에 발설할 수 없었다. 한 번 시도해 보라!

* **먼저 숨을 들이쉬라.**

    숨을 들이쉬면서 '야'하고 말해보라. 이것을 정확하게 하기 위해서는 혀나 입술을 사용하지 말고 구강을 완전히 벌려 말해야 한다.

* **그런 다음 숨을 내쉬라.**

    숨을 내쉬면서 '훼'하고 말하라. 이때도 다시 입을 완전히 벌리고 입술을 사용하지 마라. 그저 숨이 여러분의 혀를 부드럽게 지나가게 하라.

여러분은 "하느님(God)"이라고 말하고서 여러분이 말하는 것을 알 수 없지만, 하느님을 숨 쉴 수는 있다. 사실상 여러분이 어머니 몸에서 태어나서 처음으로 "말하는" 단어가 신성한 이름이었던 것이다.

여러분의 벌거벗은 존재성은 태어나면서부터 계속해서 숨을 쉼으로써 하느님께 영광을 드리고 있다. 그것은 바로 생명의 숨을 받아들이고 내어주는 것이다. 그런데 들이쉼과 내쉼은 정확하게 같은 분량으로 이루어진다. 그렇지 않으면 여러분은 숨이 막혀 죽을 것이다. 나는 여기에 어떤 가르침이 있다고 생각한다!

어느 날 마지막 숨이 있을 것이고, 이것 역시도 신성한 이름이 될 것이다. 그러니 바로 지금 다른 관심은 다 치워놓은 채 10분간 시간을 맞추어 놓고 깨어 있는 정신으로 신성한 이름 숨쉬기를 해보라. 그리고 여러분이 여러분 생명의 더 위대한 깨어 있음과 기쁨 그리고 현존의 필요를 느낄 때마다 여러분 숨 안에서 가만히 이 이름을 들어보라.

(b) 알라기도

한번은 여러 종교 출신 관상기도 선생들의 모임에서 이 야훼 기도를 가르친 적이 있다. 내가 이 사람들과 이 기도에 대해서 나누고 있는데, 건너편에 있던 이슬람교 수피 한 사람이 숨을 크게 들이쉬고는 눈물을 쏟는 것을 보았다.

그 시간이 끝나자 그는 바로 나에게로 와서 물었다. "하느님에 대한 우리 이슬람의 정확한 어원이 뭔지 아나요?" 나는 모르는데 알고 싶다고 말했다. 결국 나는 알라라는 단어가 중동 지역의 많은 그리스도인이 사용하는 하느님 이름이라는 것을 깨달았다. 이는 아랍어로 그냥 "하느님"이다.

그가 말하기를, 알Al은 영어의 정관사 The와 같은 것인데, 여기에 l을 하나 더 붙이면 특별한 강조를 하여, 알은 근본적 존재(The Very) 혹은 모르긴 해도 유일한 존재(The Only)가 되는 것이라고 한다. 그는 물론 많은 이들이 그냥 알라Allah라고 발음하지만, h 앞에 아포스트로

피(')를 붙여 All'h 발음하는 것이 가장 정확한 발음이라고 했다. 그런데 그가 나를 뚜렷이 쳐다보고는 다시 거의 몸을 떨다시피 하면서 눈물을 쏟았다. 그는 "당신은 이게 어떤 의미인지 아나요? 우리가 수세기 동안 미워하면서 싸워온 유대인들과 같은 그 옛적의 하느님 체험으로부터 유래했다는 겁니다."

"하느님에 대한 우리 이름은 바로 크게 숨을 내쉴 때 발음하는 '하HA'입니다. 우리는 하느님에 대해 같은 이름을 갖고 있으면서도 아주 다른 생각 속에서 살아온 것입니다."

우리는 이런 심오한 발견에 대해 거의 믿을 수 없다는 듯이 서로를 바라보며 서 있었다. —그러나 발설할 수 없는 분에 대한 참으로 겸손한 존경심을 지니고 말이다! 알라All'h로 같은 숨을 쉬며 야훼 기도를 편한 마음으로 바쳐보라.

(c) 하와이어 기도

최근에 하와이에서 큰 그룹의 사람들에게 신성한 이름 숨쉬기 기도를 가르치고 있을 때 그 사람들이 신난 표정으로 환한 미소를 짓더니 기다릴 수 없다는 듯이 내 말을 끊고 말했다. "숨"과 "하느님"의 하와이어 단어는 똑같이 숨을 내쉬는 발음인 "HA"라는 것이었다.

우리가 "집단 무의식(Collective Unconsciousness)"처럼 이 하나의 단어를 찾아내기까지는 20세기가 걸렸다. 지속적 전통(Perennial Tradition)은 단순하게 이것을 하나의 성령이라고 말한다.

5. 보기(어둠 속에서)

거룩한 독서(Lectio Divina)는 머리가 아닌 마음으로 성경과 다른 거룩한 서적들을 읽어서 읽은 바를 행동으로 옮기는 방식이다. 이는 하느님 현존을 직접적으로 체험하기 위한 수단으로써 말씀 자체에 들어가는 것이다.

다음의 묵상들 안에서 성경학자 월터 브루거만Walter Bruggemann이 말하는 정위(定位-orientation)와 혼미(昏迷-disorientation) 그리고 새로운 정위(new orientation)의 과정을 마음으로 함께 해보자. 우리가 하느님의 고통스러운 이미지 ―이제는 영향력이 없는 이미지― 를 버릴 때, 우리는 종종 어둠 속에서 걸려 넘어지는 것처럼 느낀다. 이것을 바로 잡고 새로운 기반을 찾는 데는 어느 정도의 시간이 걸린다. 우리가 이 삼위일체의 신비 안에서 세례를 받았다면 우리의 젊을 적 하느님은 다시 한번 이상해진다.

다음의 성경 구절들을 하나하나 새겨보고 음미해보라. 이 구절들을 여러분 마음의 안방으로 들여 놓아보라. 여러분이 원하는 만큼 천천히 이 구절들을 새겨보라. 하루에 한 구절이라도 괜찮다. 여러분 마음에서 떠오르는 하느님의 새로운 모습에 주의를 기울여 보라.

* 백성은 멀찍이 서 있었고, 모세는 하느님께서 계시는 먹구름 쪽으로 가까이 갔다.(탈출 20,21)

* 나는 내 영혼에게 말했다. 가만히 멈추어서 어둠이 너에게 오게 하라. 그것이 바로 하느님의 어둠이다.[5]

* 그분께서 하늘을 기울여 내려오시니 먹구름이
그분 발밑을 뒤덮었네.
커룹 위에 올라 날아가시고
바람 날개 타고 나타나셨네.
어둠을 당신 주위에 둘러치시고
시커먼 비구름과 짙은 구름을 덮개로 삼으셨네.
그분 앞의 빛에서 뿜어 나오는 것
불타는 숯덩이들이었네.
주님께서 하늘에 우렛소리 내시고
지극히 높으신 분께서 당신 소리 울려 퍼지게 하셨네.
(2 사무 22,10-14)

* 구름과 먹구름이 그분을 둘러싸고
정의와 공정이 그분 어좌의 바탕이라네.(시편 97,2)

* 사제들이 성소에서 나올 때 구름이 주님의 집을 가득 채웠다. 사제들은 그 구름 때문에 서서 일을 할 수가 없었다. 주님의 영광이 주님의 집에 가득 찼던 것이다. 그때 솔로몬이 말하였다.

"주님께서는 짙은 구름 속에 계시겠다고 하셨습니다."(1열왕 8,10-12)

* 내가 어둠 속에 있는
 보화와 숨겨진 보물을 너에게 주리니
 내가 바로 너를 지명하여 부르는 주님임을,
 이스라엘의 하느님임을
 네가 알게 하려는 것이다.(이사 45,3)

* (어떤 이들이 말하기를) 하느님 안에 무엇이 있다네.
 깊고 깊지만, 휘황한 어둠이.[6]

* 사울은 땅에서 일어나 눈을 떴으나 아무것도 볼 수가 없었다.(사도 9,8)

* 신앙의 어둠은 지혜의 빛 안에서 열매를 맺는다. …
 … 신앙의 모호함 그 자체는 그 완전함의 논증이다. 그것이 우리 정신에는 어둠인 이유는 그것이 우리 정신을 너무도 한참 초월해 있기 때문이다. 신앙은 더 완전하면 할수록 더 어두워진다. 우리가 하느님께 더 가까이 다가가면 갈수록 신앙은 창조된 이미지들과 개념들의 반쯤 희미한 빛으로 희석된다. 우리 신앙의

확실성은 이런 모호함과 함께 커가지만, 거기에는 괴로움과 실질적 의심조차 없다. 왜냐하면 우리는 우리의 힘이 기댈 곳이 전혀 없는 공허함 안에서 의심을 계속한다는 것이 참으로 어렵다는 것을 알기 때문이다. 그리고 우리가 이 땅에서 하느님을 가장 충만하게 소유하는 곳이 바로 이 가장 깊은 어둠에서다.[7]

* 삼위일체, 모든 존재(Being)와 신神 그리고 선(Goodness)까지도 능가하시는 분! 당신의 천상 지혜로써 그리스도인들을 가르치시는 분! 저희를 신비적 지식(lore)의 가장 높은 경지로 이끌어 주소서. 그 신비적 지식은 우리 인간적 지식보다는 빛을 더 능가하는 지식이며, 그곳에서는 단순하고 절대적이며 변하지 않는 천상 진리의 신비들이 비밀스러운 침묵의 휘황찬란한 모호함 안에 숨겨져 있으면서, 짙고 짙은 어둠으로 모든 광채를 능가하는 광채로 빛나며, 모든 아름다움을 능가하여 절대 만질 수도 없고 볼 수도 없는 영광된 모습으로 우리의 맹목적 지력을 무색하게 한다![8]

* 이제 그대는 이렇게 말할 것이다. "하느님이 당신 자신 안에 계신데, 제가 어찌 그분을 계속 생각하겠습니까?" 이에 나는 단지 이렇게 답하겠다. "나는 모른다." 그대는 이 질문과 함께 나를 무지의 어둠과 구름 속에 들게 했는데, 나는 그대가 이 무지의

어둠과 구름 속으로 들어서길 바란다.⁹
* 여러분은 … 모든 존재를 능가하는 신적 어두움의 빛줄기로 인도될 것이다.¹⁰
* 믿음이 있는 참여자는 하느님의 초월적 현존(hyper-presence)을 일종의 부재(absence)로 체험하게 된다. 왜냐하면 우리 정신은 저쪽에 계신 하느님을 우리 지성으로 이해하게 만들 수 없기 때문이다.¹¹

[하느님은] 홀로 불사불멸하시며 다가갈 수 없는 빛 속에 사시는 분, 어떠한 인간도 뵌 일이 없고 뵐 수도 없는 분이십니다. 그분께 영예와 영원한 권능이 있기를 빕니다. 아멘.(1티모 6,16)

* 그들은 벳사이다로 갔다. 그런데 사람들이 눈먼 이를 예수님께 데리고 와서는 그에게 손을 대어 주십사고 청하였다. 그분께서는 그 눈먼 이의 손을 잡아 마을 밖으로 데리고 나가셔서, 그의 두 눈에 침을 바르시고 그에게 손을 얹으신 다음, "무엇이 보이느냐?" 하고 물으셨다. 그는 앞을 쳐다보며, "사람들이 보입니다. 그런데 걸어 다니는 나무처럼 보입니다." 하고 대답하였다. 그분께서 다시 그의 두 눈에 손을 얹으시니 그가 똑똑히 보게 되었다. 그는 시력이 회복되어 모든 것을 뚜렷이 보게 된 것이다. 예수님께서는 그를 집으로 보내시면서, "저 마을로는 들어가지 마라." 하고 말씀하셨다.(마르 8,22-26)

6. 찬미하기: 성령께 드리는 호칭기도

하느님 속성을 환기해 주는 70가지 이름들

하느님의 순수한 선물

내재하시는 현존

성부의 약속

예수님의 생명

맹세요 보증

영원한 찬미

방어해주시는 변호자

내면의 도유(Inner Anointing)

신비의 상기자(Reminder of the Mystery)

귀소본능

귀소본능 장치(Homing Device)

모든 것을 아시는 분

흔들림이 없으신 증인

우리 마음에 옮겨심긴 평화의 조성자(Implanted Peacemaker)

간격을 없애시는 분(Overcomer of the Gap)

언제나 그리고 이미 이루어지는 깨달음(Always and alreay Awareness)

동정심이 가득한 참관인(Compassionate Observer)

자기장 센터

하느님 나침반

내면의 숨

신적 DNA

서로가 갈망하는 곳

숨겨진 하느님의 사랑

선택의 여지가 없는 의식(Awareness)

우리 마음에 옮겨심긴 희망(Implanted Hope)

들끓는 희망

생명과 사랑의 불

신성한 평화의 조성자

하느님의 비폭력

육화의 봉인

모든 것의 첫 열매

뿌리 깊은 법

모든 곳에 계셔 아무 데도 안 계신 분(Nowhere because Everywhere)

하느님의 비밀스러운 모습

하나의 영원한 흐름

관계성 자체

선의 접착제

고아들의 아버지요 어머니

진리를 말씀하시는 분

하느님의 비밀스러운 계획

위대한 다리 건설자(Great Bridge-Builder)

가슴을 따스하게 해주시는 분

모든 것 사이의 공간

흐르는 물줄기

변화의 바람

강림하는 비둘기

무지의 구름

창조되지 않은 은총

관통하는 선지자

우리 갈망의 가장 깊은 차원

세심한 마음(Attentive Heart)

신성한 상처

거룩한 치유

우리 영의 유연제(Softner of Our Spirit)

하느님의 의지

위대한 동정심(Great Compassion)

창조주의 관대(Generosity of Creator)

타고난 승리(Inherent Victory)

하나의 슬픔(The One Sadness)

우리가 나누는 기쁨

하느님의 눈물

하느님의 행복

내면의 환대

영원히 지속되는 계약

우리 마음에 새겨진 계약

질투하시는 연인

하느님의 갈망

당신은 우리 안에서, 우리를 통해, 우리와 함께, 우리를 위해, 우리의 악에도 불구하고 기도하시는 분이십니다.

아멘! 알렐루야!

7. 지혜가 말한다[12]

동서양을 막론하고 영신 훈련의 역사에서 우리가 하는 내면의 일은 개별적으로 집중되는 경향이 있다. 맞다. 우리는 모두 영신 훈련을 할 때 한 방에 모여 있는 것이 일반적이다. —가톨릭 신자들은 무릎을 꿇고 전례 기도를 하고, 퀘이커교도들은 앉아서 침묵 기도를 바치며, 불교 신자들은 상가(sangha)라는 모임에서 명상을 하는 것이 일반적이다.— 하지만 이런 훈련들은 개별적으로 이루어질 수 있는 것들이다. 말하자면 이런 수행들을 하는 데 있어 다른 사람이 필요하지 않다는 것이다.

삼위일체 영성이 정말 어떤 것인지를 살펴보는 데 있어, 우리는 전적으로 "두 사람 이상이 모여 있을 때"라는 말을 염두에 두고 훈련법을 발전시켜 가고자 한다. 이 훈련법이 그렇다고 해서 개인 수행의 가치나 중요성을 감소시키지 않는다. 오히려 이 훈련법은 성부와 성자와 성령의 하나의 생명에서 보여주는 흐름과 연약성 그리고 전적인 상호 의존(interdependence)을 더욱 즉각적으로 맛보게 해준다.

이런 생각을 기반으로 나는 여기서 "원으로 모여 하는 훈련법"의 예를 들어 보겠다. 실제로 이 훈련이라고 하는 말 때문에 그 특성상 여러분은 이것에 대해 지루하다는 느낌을 받을 것이다. 그래서 나는 삼위일체 안에서 예로 드러나는 기쁨과 상호 내어줌의 관점에서 이 훈련을 게임이라고 부르기를 선호한다.

처음에는 친구들끼리 모여 작은 그룹으로 이 게임을 해보는 것이 좋다. 이때 여러분 중 한 사람을 진행자로 초대할 수 있을 것이다.

1라운드

준비: 우선 셋 이상의 참여자들이 필요하다. 그들을 모두 원형으로 앉게 한 다음 눈을 감고 성찰의 시간을 갖도록 한다.

시작: 한 사람이 ―진행자가 될 수도 있음― 다음의 회색으로 되어 있는 부분을 크게 읽는다.

> 우리 삶에서는 우리가 친구로부터나 가족 한 사람으로부터 그리고 심지어는 하느님에게서 무척이나 듣고 싶어 하는 것이 있습니다.
>
> 우리는 심지어 다른 이들에게서 칭찬받을 만한 일들을 하기도 하고, 지혜와 평화 그리고 통찰력을 주는 고요하고 작은 목소리를 들으려고 기도하며 귀를 기울이기도 합니다.
>
> 그러니 창조주 하느님이 모든 것의 기원이라는 사실을 인식하며 다음의 것들을 성찰하기 위해 잠깐 시간을 가져봅시다. -우리는 그리스도의 몸의 지체로서 살아가고 있고, -성령은 모든 인간을 통해 소리를 내시고 모든 이를 연결해주시며, -하느님의 생명력 있고, 통교하시는 존재는 우리에게 주어진 어떤 시간에도 우리가 속해 있는 공동체나 그룹을 끌어안아 주심이 틀림없습니다. 지금 바로 여기 우리 모임에도 그분은 함께 하십니다.

> 만일 여러분이 듣기를 갈망해 온 것을 -여러분 바로 옆에 앉아있는 사람에게서 들을 수 있다면 어떻게 되겠습니까?
> 여러분 삶에서 누군가에게서 듣기를 갈망하는 것이 있습니까? 그 사람이 친구일 수도 있고, 사랑하는 사람일 수도 있습니다.

만일 이 그룹에 더 큰 격려가 필요한지를 물어보라.

> 여러분이 아끼는 누군가에게서 듣기를 바라는 것이 지혜의 말이나 인정 혹은 격려의 말입니까?
> 아마도 그것은 여러분이 어렸을 때부터 듣고 싶어 했던 말일 겁니다.
> 아니면, 그것은 현재 여러분의 관계성이나 갈등과 관련된 무엇일 겁니다.

모든 사람이 잠깐 숨을 쉬고 나면, 원형으로 모인 사람들에게 눈을 뜨라고 하라. 모든 참여자가 대답할 것이 있는지를 점검하라. 대답할 것이 없다면 몇 분간 더 숙고하게 하라.

모든 사람이 듣고 싶어 하는 것이 있다는 것을 알아자렸으면, 이렇게 말하라.

> 듣고 싶은 것이 있습니까? 좋습니다. 이제 나는 여러분이 가장 듣고 싶어 하는 것을 여러분 스스로 말하기를 바랍니다. 그러나 지금 바로 그것을 우리 모두에게 말하지 말고, 여러분 옆에 있는 사람에게 방향을 돌려 그에게 여러분이 가장 듣고 싶어 하는 것을 얘기하십시오.
>
> 여러분이 듣고 싶어 하는 것을 여러분의 파트너에게 들려주고 싶은 방식으로 나누십시오.
>
> 그러나 그것을 나누기 전에 여러분이 말하고자 하는 것의 생각이나 의도에 여러분 자신을 연결해보십시오. 여러분이 말하려고 하는 것은 선물입니다.

대개는 이 게임을 이끄는 사람이 먼저 시작해서 이 의도의 예를 보여주는 것이 좋다.

> 이제 여러분 옆에 있는 사람에게 방향을 돌리시고 여러분이 듣고 싶어 하는 것을 나누십시오.
> 옆 사람이 나눈 내용을 들었다면, 그 나눈 내용이 여러분 내면에 차분히 가라앉을 수 있도록 잠깐 시간을 가지십시오.

> 그런 다음, 여러분이 다음 사람에게 방향을 돌려 여러분이 가장 듣고 싶어 하는 것이 무언지를 나누십시오.

거기에 모든 참가자가 돌아가며 다 자신의 얘기를 할 때까지 계속하라. 대개는 우리가 듣고 싶어 하는 것들이 다른 누군가가 듣고 싶어 하는 것이거나 비슷한 것이라는 것을 알게 된다. 그리고 모임 내에서 작동하고 있는 더 높은 차원의 지성을 발견하는 묘한 우연의 일치도 꽤 흔히 마주할 수 있다.

사람들이 가끔 말하는 예들은 다음과 같은 것들이다.

너는 너인 것으로 충분해.
너는 사랑받고 있어.
너는 할 수 있는 최선을 다하고 있고, 그것이 네가 해야 할 필요가 있는 모든 것이야.
너는 네 인생 가운데 바로 지금 여기에서 있어야 할 곳에 있는 거야.

2라운드

다시 한번 참가자들에게 눈을 감으라고 하고 다음의 새로운 질문들을 던지라.

> 여러분의 참 자아가 이미 알고 있는 조언이나 통찰력이 있습니까? 있다면 그것을 바로 지금 듣는 것이 좋겠습니까? 만일 여러분의 참 자아가 ―조력자, 여러분 내면에서 지켜보시는 분, 여러분 내면의 성령과 일치하여― 에고의 시끄러운 소리나 복잡한 생각에서 해방되어 한마디 말로 분명하게 말할 수 있다면, 그것이 무엇입니까?

이 질문을 한 다음 참가자들이 이 질문을 숙고할 시간을 주기 위해 잠깐 침묵을 지키게 하라. 그러고 나서 다시 한번 그 원 둘레에 모인 사람들과 아까처럼 그 내용을 나누게 한다. 이때 중요한 것은 자신들이 하는 말의 진정성과 중대성을 강조해주어야 한다.

이 질문에 대해 사람들이 때때로 나누는 것들은 다음과 같다.

여가를 즐길 시간을 더 가져라. 너는 매사에 진지하지 않아도 된다.

지금 여러분과 함께하는 사람들과 기쁨을 나누어라. 그들이 완벽하지 않을지 모르지만, 언젠가 너는 그들과의 관계가 얼마나 소중한지를 깨닫게 될 것이다.

모든 것이 이 여정에 함께한다.

너는 지금 정확하게 네가 있어야 할 곳에 있다.

3라운드

마지막 라운드에는 참가자들에게 눈을 감고 다음의 질문을 성찰해 보라고 하라.

> 만일 하느님이 여러분에게 알거나 배우기를 바라시는 것이 있다고 생각한다면 그게 무엇입니까?
>
> 만일 하느님이 지금 여러분에게 주어진 환경과 축복, 도전을 통해 여러분에게 발견하도록 초대하고 계신 지혜나 통찰력 같은 것이 있다면 그게 무엇입니까?
>
> 만일 하느님이 여러분에게 직접 한마디로 말씀해 주신다면 —여러분 삶의 지금 상태에서 가장 절실히 들을 필요가 있는 말씀— 그것이 무엇이겠습니까?

잠깐 참가자들에게 숨을 고를 시간을 주고 다시 한번 원 둘레에 모인 사람들과 아까처럼 이 질문의 답을 나누게 하라. 이때도 마찬가지로 나눌 메시지의 중대성과 자신들을 연결하는 것이 중요함을 알려주어야 한다. 그리고 자신의 답을 옆에 사람과 나누기 전에 옆 사람에게서 들은 것을 잠시 생각할 시간을 가지라고 일러주는 것을 꼭 기억하라.

이 질문에 대해 사람들이 나눈 예들은 다음과 같다.

나는 늘 너를 사랑해왔고, 나는 너를 언제나 사랑할 거야.
너는 안식처에 있는 거야.
너는 사랑 받고 있어.
나는 너를 내 모상으로 창조했고, 너는 너인 그 모습으로 완벽해.
너는 온전해.
삶은 사랑하고 사랑받을 기회야.
너는 여기에 있을 자격이 있어.

이 마지막 라운드가 끝나면 참가자들과 함께 이 게임이 그들에게 어떤 의미가 있었는지를 점검하는 시간을 가져라. 그리고 사람들이 서로에게 자신들의 느낌을 나눌 시간을 주어라.

질문들

> 누군가에게 이런 것들을 얘기하는 것이 어땠나요?
>
> 다른 사람에게서 이런 것들을 듣는 것은 어땠나요?
>
> 놀랄 만한 것들이 있나요?
>
> 무엇이 좋았나요?
>
> 나누거나 듣는 데 있어 도전 거리(어려움)가 된 것이 있었나요?

몇 번이고 되풀이해서 말하지만, 이 훈련법은 지혜와 사랑 그리고 연결됨의 심오한 깊이가 우리 이웃을 단순하게 바라봄으로써 우리에게 주어질 수 있다는 것을 알려준다. 우주가 삼위일체의 서로 연결된 모습을 비추어 준다면 이것은 우리가 아주 분명하게 기대할 수 있는 것이다.

우리는 고요하고 작은 하느님의 목소리가 우리 주변에 있는 이들을 통해 다가오는 정도가 아니라, 즉 우리가 생각하는 것보다 훨씬 더 자주 우리에게 다가오고 있다는 것을 알게 될 것이다.

이 단순한 훈련법은 일관되게 여기에 참여하는 모든 이를 위해 아주 깊숙이 자양분을 넣어주고 감동을 준다. 참가자들은 종종 기쁨과 감사 그리고 안도의 느낌을 체험한다. 이 모임에 웃음과 눈물이 함께 하는 것은 일반적인 일이고, 또 환영할 만한 일이다.

미주

1. 십자성호 관련 비디오를 보려면, TheDivineDance.org를 보시라.
2. 사도 17,28 참조.
3. 2코린 3,18 참조.
4. 탈출 20,7.
5. T.S. Eliot, "East Coker," Four Quartets (New York: Harcourt, Brace and Company, 1943), 14.
6. Henry Vaughan, "The Night," http://www.bartelby.com/105/112.html. Vaughan은 17세기 웨일스 시인이다.
7. Merton, New Seeds of Contemplation, 141, 134-135.
8. Dionysius the Areopagite, in The Mystical Theology and The Divine Names, trans. C. (Clarence) E. (Edwin) Rolt (Mineola, NY: Dover Publications, 2004), 191. 이것은 Dionysius the Areopagite on the Divine Names and Mystical Theology (London: Society for Promoting Christian Knowledge, and New York: Macmillan Company, 1920)를 원문 그대로 재판한 것이다.
9. Anonymus, The Cloud of Unknowing: and the Book of Privy Counseling, trans. and ed. Willaim Johnston (New York: Image Books, 1996), 46.
10. Dionysius, Mystical Theology, 192.
11. Peter Rollins, How (Not) to Speak of God (Brewster, MA: Paraclete Press, 2006), 87.
12. 이 게임은 데이빗 볼트(David Bolt)와 마이크 모렐(Mike Morrell)이 고안한 것으로서 그들이 매년 정의와 예술 그리고 영성 와일드 구스 페스티벌(justice, art and spirituality Wild Goose Festival)에 내어 준 것이다. 여기서 소개하는 것은 전체 오후(혹은 저녁) "게임"의 일부이다. 그들은 이것을 사람들의 현존 실천하기(practicing the presence of people)라고 부른다. 이 게임에 대해 좀 더 자세히 알고자 하고, 또 여러분의 공동체에 데이빗과 마이크를 초대하여 이 게임을 활성화하고 싶다면 데이빗의 웹사이트인 RelationalYoga.life를 보시라.

신성한 춤에 대해 사람들은 어떻게 얘기하는가

리처드 로어는 인간성이란 그리스도교가 거룩한 삼위일체라고 일컫는 바를 완벽하게 시詩로 표현한 모습이라고 말한다. 사실 그리스도교는 설명할 수 없는 것을 설명하고자 노력하였다. 우리가 모두 참여하고 있는 이 인간의 춤은 신비로운 하느님의 춤(신성한 춤)을 반영해준다. 이 춤은 우리가 가장 행복한 시절에 추는 춤이다. 현대 과학과 고대 신비주의가 만나고, 신학과 시가 만나는 아름다운 지점을 찾아낸 이 신성한 춤은 우리가 훌륭하게 살아가야 할 삶을 위한 멋진 안무按舞를 만들어낸다. 우리의 기쁨 혹은 고통 안에서 참된 삶은 늘 관계적이고 흐름이며 춤이다. 그리고 늘 그런 모습이 되게 되어 있다.

Bono, U2

벗들이여, 진심으로 이 책은 정점에 올라선 리처드의 모습을 보여주는 글이다. 그가 미래를 위해 최선을 다한 생각이 실제로 여기에 어떻게 존재해 왔었는지를 보여주고 있다. 이런 생각은 예수님 전통과 시간 전체에 있는 것이다. 생각지도 못했던 통찰력과 희열이 차오른다. 이 책에서는 그것이 바로 우리에게 친숙하면서도 익숙한 용어인 삼위일체이다. 이 책을 통해 여러분은 신성한 하느님 개념이 얼마나 실제적이고도 도움이 되는지 알게 될 것이다. 삼위일체 하느님이 우리를 치유해주고 영감을 불어넣어 주며, 자극을 주고 위험하기까지 한지 보게 될 것이다. 우리가 가장 사랑하는 프란치스칸이 또다시 일을 냈다!

Rob Bell
강사, 선생, Love Wins의 저자
RobBell.com

사람들은 더더욱 하느님에 대한 관습적인 이해를 버리려고 노력한다. 다시 말해 여러분은 옳게 생각하지 못하거나 옳게 행동하지 못하면, 언제라도 한 자루 칼과 한 움큼 번갯불을 내리치려는 듯한 백발 수염의 덩치 큰 백인 모습을 한 하느님 이미지를 떨쳐내려 몸부림친다. 많은 이들에게 삼위일체의 개념은 하느님과 관련한 문제를 세 배로 어렵게 만든다. 그러나 신성한 춤에서 리처드 로어와 마이크 모렐은 삼위일체를 하느님에 대한 어려운 이해를 넘어서는 길로써 파헤쳐간다. 아름답게 쓰인 이 책은 하느님에 관한 이해하기 힘든 개념을 참으로 엄청나게 바꿔줄 것이다. 이 책은 하느님에 대한 여러분의 사고방식을 전적으로 변화시켜 줄 것이다.

Brian D. McLaren
활동가, 강사, We make the way by Walking의 저자
brianmclaren.net

로어와 모렐은 해방적이면서도 동시에 전적으로 정통적인 방식으로 우리를 하느님의 생명으로 초대한다. 이 책은 어쭙잖은 산수算數도 아니고 회피하고 싶은 혼란스러운 신비도 아닌 사랑의 신성한 동작으로서 삼위일체를 기념하는 장이다. 나는 가식과 알아들을 수 없는 전문용어를 쓰지 않고 지혜와 인간의 경험으로 하느님을 얘기하는 이 책이 참으로 좋고 고맙다. 『하느님과 춤을』은 로어가 신앙과 실제 삶의 균형뿐만 아니라 이성과 신비, 활동과 관상의 균형을 찾는 많은 그리스도인에게 꽤 깊은 영향을 미치게 될 것이다.

Nadia Bolz-Weber
모든 죄인과 성인들의 집(교회) 담당 목사
Accidental Saints: Finding God in All the Wrong People의 저자
NadiaBolzWeber.com

『하느님과 춤을』은 하느님이 거룩한 공동체 —성부, 성자, 성령— 라는 사실을 상기시켜준다. 그래서 인류 역시도 공동체의 모상으로 창조되어 사랑하고 사랑받기를 간절하게 그리워하는 것이다. 이 책은 우리더러 하느님처럼 되라고 —서로에게 속하고, 하느님이 하나인 것처럼 하나가 되고, 홀로 사는 삶을 거부하라고— 초대한다.

Shane Claiborne
활동가, Jesus for President의 저자
RedLetterChristians.org

삼위일체라는 이름을 가진 수도회들이 많은데도 우리가 이 신비로운 하나 —안의— 셋을 참으로 체험하지 못하기에 고립과 외로움으로 시달리며 점점 더 괴로워하고 있다는 것이 참 묘하다. 지혜와 연민 그리고 깊은 신학적 통찰력을 갖고 로어와 모렐은 우리 영혼이 서서히 신성한 춤의 음악을 듣고, 그 안으로 들어가라는 초대를 알아들으며, 그 안으로 들어가는 기쁨을 느끼도록 독자들을 이끌어 준다.

Sarah Thebarge
The Invisible Girls의 저자
SarahThebarge.com

리처드 로어는 우리 시대는 물론 어느 시대를 막론하고 위대한 영적 스승 중 한 사람이다. 삼위일체에 관한 그의 책은 로어의 최고 걸작품이다. 냉철하게 생각을 깨워주고, 영감을 불어넣어 주고, 도전적이고 그리고 무엇보다도 성령의 현존이 가득한 책이다. 삼위일체는 물론 언제나 심오한 신비로 남겠지만, 로어 신부의 책을 읽고 나면 이 신비가 여러분의 인생을 변모시켜줄 수 있고, 또 그렇게 할 신비라는 것을 경험하게 될 것이다.

James Martin, SJ
Jesus: A Pilgrimage and Seven Last Words의 저자

『하느님과 춤을』은 대개는 메마른 학문적 신비라고 여겨지는 것에 기쁘게 뛰어들게 한다. 리처드 로어는 신성함 안으로 파고 들어갔던 자신의 경험을 나누며, 우리 모두에게 공동체로의 건강한 여정을 함께 해나가자고 요청한다.

Simone Campbell, SSS
NETWORK 상임이사, 법률가, 변호사, 시인
A Nun on the Bus의 저자
NetworkLobby.org

이것은 잠에서 깨어난 그리스도교 정신이다. 『하느님과 춤을』에서 리처드 로어 신부와 마이크 모렐은 좀 더 강건한 삼위일체 신학이 그리스도교 전통뿐 아니라 지혜와 경험과 사랑에 뿌리를 두고 있음을 강조하면서 이 신학이 어떻게 믿음에 활력을 주는지를 알아내어 우리 정신에 영감을 불어넣어 주고 마음을 열어준다.

Michael Gungor
음악가, The Crowd, The Critic, and the Muse의 저자
GongorMusic.com

거룩한 삼위일체를 한편으로는 신심 중심으로, 다른 한편으로는 신학적으로 소개한 이 『하느님과 춤을』은 오래 앉아있어 지친 근육

을 영감의 빛으로 깨워 일으켜 다시 움직이게 해준다. 그러나 조심하시라! 몸이 부딪치지 않고 춤을 추기는 어렵기 때문이다!

Jennifer Knapp
가수, 작사, 작곡가, Facing the Music의 저자
JenniferKnapp.com

나는 절대 내가 신비주의자나 관상가라 자칭할 수 없다. 내 믿음의 삶은 초고속으로 달려가고 있다. 창조주께서는 내가 불협화음이지만 즐거운 찬미의 음악을 만들라고 영감을 주시고, 예수님께서는 좀 더 정의로운 사회를 위한 전쟁에 나를 던져 넣으시며, 성령께서는 이웃과 나 자신을 철저히 사랑하라고 재촉하신다. 이 아름다운 책은 나에게 속도를 줄여 현재에 머물고, 나와 함께 신성한 춤을 추는 상대에게 집중하고 호기심을 갖게 해주었다. 나는 마치 로어 신부가 나와 함께 차를 마시며 앉아있는 것 같고, 마이크 모렐은 나와 함께 앉아서 언어를 짜 맞추면서 하느님과 예수, 성령 —삼위일체의 신비— 의 친숙한 초상화를 그리고 있는 것 같다고 느꼈다. 각각의 위가 더욱 활기 있으시고 지금 내 가슴 안에서 빙빙 돌며 춤을 추신다. 이게 왈츠인가? 투스텝인가? 아니면 힙합인가? 이 책이 여러분의 책장에 꽂혀 있어야 한다. 성직자, 평신도 지도자, 활동가 그리고 학자들이 다 이 책을 갖고 있어야 한다. 우리가 거룩하신 분을 '닮아있음'을 기억

하기 위해. 이 춤에 초대받기 위해.

Jacqui Lewis 목사
Middle Collegiate 교회(뉴욕시) 주임
Just Faith의 진행자, The Power of Stories의 저자
JacquiJLewis.com

셋이 하나라? 글쎄, 그렇다. 하나의 역동적 실제, 하나의 즐거운 소리, 하나의 신성한 실제의 영광스러운 폭발적 분출! 참으로 담대한 교의. 유대인이요 힌두교도이고 불교도이며 수피로서 나는 결국 그것을 깨달았다. 하느님은 사랑이시고, 사랑은 끊임없이 펼쳐지고 있고, 그것인 바로서 모든 것을 꿰뚫고, 변모시키고, 연결시켜 주고 있다.

Mirabai Starr
God of Love: A Guide to the Heart of Judaism,
Christianity and Islam의 저자
MirabaiStarr.com

『하느님과 춤을』은 리처드 로어의 최고의 책 정도가 아니다. 이 책은 내가 지금까지 읽은 삼위일체에 관한 책 중 최고다. 부드럽고, 인간적이며, 사목적으로나 심리학적으로 뛰어나다. 로어가 태어난 목적이 바로 이 작품을 위해서가 아닌가 싶다. 이 책의 깊이와 범위가 엄청나면서도, 신성한 춤을 희미하게 빛나며 드러내 주는 명료한 내

용은 참으로 대단하다. 하나 안에 셋인 우리 하느님과 같이 이 글은 그야말로 춤이다. 로어와 모렐에게는 삼위일체가 그저 하느님의 계시 정도가 아니라 모든 것의 계시이다. 나는 눈물을 흘렸고, 경배를 드렸고, 되풀이하여 읽고 또 읽었다. 이 책은 그야말로 이 시대의 영적 고전이다!

Jonathan Martin
How to Survive a Shipwreck의 저자
JonathanMartinWords.com

누구라도 왕좌에 앉아 악한 자들을 심판하는 노기 띤 임금 하느님에 대한 인상 때문에 어려움을 겪은 사람이라면 이 책은 정말로 요긴하다. 『하느님과 춤을』은 참으로 아버지시고, 아들이며, 성령이신 하느님의 아름다운 모습을 그려주면서, 그리스도교 믿음의 핵심적인 선을 매우 아름답게 되찾아주고 있다. 그 존재 자체가 바로 관계성으로 이루어져 있다. 이렇게 해서 이 책은 그리스도교 신앙의 근본적인 선을 되찾아준다.

Mike McHargue
Finding God in the Waves의 저자
MikeMcHargue.com

신성한 춤은 우리 세대를 위한 삼위일체의 재발견이다. 삼위일체의 신성한 흐름에 대한 확장된 이해와 이 신성한 흐름이 어떻게 모든 것 —우리의 관계성, 우리 성性의 본질, 우리의 자존감, 우리의 영성—의 틀을 만들어주고 있는지를 잘 설명해 준다. 이 책은 인간미 없는 교의를 뛰어넘어 삼위일체를 이해하고자 애를 썼던 모든 그리스도인을 위해 깨달음을 주는 읽을거리이다. 삼위일체의 나뉠 수 없는 통합이 우리의 영적 통합과 연약함 그리고 온전함에 대한 이해로 가는 길을 열어주는 책이다.

Kristen Howerton
작가
rageagainsttheminivan.com

『하느님과 춤을』은 여러분을 그리스도교 신비주의로 초대한다. 끝없이 펼쳐지는 하느님의 아낌없는 사랑. 리처드 로어와 마이크 모렐은 삼위일체이신 하느님이 어찌하여 그저 철학적 개념이 아닌지를 잘 설명하며, —삼위일체는 사랑과 생명의 기쁨에 찬 기념이고, 우리는 여기에 참여하도록 불림 받고 있다는 사실을 알려준다. 이 책은 그저 단순히 읽고 공부할 책이 아니라 살아가야 할 책이다.

Carl McColman
The Big of Christian Mysticism의 저자
CarlMcColman.net

인류가 한 분 안에 셋인 관계성의 하느님 신비가 지닌 아름다움과 힘을 발견해가고 있는 비이원론적(non-dualistic) 의식의 시대로 들어서면서 현대 교회 안에서 제일 잘못 이해되고 그 가치가 인정되지 않는 교리가 재기할 기회가 생겨나고 있다. 『하느님과 춤을』에서 리처드 로어 신부와 마이크 모렐은 놀라울 정도로 친밀하고 새로운 방식으로 삼위일체 신비의 깊이를 열어주면서 그리스도교의 하느님에 대한 삼위일체 개념이 어떻게 개인과 사회의 변모를 위한 열쇠가 되는지를 잘 설명해 준다.

이 책은 새 시대를 위한 그리스도교 복음의 심장부에 놓여 있는 근본적인 진리를 참으로 생명력 있게 제시해준다. 로어와 모렐은 많은 이들이 그리스도교 전통의 아름다움에 매혹되게 하고, 우리로 하여금 경직된 종교성의 경계를 넘어 확장해가고 탐구하게 해주는 책을 저술하였다. 이 책은 곧 고전의 반열에 오를 책이다. 이 책은 실질적이고 심오하고 영감을 불어넣어 주는 책이며, 21세기를 살아가는 모든 그리스도인이 읽어야 할 책이다.

Brandan Robertson
Nomad: A Spirituality for Travelling Light의 저자
BrandanRobertson.com

C.S. Lewis의 지혜와 Rob Bell의 이해하기 쉬운 설명과 더불어 리처드 로어와 마이크 모렐은 하느님과 사랑, 은총, 용서에 대한 오랜

질문들을 풀어낸다. 이 모든 작업이 삼위일체 영성이라는 렌즈를 통해서 이루어진다. 물론 이 책이 모든 질문에 답을 준다고 말하는 것은 아니다. 로어와 모렐은 모든 훌륭한 신비주의자처럼 그 모든 것의 신비를 즐기면서 우리의 이 질문들에 대한 화두를 던진다. 그들과 더불어 "하느님의 무한한 자비의 폭포 아래" 서서 "그대가 사랑받고 있다는 사실을 알아라."

David James Poissant
L.A. Times 책 부문 수상자 최종후보자,
The Heaven of Animals의 저자
davidjamespoissant.com

    여러 해 전, 나는 춤추는 삼위일체를 생각했었다. … 왠지 모르지만 그러리라고 생각했다. 이 춤에서 하느님의 위격들은 서로에게 강하게 옮겨가는 기쁨으로 가득 차 있었다. 나는 그들의 살갑고 부드럽게 도는 춤에 함께 하고 싶었다는 것을 기억한다. 여러분은 예수님께서 내 손을 잡고 그 춤에 나를 인도해주셨을 때의 엄청난 기쁨을 상상할 수 있을 것이다.

    그리스도인들 대부분이 이 주제에 대해 진지하게 생각하고 기도하지 못했는데도, 내 사랑하는 친구 리처드 로어는 우리 모두 공감하는 대로 그리스도교의 심장부라고 할 수 있는 주제를 다룬 놀라운 책을 다시 한번 우리에게 선사해주었다. 리처느는 하느님의 모습을 분명하게 밝혀 줌으로써 그리스도교를 밑바닥에서부터 개혁하려는 마음을 품고 있다. 이 『하느님과 춤을』이 바로 그 역할을 해주고 있다. 나는 이 놀라운 책을 추천하는 글을 쓰게 되어 참으로 영광스럽고, 또 이 책 속에 들어있는 지혜가 우리를 삶의 춤으로 이끌어 줄 것이라는 점을 알기에 영광스럽다!

Francis MacNutt

치유 사목을 하는 목사, The Healing Reawakening의 저자.
chirstianhealingmin.org

비록 내가 물려받은 유산은 성령 운동과 관련이 있지만, 나는 늘 내가 자라온 전통의 경계를 넘어서 나를 이끌어준 영성에 호기심을 갖고 있었다. 나는 속을지도 모를 두려움을 모두 잊게 해주는 신앙이 참으로 있다는 것을 믿는다. 우리가 진솔하다면 우리는 모두 우리가 지금 믿고 있는 바에 다다르기 위해 과거에 무엇을 믿었는지를 질문해보았을 것이다. 『하느님과 춤을』은 끊임없이 앞으로 나아가게 하는 완벽한 기폭제가 아닐 수 없다.

나는 리처드 로어와 마이크 모렐과 같은 진보적인 생각을 하는 이들을 참으로 사랑한다. 그들은 정체되고 그 가치를 잃은 진리를 용기 있게 드러내 주는 이들이다. 이 두 사람이 이 작품을 함께 저술하면서 보여준 세대 간의 협력은 신학적 전망을 진화시켜가는 우리 모두에게 참으로 중요한 역할을 한다. 그들은 함께 독자들에게 무엇을 생각해야 할지보다는 어떻게 생각해야 할지를 가르쳐주면서 지성적 겸손을 보여주고 있다.

이 책 안에서, 나는 내가 지금까지 삼위일체에 대해서 안 것이 정확하지 않았다기보다는 그저 완성되지 않았다는 것을 발견하였다. 춤은 신비에 연결해주는 완벽한 비유다. 로어와 모렐은 성부와 성자와 성령의 초대를 받아들였다. 이 초대에는 이런 질문이 들어있다. "내가 이 춤을 추어도 됩니까?" 나는 첫 번째 장이 이끄는 대로 사뿐사뿐 나는 듯이 발을 옮기며, 삼위일체의 심오한 통찰력 속으로 빙빙 돌며 빠져들어 갔다. 내 마음은 여전히 춤을 추고 있다. 이 책은 명백히도 지난 40년 동안 내가 읽은 신학적 논고 중 최고의 작품이다.

Dr. Randall Worley
Brush strokes of Grace의 저자
RandallWorley.com

나는 내가 삼위일체의 결합에 대한 가설을 이해할 필요가 없다고 생각했다. 나는 누군지 모르지만 그랜드 캐니언을 만든 분에게 내 삶을 돌려드릴 필요가 있었을 뿐이다. 『하느님과 춤을』을 읽고는 같은 느낌이 들었다. —이제 일어서서 움직이고 싶다!

Kevin Prosch
가수, 작곡가, 음반예술가

리처드 로어가 다시 걸작품을 만들었다! 『하느님과 춤을』에서 리처드와 모렐은 우리가 하느님을 보는 법을 재점검하도록 영적인 패러다임(사고 체계)의 변화를 보여준다. 하느님은 저 멀리 있는 위협자가 아니라 모든 일에 있어 생명의 원천이다! 이 책은 삶을 변화시켜 주는 책이며, 피조물 안에 계신 하느님이 정말로 누구신지를 다시 한번 보게 해줄 것이다.

Jeremy Lopez

The Power of Eternal Now의 저자
Identitynetwork.net의 창설자.

『하느님과 춤을』은 하느님 자신에 일치하는 세 위격 안에서 하느님의 충만함을 끌어안도록 우리를 초대해주는 사랑 이야기이다. 리처드 로어 신부와 마이크 모렐은 우리의 제한된 하느님 이미지의 물꼬를 트도록 초대한다. 사실 하느님에 대한 우리의 이미지는 대개 각각의 분리된 성부, 성자, 성령을 떠올리기에 어떤 작은 틀에 갇혀 있을 수밖에 없다.

이 책은 세 위격의 하느님을 의식적으로 하나로 합쳐 하느님의 온전한 존재를 보게끔 해준다. 마치 물레방아의 바퀴처럼 하느님은 각각의 부분이 하나의 일치된 온전함으로 자유롭게 흘러 들어가는 분이시다.

『하느님과 춤을』은 우리로 하여금 원기 왕성한 하느님과의 사랑에 빠지게끔 해준다. 그렇게 함으로써 우리를 완전히 보고 사랑하게 하여 우리 자신을 온전히 끌어안고 사랑하게끔 해주는 신성한 거울을 우리에게 선사해준다.

Teresa B. Mateus, LCSW
Sacred Wounds: A Path to Healing from Spiritual Trauma의 저자
teresabmateus.com

리처드 로어는 좋은 벗이요 관상가로서, 우리에게 영적 삶의 깊은 내면에서 나오는 기쁨에 대해 많은 것을 가르쳐준다. 『하느님과 춤을』: 삼위일체와 나의 변모』에서 리처드는 삼위일체의 본질과 심오한 의미를 성숙하게 잘 설명해 주고 있다. 이는 거의 1700년 내내 많은 그리스도인이 제대로 그 가치를 알아차리지 못한 것이다. 나는 누구라도 인간과 하느님의 관계를 더 풍요롭고 깊게 이해하기를 원한다면 그에게 이 책을 강력히 추천한다.

Jim Wallis
Sojourners 잡지 편집부장 겸 회장
뉴욕 타임스 베스트 셀러, America's Original Sin의 저자

리처드 로어와 마이크 모렐의 감사 인사

책이라는 것은 여러 가지 의미에서 탄생과 같은 것입니다. 대개 한 사람(혹은 두 사람)이 이 세상에 새로운 생명이 들어오게끔 아름다우면서도 고통스러운 일을 하는 것으로 보이지만, 사실 그것은 많은 이가 함께 해야 가능한 일입니다. 놀라운 분들이 많이 이 『하느님과 춤을』을 탄생시키는 데 도움을 주었는데, 여기서 몇몇 분들에게 감사의 인사를 드리고 싶습니다. 도움을 주신 분들을 모두 정확히 나열하지 못하는 점에 대해 미리 용서를 청합니다. 앨버커키에 있는 활동과 관상을 위한 센터의 졸리 체이스Jolley Chase와 바네사 게린Vanessa Guerin 그리고 마이클 파펜버거Michael Poffenberger는 우리 팀의 일원들로서, 강연회 자료에서부터 매일 묵상 이메일(Daily Meditations e-mail), ONEING 학술지와 같은 내부 출간물들, 커가고 있는 리빙 스쿨Living School에 이르기까지 많은 내용들을 정리해주었습니다. 여기에 덧붙여 이 세 사람은 —저 멀리 뉴 햄프셔 자신의 농장에서까지 함께해준 팀 킹Tim King과 더불어— 우리에게뿐 아니라 관상과 활동에 정진하는 우리 공동체 전체로부터 이 책이 탄생할 수 있도록 "이 많은 일 외에도" 많은 일을 해주었습니다. 이 과정에 함께해준 이들 모두와 CAC(Center for Action and Contemplation) 전체에 감사를 드립니다. 휘태커 하우스(Whitaker House-출판사) 팀도 삼위일체에 관한 이 이례적인 책이 세상에 나올 수 있도록 격려해주고 함께해주고 흥을 불러일으키는 일을 해주었습니다. 원고 검토 편집자인 돈 밀람Don Milam에서부터 출판 담당자들과 홍보담당자들, 편집자들, 디자이너들에 이르기까지 —여기에는 밥과 크리스틴 휘태커Bob and Christine Whitaker와 캐티 히클링Cathy Hickling, 로이스 푸글리시Lois Puglisi, 탐 콕스Tom Cox, 짐 암스트롱Jim Armstrong이 포함됨— 모두에게 이 프로젝트를 위한 따뜻한 집을 마련해준 데 대해 감사드립니다. 뉴파이어 미디어NewFire Media의 터너 심킨스Turner Simkins와 제레미 메이스Jeremy Mace 그리고 라 톤드레세La Tondresse, 가능한 한 많은 독자의 손에 이 책이 쥐어질 수 있도록 도움을 준 여러분에게 감사드립니다. 그리고 CAC 이사회 임원들과 이 책을 지혜롭게 살펴보아 준 저작권 대리인 크리스토퍼 페리비Christtopher Ferebee에게도 감사드립니다. 사랑하는 우리 형제 폴 영Paul Young에게 영감 가득한 서언(무도회 초대장)을 써주신 데 대해 깊은 감사를 드립니다. 이 이야기들의 가치를 인정해준 지지자들 모두에게 감사드립니다. 이 책에 영적인 측면에서 바른 문장을 넣는 데 있어 영향을 준 사람들을 모두 거명하는 것은 불가능한 일일 것입니다. 그들의 지혜를 만끽하기 위해서는 주석 내용들을 잘 보시면 됩니다.

리처드 로어의 인사말

마이크 모렐이 내 강연회 자료 두 개, 즉 Divine Dance와 The Shape of God의 자료를 모아 책을 만들어보자는 제안을 내게 하지 않았다면 이 책은 절대 나오지 못했을 것입니다. 그는 우아하고 창의적인 초고 견본을 내게 보내주었을 뿐 아니라 자신의 특별한 생각들을 펼쳐주기도 했고, 자료들을 순차적으로 정리하는 일과 부제목과 매우 창의적인 제목을 다는 일을 해주었으며, 분명히 인용구가 필요한 많은 내용과 생각들을 살펴보는 고된 일을 맡아주었습니다. 나보다 젊은 엑스/밀레니얼 세대 사람으로서의 뛰어난 재능으로 서식 설정이나 예문과 어휘를 고르는 데 있어도 큰 역할을 해주었기에 지금 여러분이 읽고자 하는 아주 흥미진진한 책이 나오게 되었습니다. 마이클은 또한 영감이 가득한 사람이자 전 세계적으로 베스트셀러가 된 소설 오두막의 저자인 윌리엄 폴 영에게 서언을 부탁하였고, 폴 영도 기꺼이 그에 응해 서언을 써 주었습니다. 지금 여러분은 그의 서언을 행복하게 읽을 수 있습니다. 우리 세 사람 모두 이제 너무도 친절하고 온전한 마음으로 이 책이 나오도록 우리를 도와준 휘태커 하우스 출판사의 협력자들과 더불어 이 굶주린 세상에 신성한 춤의 신비를 다시 소개해주는 데 헌신하고자 합니다. 우리가 이것을 할 수 있었다고 생각하는 것은 얼마나 오만한 일이겠습니까. 우리가 정말로 한 일은 하느님 사랑의 흐름의 파도를 타는 것입니다. 우리가 어찌 그렇게 하지 않을 수 있겠습니까.

마이크 모렐의 인사말

리처드 신부님이 가벼운 반박의 위험을 무릅쓰고 그가 그저 조직 책임자요 홍보담당자로 알고 있는 사람과 함께 이 이례적인 저술 과정을 진행하겠다는 각오를 하지 않았다면, 이 책은 절대 나오지 못했을 것입니다. 리처드 신부님, 처음부터 끝까지 특별히 신부님의 인생과 활동과 관상을 위한 센터(CAC)에 있어 매우 바쁜 시기에도 신부님이 가지셨던 정중함과 친절 그리고 열정에 대해 감사드립니다.

내 가족—아내 재스민Jasmin과 딸들 주빌리 그레이스Jubilee Grace와 노바 레인Nova Rain—에게 감사드립니다. 우리의 풍요롭고도 예측할 수 없는 삶에서 신경 써야 할 다른 모든 것에 더하여 내가 이 책을 위해 작업을 하는 동안 남편과 아빠를 위해 우리 가족 안에 공간을 마련해준 데 대해 감사드립니다. 그대들의 사랑은 나로 하여금 이 춤에 활기를 불어넣어 준 사랑을 인식하게 해주었습니다.

나에게는 영성이 진공상태에서 생겨나지 않습니다. 모든 시대를 통틀어서나 내 생애 단계들을 보아서 구체적이고 실제로 구현된 신앙 공동체들이 나에게 영감을 주었고, 나에게 도전을 주었으며, 투쟁할 그 무엇을 주었고, 나에게 자양분을 제공해주었습니다. 지난 30년간 나를 키워주고 내 영성의 날을 갈아주었으며 삼위일체의 빛 안에서 춤추는 것을 나에 가르쳐 준 그 공간을 위해 축배를 듭시다. 더글라스빌의 제일 침례교회, 리티아 스프링스의 하느님의 성회, 추수지 장례교회, 리티아 스프링스와 조지아, 롤리, 노스캐롤라이나의 마을을 중심으로 형성되어 이름도 없는 비중앙집권적 가정교회들, 이제는 사라져 애석한 (적절한 이름이 붙은) 삼위일체 요람(Trinity's Place) 그리고 노스롤리 공동체교회.

    그리고 마지막으로 사랑하는 여러분에게 감사드립니다. 이 책이 여러분의 삶을 새로운 차원으로 열어주길 빕니다. 사랑의 흐름 속에서 일치하고 속하며 살아가는 차원으로…